中国税收与法律智库
中国税务律师系列丛书

最新税制变化财税实操一本通

蔡昌　主编
朱凯达　李劲微　副主编

中国财经出版传媒集团
中国财政经济出版社

图书在版编目（CIP）数据

最新税制变化财税实操一本通 / 蔡昌主编 . —北京：中国财政经济出版社，2019.5

（中国税收与法律智库 . 中国税务律师系列丛书）

ISBN 978 - 7 - 5095 - 8949 - 6

Ⅰ.①最… Ⅱ.①蔡… Ⅲ.①税收制度 - 中国 ②税收管理 - 中国 Ⅳ.①F812.42

中国版本图书馆 CIP 数据核字（2019）第 068759 号

责任编辑：钱红叶等　　　　　封面设计：陈宇琰

中国财政经济出版社 出版

URL：http：//www.cfeph.cn

E - mail：cfeph@cfemg.cn

（版权所有　翻印必究）

社址：北京市海淀区阜成路甲 28 号　邮政编码：100142

营销中心电话：010 - 88191537

固安华明印业有限公司印装　各地新华书店经销

710×1000 毫米　16 开　13.75 印张　231 000 字

2019 年 5 月第 1 版　2019 年 5 月河北第 1 次印刷

定价：62.00 元

ISBN 978 - 7 - 5095 - 8949 - 6

（图书出现印装问题，本社负责调换）

本社质量投诉电话：010 - 88190744

打击盗版举报热线：010 - 88191661　QQ：2242791300

前言

近年来,我国税制不断调整,尤其是"营改增"后增值税制度不断调整,个人所得税法全面修订,企业所得税也发生收入、扣除项目及申报方面的变化,环境保护税、税收征管政策及社保费等新政策、新规定陆续出台,很多实务操作人员对此非常困惑,为了帮助大家更好地掌握最新税制变化及操作实务,我们编写了这本《最新税制变化财税实操一本通》,旨在帮助大家熟悉掌握最新税制变化、会计处理及操作技巧。

本书共分六章,分别讲述增值税、企业所得税、个人所得税、社保费及非税收入、税收征管变化、环境保护税等最新税制变化及财税操作实务。本书主要具有以下三个特点:一是主要讲解政策变化,二是实践操作性强,三是体现会计与税收的融合性。本书由蔡昌任主编,主要负责全书的框架设计、统筹及统稿工作,朱凯达、李劲微任副主编,主要负责全书的组织与撰写工作,邓正宏、冯宗齐、倪祎彤、吕明慧、赵新宇、薛黎明、吴琦、王同磊、张崇元、鲁亚宁、张若丹等参加了编写工作。

限于时间和作者水平,不足之处在所难免,恳请广大读者不吝指教,以便再版时修订。

目录

第一章　增值税 ·· 1
　　第一节　增值税税率调整 ··· 1
　　第二节　小微企业起征点变动 ··· 3
　　第三节　进项税抵扣范围变化 ··· 5
　　第四节　农产品扣除率变化 ··· 10
　　第五节　进项税额加计抵减 ··· 11
　　第六节　留抵退税变化 ··· 16
　　第七节　出口退税率调整 ··· 19
　　第八节　离境退税物品退税率调整 ······························· 21
　　第九节　不动产由分两年抵扣改为一次性全额抵扣 ··· 23
　　第十节　增值税纳税申报 ··· 25

第二章　企业所得税 ··· 33
　　第一节　企业所得税概述 ··· 33
　　第二节　收入确认 ··· 35
　　第三节　税前扣除的财税处理差异 ······························· 51
　　第四节　涉及企业所得税特定事项的处理 ··················· 67
　　第五节　企业所得税税收优惠 ······································· 79
　　第六节　企业所得税的征收管理 ··································· 91
　　第七节　企业所得税的纳税申报 ··································· 94

第三章　个人所得税法 ··· 105
　　第一节　个人所得税法的改革背景 ····························· 105
　　第二节　综合所得的计税方法 ····································· 106
　　第三节　扣除项目 ··· 120

第四节　个人所得税纳税申报与管理 …… 133

第五节　个人所得税实操 …… 142

第六节　个人所得税筹划 …… 148

第四章　环境保护税 …… 156

第一节　环境保护税的开征 …… 156

第二节　环境保护税的税制要素 …… 157

第三节　环境保护税的会计处理 …… 161

第四节　环境保护税的征收管理 …… 162

第五节　企业如何应对 …… 165

第五章　社保费及非税收入 …… 168

第一节　社保费及非税收入的概念 …… 168

第二节　社保入税 …… 174

第三节　社保缴费比例和缴费基数 …… 182

第四节　生育保险与基本医疗保险合并 …… 191

第六章　税收征管变化 …… 193

第一节　国地税合并带来的征管变化 …… 193

第二节　海关税收征管方式的最新变化 …… 197

第三节　增值税的最新征管动态 …… 199

第四节　所得税的最新征管动态 …… 203

第五节　小税种及非税收入的最新征管动态 …… 206

第六节　征管法未来修订趋势 …… 210

第一章　增值税

第一节　增值税税率调整

根据《财政部 税务总局 海关总署关于深化增值税改革有关政策的公告》（财政部 税务总局 海关总署公告 2019 年第 39 号），2019 年 4 月 1 日起，增值税一般纳税人发生增值税应税销售行为或者进口货物，原适用 16% 税率的，税率调整为 13%；原适用 10% 税率的，税率调整为 9%。

变化一：开票变化

2019 年 4 月 1 日后开具原税率发票要防范风险。首先，并非 4 月 1 日后就绝对不允许开具 16%、10% 税率的发票了，符合条件也可以开具原税率发票，《国家税务总局关于深化增值税改革有关事项的公告》对其进行了明确。为便利纳税人及时升级税控开票软件，税务机关提供了多种渠道供纳税人选择。一是在线升级，纳税人只要在互联网连接状态下登录税控开票软件，系统会自动提示升级，只要根据提示即可完成升级操作；二是自行下载升级，纳税人可以在税务机关或者税控服务单位的官方网站上自行下载开票软件升级包；三是点对点辅导升级，如果纳税人属于不具备互联网连接条件的特定纳税人或者在线升级过程中遇到问题，可以主动联系税控服务单位，享受点对点升级辅导服务。

另外，增值税发票税控开票软件对调整后税率的启用时点进行了自动控制。4 月 1 日前，纳税人只能选择调整前的税率开具发票，4 月 1 日后，才可以选择调整后的税率开具发票。一般纳税人在增值税税率调整前未开具增值税发票的增值税应税销售行为，需要在 4 月 1 日之后补开增值税发票的，应当按照原适用税率补开。一般纳税人在增值税税率调整前已按原适用税率开具的增值税发票，因发生销售折让、中止或者退回等情形需要开具红字发票的，如果购买方尚未用于申报抵扣，销售方可以在购买方将发票联及抵扣联退回后,在增值税发票管理系统中填开并上传《开具红字增值税专用发票信息表》,并按照调整前税率开具红字发票。

变化二:合同价款构成变化

根据增值税纳税义务时间确定,纳税义务发生时间是税率调整前的适用老税率,发生时间在税率调整后的适用新税率,所以一个合同的标的由于发货时间、收款时间、交付时间的不同,可能会存在两个不同税率的情况。企业在经营过程中,应当根据会计准则与税法规定制定符合规定的合同,就合同价款条款而言,可以采取"价款(不含税)+增值税"的方式制定,也可以在签署合同时增加特别涉税条款,规定合同约定价格为含税价格,在合同履行期间不因国家税率的调整而变化。这样,即使发生增值税税率调整,也可直接调整增值税部分条款,顺利履行合同,避免不必要的纠纷。

【例1-1】甲公司与乙公司于2019年2月签订了一份1000万元(含税)的销售合同,双方约定于2019年5月交付货物(2019年2月时货物适用的增值税税率是16%)。但是随着《关于深化增值税改革有关政策的公告》的生效,其合同价款的组成便发生了巨大变化。

变化前:货物不含税价 = 1000 ÷ (1 + 16%) = 862.07(万元)

增值税 = 1000 ÷ (1 + 16%) × 16% = 137.93(万元)

变化后:货物不含税价 = 1000 ÷ (1 + 13%) = 884.96(万元)

增值税 = 1000 ÷ (1 + 13%) × 13% = 115.04(万元)

对买方乙公司影响:货物价格影响 = 884.96 - 862.07 = 22.89(万元)

增值税影响 = 115.04 - 137.93 = -22.89(万元)

从上述计算可以看出,对于乙公司来说,其货物的成本上涨了22.89万元,增值税进项税额少了22.89万元,真可谓是"祸不单行",造成了双倍的伤害,上涨的成本将会直接影响企业利润,而失去的增值税进项税额也将给企业的现金流造成负担。所以在实务中,企业家们纷纷要求重新签订合同。甲乙企业亦可协商变更合同,共享减税所带来的优惠。

增值税在原理上是对"增值"部分所征收的税费,是价外税,其并不影响交易的实质。在上述案例中,乙方购进货物的行为实质上是购进了862.07万元的货物,以及先行垫付了137.93万元的增值税(即增值税进项税)。当税率发生变化时,其商业实质是没有变化的,即乙公司购进862.07万元的货物本身是没有变化的,变化的只是增值税而已。也就是说,甲乙双方可以协商,确定不含税货款仍为862.07万元,而增值税税率适用13%,其金额为

112.07（862.07×13%）万元。这也是体现了增值税价外税的特征，亦与税法本身的精神相符。

第二节 小微企业起征点变动

根据中华人民共和国财政部税政司发布的《关于实施小微企业普惠性税收减免政策的通知》，对主要包括小型微利企业、个体工商户和其他个人的小规模纳税人将增值税起征点由月销售额3万元提到10万元。对月销售额10万元以下的增值税小规模纳税人免征增值税。此次提高增值税小规模纳税人月销售额免税标准，政策的适用对象是年应税销售额500万元以下的小规模纳税人，并无其他标准，与工信部等四部委《中小企业划型标准规定》中的小微企业没有对应关系。关于起征点的具体规定为：按期纳税的，为月销售额的5000~20000元（含本数）；按次纳税的，为每次或日销售额300~500元（含本数）。

变化一：预缴、申报有变动

自2019年1月1日起，实行按季纳税的增值税小规模纳税人，凡在预缴地实现的季度销售额未超过30万元的，当期无须预缴税款。已预缴税款的，可以向预缴地主管税务机关申请退还。《增值税纳税申报表（小规模纳税人适用）》栏次没有变动，但部分栏次填写口径有变化。增值税起征点的适用范围仅限于个人（指个体工商户、其他个人）。但不适用于认定为一般纳税人的个体工商户。也就是说，小规模纳税人（个体工商户）适用起征点，所以小规模纳税人（个体工商户）免税相应应填在"未达起征点销售额"及"未达起征点免税额"处。《国家税务总局关于小规模纳税人免征增值税政策有关征管问题的公告》（国家税务总局公告2019年第4号）规定，适用增值税差额征税政策的小规模纳税人，以差额后的销售额确定是否可以享受本公告规定的免征增值税政策。《增值税纳税申报表（小规模纳税人适用）》中的"免税销售额"相关栏次，填写差额后的销售额。

变化二：选择纳税期限的变化

在实际业务中，小规模纳税人应当根据自己业务量选择按月或是按季申报，一旦选择后，要做好纳税申报筹划，尽量享受免税政策。同时税法规定，为确保年度内纳税人的纳税期限相对稳定，一经选择纳税期限，一个会计年度内不得变更。以下通过两个例子来看纳税期限选择对纳税额的影响。

【例1-2】情形1：某小规模纳税人2019年4~6月的销售额分别是4万元、12万元和13万元。如果选择按月纳税，则能享受免税的只有4月的4万元；如果选择按季纳税，由于该季销售额为29万元，未超过免税标准，因此，29万元全部能享受免税。在该种情形下，小规模纳税人更愿意选择按季纳税。

情形2：某小规模纳税人2019年4~6月的销售额分别是9万元、9万元和13万元，如果选择按月纳税，4月份和5月份均可以享受免税，如果选择按季纳税，由于该季度销售额32万元已超过免税标准，因此，32万元均无法享受免税。在该种情形下，小规模纳税人更愿意选择按月纳税。

按次纳税和按期纳税，以是否办理税务登记或者临时税务登记作为划分标准。凡办理了税务登记或临时税务登记的小规模纳税人，月销售额未超过10万元（按季申报的小规模纳税人，为季销售额未超过30万元）的，都可以按规定享受增值税免税政策。未办理税务登记或临时税务登记的小规模纳税人，除特殊规定外，则执行《增值税暂行条例》及其实施细则关于按次纳税的起征点有关规定，每次销售额未达到500元的免征增值税，达到500元的则需要正常征税。因此，对于经常代开发票的自然人，建议主动办理税务登记或临时税务登记，以充分享受小规模纳税人月销售额10万元以下免税政策。

变化三：纳税期限变更申请变化

公司可以直接向主管税务机关申请变更纳税期限，无须提供资料。如果在3月份申请从按月申报变更为按季申报，将从4月份的税款所属期生效，二季度（4~6月份）的纳税申报在7月申报期办理。如果季度销售额不超过30万元，继续免征增值税。公司此次变更纳税期限后，至2019年12月31日不得再变更纳税期限。需要注意的是，纳税人变更纳税期限（包括按月变更为按季或按季变更为按月）的实际申请时间不同，其变更后纳税期限的生效时间也不同：如在季度第一个月内申请变更纳税期限的，可自申请变更的当季起按变更后的纳税期限申报纳税；在季度第二、三个月内申请变更纳税期限的，申请变更的当季内仍按变更前的纳税期限申报纳税，可自下季度起按变更后的纳税期限申报纳税。如按月申报纳税的小规模纳税人，在季度第一个月内申请变更为按季申报纳税，可自申请变更的当季起按季申报纳税，适用季度销售额不超过30万元的免税标准；如在季度第二、三个月内申请变更为按季申报纳税的，在申请变更的当季仍按月申报纳税，适用月销售额不超过 10 万元的免税标准，可自下季度起按季申报纳税，适用季度销售额不超过 30 万元的免税标准。

第三节 进项税抵扣范围变化

国务院总理李克强 2019 年 3 月 20 日主持召开国务院常务会议，确定《政府工作报告》责任分工，强调狠抓落实确保完成全年发展目标任务。明确增值税减税配套措施。会议决定进一步扩大进项税抵扣范围，将旅客运输服务纳入抵扣，并把纳税人取得不动产支付的进项税由分两年抵扣改为一次性全额抵扣，增加纳税人当期可抵扣进项税。对主营业务为邮政、电信、现代服务和生活服务业的纳税人，按进项税额加计 10% 抵减应纳税额，政策实施期限暂定截至 2021 年底。确保所有行业税负只减不增。

变化一：旅客运输服务进项税额抵扣范围

根据《财政部 税务总局 海关总署关于深化增值税改革有关政策的公告》（财政部 税务总局 海关总署公告 2019 年第 39 号）规定，纳税人购进国内旅客运输服务，其进项税额允许从销项税额中抵扣。纳税人未取得增值税专用发票的，暂按照以下规定确定进项税额：

1. 取得增值税电子普通发票的，为发票上注明的税额。

2. 取得注明旅客身份信息的航空运输电子客票行程单的，按照下列公式计算进项税额：航空旅客运输进项税额＝（票价＋燃油附加费）÷（1＋9%）×9%。

3. 取得注明旅客身份信息的铁路车票的，按照下列公式计算进项税额：铁路旅客运输进项税额＝票面金额÷（1＋9%）×9%。

4. 取得注明旅客身份信息的公路、水路等其他客票的，按照下列公式计算进项税额：公路、水路等其他旅客运输进项税额＝票面金额÷（1＋3%）×3%。

按照 39 号公告规定，增值税一般纳税人购进国内旅客运输服务，可以作为进项税额抵扣的凭证有：增值税专用发票、增值税电子普通发票，注明旅客身份信息的航空运输电子客票行程单、铁路车票以及公路、水路等其他客票。除了增值税发票外的旅客运输扣税凭证，只有注明旅客身份信息，才可以抵扣进项税，手写无效。公告规定的可抵扣进项税额的普通发票仅为增值税电子普通发票，因此，取得的纸质增值税普通发票不能抵扣进项税额，企业通过网约车平台取得的打车票可以选择纸质车票，也可以选择电子车票，但就目前的政策来看，网约车平台开具的纸质增值税发票不能抵扣进项税额。

对于乘客购进的火车票由于退票发生的退票费用,由于铁路公司未对乘客提供运输服务,取得的退票凭证不能抵扣进项税额;乘客因越站乘车等情形的补票行为取得的补票凭证,对于铁路公司来说,取得的属于价外费用,应按照提供"旅客运输服务"缴纳增值税;由于凭证上并未记载乘客信息,也不能抵扣进项;如果取得的是充值的"不征税"增值税电子普通发票,发票上没有税额,也就不能抵扣进项税额。

相关建议:

1. 按照 39 号公告的规定,目前暂允许注明旅客身份信息的航空运输电子客票行程单、铁路车票、公路和水路等其他客票作为进项税抵扣凭证。这里的旅客身份,为了防范风险,建议按照公司员工的原则来把握。因此,建议公司在进行报销时,系统中能够自动比对客运发票所载旅客信息是否为本公司员工。

2. 现实业务的采购合同中经常存在,由公司报销供应商差旅费的合同,如审计合同等。结合目前的征管趋势,由于客户的差旅人员并不是本公司员工,若抵扣进项税存在相应风险。因此,建议修改相关合同,将差旅费包含在业务费用中,由供应商开具相应发票给公司,差旅费不在公司报销。

知识链接

车票、机票抵扣增值税的 8 个提醒

1. 纳税人购进国内旅客运输服务,才可以计算抵扣增值税。

2. 票据取得日期为 2019 年 4 月 1 日后的才可以抵扣增值税。

3. 对于专门用于福利、招待、免税项目活动的出差客票不得计算抵扣。

4. 车票取得增值税电子普通发票的,以发票上注明的税额来抵扣增值税。

5. 对于取得未注明旅客身份信息的出租车票、公交车票等,不得计算抵扣。

6. 取得注明旅客身份信息的航空运输电子客票行程单的,按照 9% 计算进项税额,航空运输电子客票行程单可抵扣的计税金额是票价+燃油附加费。

7. 车票抵扣不是按车票的全额,而是先换算为不含税金额,再乘以适用的增值税税率。

8. 车票计算抵扣的增值税应填写在增值税申报表《附列资料(二)》第 10 行。

【例 1-3】2019 年 4 月份,某科技服务有限公司取得了多张购进旅馆运

输服务的票据,相关进项税额抵扣情况如下:

(1)取得一张某客运服务公司开具的陆路运输服务的增值税专用发票,注明的税额为240元,可抵扣的进项税额为该增值税专用发票上注明的240元。

(2)取得一张某网约车公司开具的出租车费用的增值税电子普通发票,注明的税额为150元,可抵扣的进项税额为该增值税电子普通发票上注明的150元。

(3)取得两张员工乘飞机出差的电子客票行程单,列示的合计票价3170元、燃油附加费100元、民航发展基金100元,可抵扣的进项税额为270元,即(3170+100)÷(1+9%)×9%=270(元);支付的民航发展基金100元不得计算进项税额用于抵扣。

(4)取得两张合计金额1090元(机打注明的旅客身份信息显示乘车人是单位员工李某)的高铁车票、两张合计金额700元(机打注明的旅客身份信息显示乘车人是与公司存在业务合作关系的徐某)的高铁车票,可抵扣的进项税额为90元,即1090÷(1+9%)×9%=90(元);支付的与公司存在业务合作关系的徐某的高铁费用700元不得计算进项税额用于抵扣。

(5)取得六张合计金额618元的水路客票(机打注明的旅客身份信息显示乘船人是单位员工李某等人),可抵扣的进项税额为18元,即618÷(1+3%)×3%=18(元)。

(6)取得三张合计金额350元的公路客票(手工注明的旅客身份信息显示乘车人是单位员工章某等人),因该三张客票上旅客身份信息系手写,属于无效的增值税扣税凭证,不得计算进项税额用于抵扣。

所以,以上可用于抵扣的进项税额合计768元。

变化二:不动产当期一次抵扣进项税额

自2019年4月1日起,增值税一般纳税人取得不动产的进项税额不再分两年抵扣,而是在购进不动产的当期一次性抵扣进项税额。2019年4月起,对原有不动产进行修缮改造,增加不动产原值超过50%,购进的材料、设备、中央空调等进项税额也不再分两年抵扣。之前购建尚未抵扣完毕的待抵扣进项税额,可自2019年4月税款所属期起,从销项税额中抵扣。"所属期起"是指,可自2019年4月税款所属期起,增值税一般纳税人自行选择申报月份,从销项税额中抵扣,但只能一次性转入进项税额进行抵扣,不得拆分抵扣。如在2019年4月所属期抵扣剩余的30%,在5月所属期抵扣剩余的

10%。账务处理上,将"待抵扣进项税额"结转"进项税额"即借记"应交税费——应交增值税(进项税额)"科目,贷记"应交税费——待抵扣进项税额"科目。

取得时不得抵扣进项税额的不动产转变用途而用于可抵扣项目的,在改变用途的次月可计算抵扣进项税额。

可抵扣进项税额=增值税扣税凭证注明或计算的进项税额×不动产净值率

不动产净值率=(不动产净值÷不动产原值)×100%

【例1-4】甲公司属于一般纳税人,2019年3月份购置不动产,取得增值税专用发票价税合计1100万元,发票3月份认证相符。

借:固定资产——办公楼　　　　　　　　　　10000000
　　应交税费——应交增值税(进项税额)　　　600000
　　应交税费——待抵扣进项税额　　　　　　　400000
　　贷:银行存款　　　　　　　　　　　　　11000000

若甲公司于2019年4月份购置新建不动产,取得增值税专用发票价税合计1090万元,发票4月份认证相符。

借:固定资产——办公楼　　　　　　　　　　10000000
　　应交税费——应交增值税(进项税额)　　　900000
　　贷:银行存款　　　　　　　　　　　　　10900000

变化三:部分服务业加计抵减进项税额

自2019年4月1日至2021年12月31日,允许提供邮政服务、电信服务、现代服务、生活服务取得的销售额占全部销售额的比重超过50%的纳税人,按照当期可抵扣进项税额加计10%,抵减应纳税额。四项服务的具体范围按照《销售服务、无形资产、不动产注释》(财税〔2016〕36号)执行。

销售额占全部销售额的比重的计算:

2019年3月31日前设立的纳税人,其销售额比重按2018年4月至2019年3月期间的累计销售额进行计算;实际经营期不满12个月的,按实际经营期的累计销售额计算。2019年4月1日后设立的纳税人,其销售额比重按照设立之日起3个月的累计销售额进行计算。纳税人兼有四项服务中多项应税行为的,其四项服务中多项应税行为的当期销售额应当合并计算,然后再除以纳税人当期全部的销售额,以此计算销售额的比重。政策口径还是比较宽的。只要纳税人符合条件,其国内环节所有可抵扣的进项税额均可按10%比例进行加计抵减，而不用细化区分其进项构成，所以符合条件的纳税人可按照10%扣除率计算进项税额，并可同时适用加计抵减政策。

只有当期可抵扣进项税额才能计提加计抵减额，不得从销项税额中抵扣的进项税额，不可以计提加计抵减额。比如，用于简易计税方法计税项目、免征增值税项目、集体福利或者个人消费的购进货物、劳务、服务、无形资产和不动产的进项税额（其中涉及的固定资产、无形资产、不动产，仅指专用于上述项目的固定资产、无形资产（不包括其他权益性无形资产）、不动产）不可加计抵减。

会计处理：

加计抵减是一项税收优惠，抵减的对象是应纳税额，而不是增加进项税额。如果通过在"应交税费——应交增值税"明细科目下再增设一个专栏进行核算的话，虽然能较完整地归集反映加计抵减额的增减变化，但也容易形成一块虚拟资产，还会提前产生所得税纳税问题。而通过设置辅助台账核算，不仅同样可以归集反映进项加计额，还可以根据实际抵减税额的情况进行账务处理，这样不会形成虚拟资产，也不会提前产生所得税纳税义务。

【例1-5】某物流辅助企业（增值税一般纳税人），符合加计抵减条件。2019年4月，取得不含税的装卸服务收入100万元，销项税额6万元，当月取得增值税扣税凭证共30份，申报抵扣进项税额6.5万元，其中有0.3万元系职工食堂消耗的电费应分摊的进项税额，需作进项税转出。当月装卸设备因事故损毁，无法修复需作提前报废处理（该设备账面净值为2万元，购入时的适用税率为17%），需作进项税额转出0.34万元。期初无留抵进项税额，本月抵减前应纳税额为0.14万元（销项税额6万元－进项税额6.5万元＋进项税额转出0.64万元），本期可计提加计抵减额0.65万元，本期调减加计抵减额0.03万元，本期实际抵减应纳税额0.14万元，实际纳税额为0，加计抵减额的期末余额0.48万元可结转下期继续抵减。

如果在"应交税费——应交增值税"科目下增设一个"进项税额加计抵减"专栏来归集反映加计抵减额，则要逐笔核算加计抵减额，费事且效率低，加大了财务人员的工作量。该专栏的期末余额4800元，其实并不是日常经济活动形成的可留抵的进项税额。按财务报表列示规则，"应交税费"科目下的"应交增值税""未交增值税""待抵扣进项税额""待认证进项税额"等明细科目期末借方余额，应列示于资产负债表的"其他流动资产"或"其他非流动资产"项下，如果将该4800元列入资产负债表，即形成虚增资产；同时，无论是计入"其他收益""营业外收入"或是冲减期间费用，都会虚增当期利润。

如果通过辅助台账核算,可根据当期"应交税费——应交增值税"科目下的"进项税额""进项税额转出"等专栏的数据进行汇总填入,不需要逐笔计算加计抵减额和进行账务处理,月末结账时根据抵减前应纳税额与可抵减额之间的关系进行处理:

(1)抵减前应纳税额大于零,且大于可抵减额的,将可抵减额借记"应交税费——应交增值税(减免税款)",贷记"其他收益"或"营业外收入"。

(2)抵减前应纳税额大于零,但小于可抵减额的,将抵减前应纳税额借记"应交税费——应交增值税(减免税款)",贷记"其他收益"或"营业外收入"。

(3)抵减前应纳税额等于零的,不做账务处理。

月末该企业"应交税费-应交增值税"明细科目所属的"进项税额"专栏借方余额65000元、"销项税额"专栏贷方余额60000元、"进项税额转出"专栏贷方余额6400元、"减免税款"专栏借方余额1400元,各专栏期末借贷方余额之间相互轧抵后,"应交税费——应交增值税"明细科目无余额。

第四节 农产品扣除率变化

变化一:适用税率

自2017年起连续三年,农产品适用税率实现三连降,从13%下调至9%,伴随税率调整,纳税人购进农产品,扣除率同步从10%调整为9%。

变化二:扣除率

考虑到农产品深加工行业的特殊性,对于纳税人购进用于生产或委托加工13%税率货物的农产品,允许其按照10%的扣除率计算进项税额。在实务操作中应该注意以下几点:

第一,10%扣除率的适用范围问题。按照规定,10%扣除率仅限于纳税人生产或者委托加工13%税率货物所购进的农产品。另外,按照核定扣除管理办法规定,适用核定扣除政策的纳税人购进的农产品,扣除率为销售货物的适用税率。

第二,纳税人按照10%扣除需要取得什么凭证。可以享受农产品加计扣除政策的票据有三种类型:一是农产品收购发票或者销售发票,且必须是农业生产者销售自产农产品适用免税政策开具的普通发票；二是取得一般纳税人开具的增值税专用发票或海关进口增值税专用缴款书；三是从按照3%征收率缴纳增值税的小规模纳税人处取得的增值税专用发票。需要说明的是，取得批发零售环节纳税人销售免税农产品开具的免税发票，以及小规模纳税人开具的增值税普通发票，不得计算抵扣进项税额。

第三，纳税人在什么时间加计农产品的进项税额。与2017年"四并三"改革时一样，纳税人在购进农产品时，应按照农产品抵扣的一般规定，按照9%计算抵扣进项税额。在领用农产品环节，如果农产品用于生产或者委托加工13%税率货物，则再加计1%进项税额。

【例1-6】甲公司为一般纳税人，2019年6月购进一批菠萝，既用于生产菠萝罐头，又用于餐饮服务，未分别核算，取得增值税专用发票，金额10万元，税额0.9万元，则甲公司可以抵扣的进项税额为1万元。

第五节　进项税额加计抵减

关于加计抵减政策的具体内容，在总局和财政部、海关总署联合下发的财税〔2019〕39号公告中明确规定：加计抵减政策，是为配合增值税税率下调出台的一项全新的优惠措施；加计抵减，简单来说，就是允许特定纳税人按照当期可抵扣进项税额的10%计算出一个抵减额，专用于抵减纳税人一般计税方法计算的应纳税额。

变化一：适用主体

按照财税〔2019〕39号公告的规定，判断适用加计抵减政策的具体标准是，以邮政服务、电信服务、现代服务和生活服务（以下简称"四项服务"）销售额占纳税人全部销售额的比重是否超过50%来确定，如果四项服务销售额占比超过50%，则可以适用加计抵减政策。关于此项规定，在实际操作中应注意以下几点：

第一，加计抵减政策只适用于一般纳税人。小规模纳税人即使四项服务销售额占比超过50%，也不能适用加计抵减政策；

第二，四项服务销售额是指四项服务销售额的合计数；

第三，关于销售额占比的计算区间，应对2019年4月1日之前和4月1日之后设立的新老纳税人分别处理。4月1日前设立的纳税人，以2018年4

月至 2019 年 3 月之间四项服务销售额比重是否超过 50% 判断，经营期不满 12 个月的，以实际经营期的销售额计算；4 月 1 日以后设立的纳税人，由于成立当期暂无销售额，无法直接以销售额判断，因此，成立后的前 3 个月暂不适用加计抵减政策，待满 3 个月，再以这 3 个月的销售额比重是否超过 50% 判断，如超过 50%，可以自第 4 个月开始适用加计抵减政策，此前未计提加计抵减额的 3 个月，可按规定补充计提加计抵减额。

需要注意的是，虽然加计抵减政策只适用于一般纳税人，但在确定主营业务时参与计算的销售额，不仅指纳税人在登记为一般纳税人以后的销售额，其在小规模纳税人期间的销售额也是可以参与计算的。举例说明：某纳税人于 2018 年 1 月成立，2018 年 9 月登记为一般纳税人，在计算四项服务销售额占比时，自 2018 年 4 月开始计算。还有一种情况，某些新成立的纳税人，可能成立后的前 3 个月未开展生产经营，如果前 3 个月的销售额均为 0，则在当年内自纳税人形成销售额的当月起往后计算 3 个月来判断当年是否适用加计抵减政策。

第四，加计抵减政策按年适用、按年动态调整。一旦确定适用与否，当年不再调整。到了下一年度，纳税人需要以上年度四项服务销售额占比来重新确定该年度能否适用。这里的年度是指会计年度，而不是连续 12 个月的概念。

第五，考虑到加计抵减政策是一项全新的优惠政策，纳税人还需要有一个逐步适应的过程。因此，如果纳税人满足加计抵减条件，但因各种原因并未及时计提加计抵减额，允许纳税人在此后补充计提，补充计提的加计抵减额不再追溯抵减和调整前期的应纳税额，但可抵减以后期间的应纳税额。

加计抵减政策本质上属于税收优惠，应由纳税人自主判断、自主申报、自主享受。这样可以保证纳税人及时享受政策红利，避免因户数多、审核时间长而造成政策延迟落地。同时，为帮助纳税人准确适用加计抵减政策，对于申请享受加计抵减政策的纳税人，需要就适用政策做出声明，并在年度首次确认适用时，提交《适用加计抵减政策的声明》（以下简称《声明》），完成《声明》后，即可自主申报适用加计抵减政策。《声明》的内容主要包括：（1）纳税人名称和纳税人识别号；（2）纳税人需要自行判断并勾选其所属行业。如果兼营四项服务，应按照四项服务中收入占比最高的业务进行勾选。举例说明，某纳税人 2018 年 4 月至 2019 年 3 月期间的全部销售额中，货物占比 45%，信息技术服务占比 30%，代理服务占比 25%。由于信息技术服务和代理服务的销售额占全部销售额的比重为 55%，因此，该纳税人可在 2019 年

第一章　增值税

适用加计抵减政策；同时，由于信息技术服务销售额占比最高，因此，纳税人在《声明》中应勾选"信息技术服务业"相应栏次。(3)《声明》还包括纳税人判断适用加计抵减政策的销售额计算区间，以及相对应的销售额和占比。

由于加计抵减政策是按年适用的，因此，2019年提交《声明》并享受加计抵减政策的纳税人，如果在以后年度仍可适用的话，需要按年度再次提交新的《声明》，并在完成新的《声明》后，享受当年的加计抵减政策。需要注意的是，并未要求纳税人必须在每个年度的第一个申报期就提交《声明》，纳税人可以补充提交《声明》，并适用加计抵减政策。

变化二：加计抵减政策的计算及会计处理

财税〔2019〕39号公告中列出了具体的计算公式，需要注意以下几点：

第一，加计抵减额不是进项税额。加计抵减额必须与进项税额分开核算，这两个概念一定不能混淆。这样处理的目的是，维持进项税额的正常核算，进而实现留抵税额真实准确，以免造成多退出口退税和留抵退税。

第二，加计抵减政策仅适用于国内环节，这也是遵循了WTO公平贸易原则，防止引发出口补贴的质疑而做出的政策安排。因此，关于计提加计抵减额的基础，也就是计算公式中的"当期可抵扣进项税额"，是剔除出口业务对应的进项税额的。总的来看，只要是在国内环节，可计算加计的进项税额，既不限于接受四项服务取得的进项税额，也不限于提供四项服务对应的进项税额，只要纳税人按照一般规定，正常可以抵扣的进项税额包括农产品加计抵扣的进项税额、不动产一次性抵扣后结转的此前尚未抵扣的40%部分进项税额、旅客运输计算抵扣的进项税额等等，都是可以计算加计的。但是，如果纳税人既有内销业务，又有出口业务，则出口业务对应的进项税额都不能计提加计抵减额。需要特别说明的是，目前既有适用退税政策的出口货物服务，也有适用征税政策的出口货物服务，在计提加计抵减额时，无论是退税的还是征税的出口货物服务，对应的进项税额都不能计提加计抵减额。具体的操作原则是，出口和内销的进项税额能够分开核算的，出口直接对应的进项税额不得加计；对于出口与内销无法划分的进项税额，则应按照39号公告中的计算公式，以出口和内销的销售额比例分配进项税额，出口对应的进项税额部分不得加计抵减。

第三，纳税人抵扣的进项税额，都相应计提了加计抵减额。同理，如果发生进项税额转出，那么，在进项税额转出的同时，此前相应计提的加计抵减额也要同步调减。

第四,加计抵减额独立于进项税额和留抵税额,且随着纳税人逐期计提、调减、抵减、结转等相应发生变动,因此,享受加计抵减政策的纳税人需要准确核算加计抵减额的变动情况。

【例1-7】某企业属于加计抵减行业,2019年5月不含税销售额为200万元,购买办公楼不含税金额为100万元(资产相关),购买物业服务不含税金额为10万元,则考虑加计抵减,不动产一次抵扣,应缴纳增值税12-9.6×1.1=1.44万元,其会计处理为:

(1)取得收入:

借:银行存款	2120000
贷:主营业务收入	2000000
应交税费——应交增值税(销项税额)	120000

(2)取得进项:

借:固定资产——办公楼	1000000
应交税费——应交增值税(进项税额)	90000
贷:银行存款	1090000
借:管理费用	100000
应交税费——应交增值税(进项税额)	6000
贷:银行存款	106000

加计抵减:

借:应交税费——应交增值税(减免税款)	9600
贷:其他收益	600
固定资产——办公楼	9000

同时,企业如难以区分,则整体计入其他收益。

(3)月末结转:

借:应交税费——应交增值税(转出未交)	14400
贷:应交税费——应交增值税(未交)	14400

(4)次月缴纳:

借:应交税费——应交增值税(未交)	14400
贷:银行存款	14400

变化三:加计抵减额的抵减方法

首先强调一个基本原则,加计抵减额只能用于抵减一般计税方法计算的应纳税额。加计抵减额抵减应纳税额需要分两步：

第一步，纳税人先按照一般规定，以销项税额减去进项税额的余额算出一般计税方法下的应纳税额。

第二步，区分不同情形分别处理：第一种情形，如果第一步计算出的应纳税额为0，则当期无须再抵减，所有的加计抵减额可以直接结转到下期抵减。第二种情形，如果第一步计算出的应纳税额大于0，则当期可以进行抵减。在抵减时，需要将应纳税额和可抵减加计抵减额比大小。如果应纳税额比当期可抵减加计抵减额大，所有的当期可抵减加计抵减额在当期全部抵减完毕，纳税人以抵减后的余额计算缴纳增值税；如果应纳税额比当期可抵减加计抵减额小，当期应纳税额被抵减至0，未抵减完的加计抵减额余额可以结转下期继续抵减。

【例1-8】A公司为服务业一般纳税人，适用加计抵减政策。2019年5月，一般计税项目销项税额为100万元，进项税额80万元，上期留抵税额10万元，上期结转的加计抵减额余额5万元；简易计税项目销售额100万元（不含税价），征收率3%。此外无其他涉税事项。该纳税人当期应如何计算缴纳增值税呢？

【解析】

一般计税项目：抵减前的应纳税额＝100－80－10＝10（万元）

当期可抵减加计抵减额＝80×10%＋5＝13（万元）

抵减后的应纳税额＝10－10＝0（万元）

加计抵减额余额＝13－10＝3（万元）

简易计税项目：应纳税额＝100×3%＝3（万元）

应纳税额合计：

一般计税项目应纳税额＋简易计税项目应纳税额＝0＋3＝3（万元）

【例1-9】2019年4月份我山东甲咨询公司的销项税额31万元，进项税额10万元，全部属于允许抵扣的进项税额。那么，4月份增值税的加计抵减额是多少？4月份应纳增值税额是多少？

【解析】

4月份应纳增值税的加计抵减额＝10×10%＝1（万元）

4月份应纳增值税额＝31－10＝21（万元）

4月份需要实际缴纳增值税额＝21－1＝20（万元）

变化四：加计抵减政策执行期限

加计抵减政策作为一项阶段性税收优惠，执行期限为2019年4月1日至2021年12月31日。政策执行到期后，纳税人不再计提加计抵减额，结余的加计抵减额停止抵减。这里的"加计抵减政策执行到期"指的是2021年12月31日。也就是说，只要是在2021年底前，纳税人结余的加计抵减额是可以连续抵减的。

【例1-10】甲公司为一般纳税人，适用2019年加计抵减政策，截至2019年底，加计抵减额余额为10万元。如果2020年不再适用加计抵减政策，则2020年该纳税人不得再计提加计抵减额，但是，2019年未抵减完的10万元，是允许该一般纳税人在2020至2021年度继续抵减的。

这一原则也体现在一般纳税人转小规模纳税人的情形。

【例1-11】乙公司适用加计抵减政策的纳税人2019年6月从一般纳税人转为小规模纳税人，转登记前加计抵减额余额为10万元。转成小规模纳税人后，由于小规模纳税人不适用加计抵减政策，因此，10万元余额不得用于抵减小规模纳税人期间的应纳税额。2019年10月，该纳税人又登记为一般纳税人，自纳税人再次登记成为一般纳税人之日起，此前未抵减完的10万元可继续抵减其按一般计税方法计算的应纳税额。

第六节　留抵退税变化

留抵税额，是纳税人已缴纳但未抵扣完的进项税额。我国过去一直实行留抵税额结转下期抵扣制度，仅对出口货物服务对应的进项税额实行出口退税。从国际上来看，留抵退税是主流做法。在建立普遍留抵退税制度的国家，基本没有单独的出口退税，对出口企业采取的是出口免税，其进项税额统一通过留抵退税制度来解决。

近年来，随着营改增的全面推开，进项抵扣范围不断扩大，纳税人的留抵税额呈现总量越来越大、涉及纳税人越来越多的显著特点。随着深化增值税改革的推进，我国营商环境的日益改善，各界对留抵退税制度化的呼声也越来越大，期望越来越高。虽然在此之前，在个别领域试行了留抵退税，2018年在部分行业实施了一次性的留抵退税，但总的来看，并没有将留抵退税作为一种常态化、规范化的制度确立下来，此次财税〔2019〕39号公告中对此作出了详细解释。

第一章 增值税

变化一：退税条件

如果纳税人同时满足财税〔2019〕39号公告中规定的5项条件，则可以申请留抵退税：

1. 自2019年4月税款所属期起，连续6个月有增量留抵税额，并且第6个月的增量留抵税额不低于50万元。关于这一条件的设定，充分借鉴了国外的退税经验，相当于设置了一个退税门槛。在实务操作中，需要注意几个问题：

第一，将纳税人2019年3月底的留抵税额时点数设为存量留抵扣额，纳税人每个月的增量留抵扣额是相对于2019年3月底的留抵新增加的留抵税额。

第二，由于2019年的改革措施是从4月1日开始的，为避免引起歧义，财税〔2019〕39号公告中规定的"从4月税款所属期起连续六个月"的具体含义，是只能从4月开始往后算6个月，而不能往前倒算。即最早满足连续6个月的情形，是2019年4月至9月的连续6个月。还有一点需要注意的是，连续6个月并不一定从2019年4月开始算，纳税人可以从4月以后的任何一个月开始计算连续6个月，比如5月到10月，6月到11月等。

第三，前面说到的都是按月纳税的纳税人，按季纳税的纳税人执行口径也一样，只不过计算区间不是连续6个月，而是连续2个季度。

2. 将退税主体限定在纳税信用等级为A级和B级的纳税人，这也是2018年留抵退税条件的延续。

3. 纳税人在申请退税前36个月内不能有骗取留抵退税、出口退税或虚开增值税专用发票行为。

4. 不能因偷税被税务机关处罚2次及以上。

5. 2019年4月1日以后没有享受过即征即退、先征后返或先征后退政策的纳税人，才可以申请留抵退税。

相关条件中对违反税收法律法规的纳税人不予退税，也是惩恶扬善的体现。需要注意的是，出于防范退税风险的考虑，未享受过即征即退、先征后返或先征后退政策的这项条件是按照纳税主体，而不是按照即征即退项目来限制的。也就是说，只要享受过这些优惠政策的纳税人，其一般项目的留抵也是不允许退税的。

变化二：退税额计算

退税额的计算公式：允许退还的增量留抵税额＝增量留抵税额×进项构

成比例×60%

在增量留抵税额的基础上,首先需要考虑进项构成比例。这与2018年一次性留抵退税计算退税额的原则是一致的,取值区间是以2019年4月1日起至申请退税前这一段时间内已抵扣的专用发票、海关进口增值税专用缴款书和完税凭证三种票据对应进项占全部进项的比重来计算。然后,在此基础上叠加了一个60%的退还比例。

变化三:退税程序变化

1. 申请退税的时间

纳税人满足退税条件后,应在纳税申报期内,向主管税务机关申请退还留抵税额。由于设置了连续6个月增量留抵的条件,因此,2019年10月将是符合退税条件的纳税人提出退税申请的首个期间。要求纳税人在纳税申报期内提出退税申请,一方面,是考虑了留抵退税申请和增值税纳税申报的衔接,这样可以简并纳税人往返税务局的次数,减轻纳税人负担;另一方面,也是考虑到和出口退税制度的衔接问题。

2. 留抵退税和出口退税的衔接

当纳税人既有内销业务,又有出口业务时,出口退税和留抵退税制度需要进行有效衔接。具体来说,对于适用免抵退税办法的生产企业,办理退税的顺序是,先办理出口业务的免抵退税,待免抵退税完成后,还有期末留抵税额且符合留抵退税条件的,可以再申请办理留抵退税。如果是适用免退税办法的外贸企业,由于其进项税额要求内销和出口分别核算,出口退税退的是出口货物的进项税额。因此,应将这类纳税人的出口和内销分开处理,其出口业务对应的所有进项税额均不得用于留抵退税;内销业务的留抵税额如果符合留抵退税条件,可就其内销业务按规定申请留抵退税。

3. 退税后续操作

纳税人取得退税款后,应及时调减留抵税额,否则会造成重复退税。在完成退税后,如果纳税人要再次申请留抵退税,连续6个月计算区间,是不能和上一次申请退税的计算区间重复的。

【例1-12】某企业2019年3月底存量留抵50万元,4~9月的留抵税额分别为60万、55万、80万、70万、90万和100万元,4~9月全部凭增值税专用发票抵扣进项。由于纳税人连续6个月都有增量留抵税额,且9月增量留抵税额为50万元。如果该企业也同时满足其他四项退税条件,则在10月份纳税申报期时可向主管税务机关申请退还留抵税额30万元(50×100%×

60%）。如果该企业10月收到了30万元退税款，则该企业10月的留抵税额就应从100万元调减为70万元（100-30=70）。此后，纳税人可将10月份作为起始月，再往后连续计算6个月来看增量留抵税额的情况，如再次满足退税条件，可继续按规定申请留抵退税。

第七节 出口退税率调整

变化一：出口退税率调整的内容

目前，我国针对出口货物劳务、发生跨境应税行为（以下称出口货物服务）设定的退税率有两种：一种是退税率与适用税率一致的；另一种是退税率小于适用税率的。此次深化增值税改革中同步调整出口退税率，仅涉及征退税率一致的出口货物服务。对于原退税率小于适用税率的，此次出口退税率不作调整。

根据2019年最新的深化增值税改革方案，自2019年4月1日起，增值税税率原为16%的下调为13%、10%的下调为9%。配合增值税税率调整，自2019年4月1日起，原征税率和退税率均为16%的出口货物服务，退税率调整为13%；原征税率和退税率均为10%的出口货物服务，退税率调整为9%。这里所说的"4月1日"指的是货物服务的出口时间，并非出口企业在国内采购货物取得的增值税专用发票的开具时间。

本次出口退税率调整后，退税率档次由改革前的16%、13%、10%、6%、0%调整为13%、10%、9%、6%、0%，仍保持五档。

变化二：过渡政策

在此次出口退税率下调中，为保障企业的合法权益，给出口企业消化库存留出时间，对调整退税率的出口货物服务安排了3个月的过渡期，过渡期内出口已按原税率征税的货物服务，仍执行原退税率。

过渡政策是针对此次调整出口退税率的出口货物服务，对于此次不调整出口退税率的货物服务，不涉及过渡政策问题。过渡政策区分不同的退税方式而不同：

2019年6月30日前（含4月1日前）出口适用增值税免退税办法的货物服务（原征退税率均为16%或10%的），购进时已按调整前的16%（10%）税率征收增值税的，继续按照16%（10%）的退税率退税；购进时按调整后的 13%（9%）税率征收增值税的，执行 13%（9%）的退税率。自 2019 年 7 月 1 日起，出口上述货物服务，购进时已按 16%、13% 税率征收增值税的，执行 13% 的退税率；购进时已按 10%、9% 税率征收增值税的，执行 9% 的退税率。

2019 年 6 月 30 日前（含 4 月 1 日前）出口适用增值税免抵退税办法的货物服务（原征退税率均为 16% 或 10% 的），继续执行 16%（10%）的退税率。这里要说明的是，按照这个过渡政策，在过渡期内，生产企业可能出现购入 13%（9%）税率的货物，出口时适用 16%（10%）的退税率，按照有关计算公式计算免抵退税额时，适用税率减去退税率的差为负数的，要视为 0 来参与计算免抵退税额。自 2019 年 7 月 1 日起，出口上述货物服务，执行调整后的 13%（9%）的退税率。

这里要单独说明的是，39 号公告第三条第二款在表述过渡期政策时，在"2019 年 6 月 30 日前"之后有"（含 4 月 1 日前）"。按照这一规定，如果一家外贸企业 4 月 1 日前报关出口了一批适用税率 16%（10%）的货物，4 月 1 日之后取得 13%（9%）的增值税专用发票，应按照 13%（9%）的退税率办理退税，取得 16%（10%）的增值税专用发票，应执行 16%（10%）的退税率。如果一家生产企业 4 月 1 日前报关出口了一批适用税率 16%（10%）的货物，应执行 16%（10%）的退税率。

变化三：退税率执行时间和出口时间的确定

出口退税率的执行时间应按照下列原则确认：

一是报关出口（不含保税区出口）的，以海关出口报关单上注明的出口日期为准；

二是保税区及经保税区出口的，以离境时海关出具的出境货物备案清单上注明的出口日期为准；

三是非报关出口的，以出口发票或普通发票的开具时间为准。

货物服务的出口时间，也按照上述原则确定。

由于退税率的执行时间是指报关时间，最近接单出货、并涉及退税率调整的外贸企业，最好尽快催开发票。最好能在 3 月 31 日前开具发票，只要在 6 月 30 日前出口报关，还是可以按照旧的退税率拿到退税。其他情况，则要速与工厂协商确认开票税率、出货时间等问题。

【例 1-13】外贸企业 A 于 2019 年 3 月 15 日购进一批货物，取得国内供货企业为其开具的税率为 16% 的增值税专用发票；4 月 15 日，又购进一批货物，取得国内供货企业为其开具的税率为13%的增值税专用发票；4月30日，A将上述两批货物出口，出口货物报关单上注明的出口日期为4月30日。对于这种情况，应如何确定两批出口货物退税率？

【解析】

3月15日购进的出口货物，已按调整前16%的税率征收增值税，应执行调整前16%的退税率。

4月15日购进的出口货物，按照调整后13%的税率征收增值税，应执行调整后13%的退税率。

【例1-14】生产企业A于2019年3月15日购进一批原材料，取得国内供货企业为其开具的税率为16%的增值税专用发票；4月15日，又购进一批原材料，取得国内供货企业为其开具的税率为13%的增值税专用发票；上述两批原材料均用于生产某种出口货物。4月30日，A将该货物出口，出口货物报关单上注明的出口日期为4月30日。对于这种情况，应如何确定出口货物退税率？

【解析】应统一按照调整前16%的退税率计算退税额。

第八节 离境退税物品退税率调整

变化一：离境退税物品退税率调整的内容

2015年，为促进旅游业发展，国务院决定在全国符合条件的地区实施境外旅客购物离境退税政策。截至目前，实施离境退税政策的省（市）已经有26个。为贯彻落实国务院决定，财政部和国家税务总局分别发布了相关政策文件和管理办法，其中规定，适用税率为17%和13%的退税物品，离境退税的退税率统一为11%。

2017年和2018年，增值税税率进行了两次调整，退税物品的适用税率从17%和13%分别调整到16%和10%，但是，离境退税物品的退税率未作调整，仍然统一为11%。

根据2019年最新的深化增值税改革方案，增值税税率由16%和10%分别调整为13%和9%。为配合税率调整，我们相应调整了离境退税物品的退税率，针对适用税率为9%的物品，增加了8%的退税率，其他物品，仍维持11%的退税率。也就是说，自2019年4月1日起，将退税物品的退税率由原11%一档调整为11%和8%两档，适用税率为13%的退税物品，退税率为

11%；适用税率为9%的退税物品，退税率为8%。

变化二：过渡政策

为了最大限度保证境外旅客权益，退税率调整设置了3个月的过渡期。过渡期内，境外旅客购买的退税物品，如果已经按照调整前税率征收增值税的，仍然按照调整前11%的退税率计算退税。具体来说，境外旅客购买退税物品，如果取得的增值税普通发票是2019年6月30日前（含）开具的，发票上注明税率为16%、13%和10%的，退税率均为11%；发票上注明的税率为9%的，退税率为8%。如果取得的增值税普通发票是2019年7月1日以后（含）开具的，发票上注明税率为16%、13%的，执行11%的退税率；发票上注明的税率为10%、9%的，执行8%的退税率。

需要说明的是，根据《国家税务总局关于深化增值税改革有关事项的公告》（总局公告2019年第14号）的规定，如果退税商店在增值税税率调整前发生的销售未开具增值税发票，在4月1日后需要补开的，应按照原适用税率16%或者10%补开。因此，4月1日后还可能会有退税商店开具16%或者10%的增值税普通发票。

变化三：退税率的执行时间

离境退税物品退税率的执行时间，以境外旅客购买退税物品取得的增值税普通发票开具日期为准。

这里提醒一下出口企业、离境退税商店以及离境退税代理机构，一定要注意政策变化，在申报出口退税、开具离境退税申请单以及办理退税手续时，要根据实际业务情况，正确选择适用退税率，避免由于政策适用错误而影响退税的正常办理。

【例1-15】某境外旅客2019年3月20日到我国游玩，3月21日在北京某退税商店购买了一只皮箱和一批中药饮片，取得了退税商店当天为其开具的增值税普通发票及相应退税申请单，发票上注明皮箱税率16%、中药饮片税率10%。4月21日又购买了一批中药饮片，取得发票上注明的税率为9%。4月25日，该境外旅客从北京首都机场离境。在为该旅客办理离境退税时，应如何计算确定其退税额？

【解析】该旅客3月21日购买的皮箱和中药饮片，应统一按照11%的退税率计算退税额，4月21日购买的中药饮片，应按照8%的退税率计算退税额。

第九节　不动产由分两年抵扣改为一次性全额抵扣

根据《财政部 税务总局 海关总署关于深化增值税改革有关政策的公告》（财政部 税务总局 海关总署公告 2019 年第 39 号）规定，自 2019 年 4 月 1 日起，《营业税改征增值税试点有关事项的规定》（财税〔2016〕36 号印发）第一条第（四）项第 1 点、第二条第（一）项第 1 点停止执行，纳税人取得不动产或者不动产在建工程的进项税额不再分两年抵扣。

此前，按照上述规定尚未抵扣完毕的待抵扣进项税额，可自 2019 年 4 月税款所属期起从销项税额中抵扣。将不动产原分两年抵扣改为一次性抵扣，有利于减少对企业的资金占用，有利于简化申报，提升办税效率。

变化一：39 号公告的规定

不动产一次性抵扣的政策，主要包括两方面内容：

一是，2019 年 4 月 1 日后购入的不动产，纳税人可在购进当期，一次性予以抵扣。

二是，2019 年 4 月 1 日前购入的不动产，还没有抵扣的进项税额的 40%部分，从 2019 年 4 月所属期开始，允许全部从销项税额中抵扣。

需要强调的：

一是，"自 2019 年 4 月税款所属期起从销项税额中抵扣"，一般情况下，纳税人从自身税款缴纳、资金占用角度考虑，在 4 月所属期就应该将待抵扣部分转入进项税额。但是，如果发生个别纳税人 4 月以后要求转入的，也是允许的。

二是，纳税人将待抵扣的不动产进项税额转入抵扣时，需要一次性全部转入。

变化二：14 号公告的规定

按照规定，已经抵扣进项税额的不动产，发生用途改变或者非正常损失，需要作进项税额转出；未抵扣进项税额的不动产，用途改变后用于允许抵扣进项税额项目的，需要作进项税额转入。不动产进项税额如何转进、转出，《不动产进项税额分期抵扣暂行办法》（国家税务总局公告 2016 年第 15 号发布，以下简称"15 号公告"）对其进行了细化规定。

不动产改为一次性抵扣后，原分两年抵扣的 15 号公告相应废止。但不动产发生用途改变等情形,进项税额转进、转出的规定还应继续保留。因此,在14号公告中,对相关规定进行了延续。具体来讲,有两项要求:一是已抵扣进项税额的不动产,如果发生非正常损失,或者改变用途,专用于简易计税方法计税项目、免征增值税项目、集体福利或者个人消费的,按照公式计算不得抵扣的进项税额,从当期进项税额中扣减;二是按照规定不得抵扣进项税额的不动产,发生用途改变,用于允许抵扣进项税额项目的,按照公式在改变用途的次月计算可抵扣进项税额。

需要提醒注意的两点:

一是,不动产进项税额转进转出,都是按照不动产净值率计算,不动产净值率是不动产净值与不动产原值的比,不动产净值、原值与企业会计核算应保持一致。

二是,不动产发生用途改变,进项税额转进转出的时间有所不同。需要转出的,是在发生的当期转出;需要转入的,是在发生的下期转入。

变化三:不动产抵扣的申报

自2019年4月1日起,纳税人取得不动产或者不动产在建工程的进项税额可一次性抵扣,申报时填写在申报表《附列资料(二)》中相应栏次。截至2019年3月税款所属期,原《增值税纳税申报表附列资料(五)》第6栏"期末待抵扣不动产进项税额"的期末余额,可以自2019年4月税款所属期起结转填入申报表《附列资料(二)》第8b栏"其他"。

【例1-16】我单位2018年6月购入一层写字楼,取得增值税专用发票,购入写字楼的不动产进项税额在2018年7月申报抵扣了60%,在2019年哪个月份就能够申报抵扣剩下的40%?

【解析】尚未抵扣完毕的待抵扣进项税额,可自2019年4月税款所属期起从销项税额中抵扣。一般情况下,纳税人从自身税款缴纳、资金占用角度考虑,在4月所属期就应该将待抵扣部分转入进项税额。但是,如果发生个别纳税人4月以后要求转入的,也是允许的。

【例1-17】我单位2019年1月购入一层写字楼,取得增值税专用发票,当前尚有购入写字楼的不动产进项税额40%未抵扣,我单位能否在2019年4月所属期抵扣剩余的30%,在5月所属期抵扣剩余的10%?

【解析】不可以。纳税人在2019年3月31日前尚未抵扣的不动产进项税额的40%,自2019年4月所属期起,只能一次性转入进项税额进行抵扣。

第一章 增值税

第十节 增值税纳税申报

为贯彻落实党中央、国务院关于减税降费的决策部署,优化纳税服务,减轻纳税人负担,《国家税务总局关于调整增值税纳税申报有关事项的公告》(国家税务总局公告2019年第15号)出台,按照"满足政策实施需要,方便信息系统实现"的原则,对增值税一般纳税人申报表及其附列资料进行了适当调整。

一、申报表调整变化

1. 增值税申报表主表栏次维持不变,仅对第19栏"应纳税额"的填写口径进行了调整。适用加计抵减政策的纳税人,若当期有可从应纳税额中抵减的加计抵减额,以抵减后的应纳税额进行填报。具体公式如下:

主表第19栏"一般项目"列"本月数"=第11栏"销项税额""一般项目"列"本月数"-第18栏"实际抵扣税额""一般项目"列"本月数"-"实际抵减额"。

主表第19栏"即征即退项目"列"本月数"=第11栏"销项税额""即征即退项目"列"本月数"-第18栏"实际抵扣税额""即征即退项目"列"本月数"-"实际抵减额"。

其他纳税人仍按表中公式"19=11-18"填写。

2. 将原《增值税纳税申报表附列资料(一)》中的第1栏、第2栏项目名称分别调整为"13%税率的货物及加工修理修配劳务"和"13%税率的服务、不动产和无形资产";删除第3栏"13%税率";第4a栏、第4b栏序号分别调整为第3栏、第4栏,项目名称分别调整为"9%税率的货物及加工修理修配劳务"和"9%税率的服务、不动产和无形资产"。

3. 将原《增值税纳税申报表附列资料(三)》中的第1栏、第2栏项目名称分别调整为"13%税率的项目"和"9%税率的项目"。

4. 将原《增值税纳税申报表附列资料(二)》(以下简称《附列资料(二)》)中的第10栏项目名称调整为"(四)本期用于抵扣的旅客运输服务扣税凭证";第12栏"当期申报抵扣进项税额合计"计算公式调整为"12=1+4+11"。

5. 在原《增值税纳税申报表附列资料(四)》(以下简称《附列资料(四)》)表式内容中,增加加计抵减相关栏次。新增部分表式如表1-1所示。

表1-1 《附列资料(四)》新增部分表式

序号	加计抵减项目	二、加计抵减情况					
		期初余额	本期发生额	本期调减额	本期可抵减额	本期实际抵减额	期末余额
		1	2	3	4=1+2-3	5	6=4-5
6	一般项目加计抵减额计算						
7	即征即退项目加计抵减额计算						
8	合计						

6. 废止原《增值税纳税申报表附列资料(五)》和《营改增税负分析测算明细表》。纳税人自2019年5月1日起无须填报上述两张附表。

二、适用加计抵减政策声明

适用加计抵减政策的生产、生活性服务业纳税人,应在年度首次确认适用加计抵减政策时,通过电子税务局(或前往办税服务厅)提交《适用加计抵减政策的声明》(以下简称"声明")。提交声明基本流程如图1-1所示。

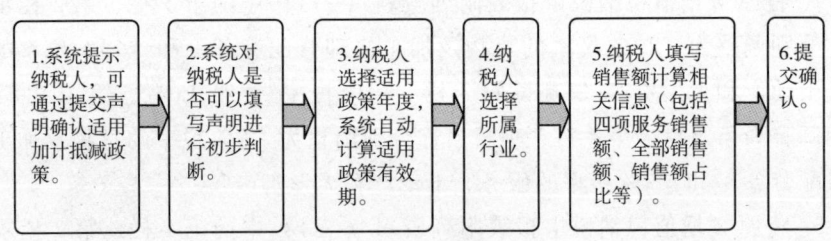

图1-1 提交声明基本流程

(一)填写声明的提示功能(该功能仅限电子税务局)

当纳税人进入增值税申报界面时,系统将提示纳税人加计抵减政策具体规定,并告知纳税人,如果符合政策规定条件,可以通过填写声明来确认适用加计抵减政策。该提示功能每年至少提示一次,即2019年5月、2020年2月和2021年2月征期,纳税人首次进入申报模块时,系统自动弹出提示信息。在其他征期月份,纳税人可以通过勾选"不再提示"标识,屏蔽该提示信息。

（二）系统初步判断纳税人是否可以填写声明

在纳税人填写声明之前，系统先根据以下规则对纳税人是否可以填写声明进行初步判断。

1. 2019年3月31日之前设立的纳税人，属于一般纳税人的，可以填写声明。

2. 2019年4月1日后设立的纳税人，经营期满3个月，且为一般纳税人的，可以填写声明。

3. 小规模纳税人及经营期不足3个月的纳税人不得填写。

【例1-18】2019年4月20日设立的一般纳税人，在2019年6月30日前，不能填写声明。2019年7月1日以后，可以填写声明。

（三）确定适用政策年度及有效期起止

1. 确定适用政策年度

纳税人在填写声明时，需先选择适用政策年度。纳税人可选年度为2019年、2020年、2021年，且每次只能选择一个年度。可选年度应满足：（1）不晚于当前年度；（2）不早于一般纳税人有效期起的年度；（3）年度内实际经营月份大于2个月；（4）同一年度不重复提交。

2. 系统自动计算适用政策有效期起止

系统根据纳税人选择的适用政策年度和相关条件，自动判断并显示适用政策有效期起和有效期止。有效期起止根据以下规则计算：

（1）有效期起一般应为2019年4月1日或2020、2021年的1月1日。其中，在适用政策年度内新设立的纳税人，有效期起不应早于一般纳税人有效期起。

（2）有效期止一般应为适用政策年度的12月31日。

（3）年末新设立纳税人，跨年确认适用加计抵减政策时，适用政策有效期起与一般纳税人有效期起一致，可能早于适用政策年度的1月1日，这时有效期长度可能超过12个月，最长不会超过14个月。

【例1-19】纳税人2019年2月设立，一般纳税人有效期起为2019年2月1日，选择适用政策年度为2019年，则适用政策有效期起止为2019年4月1日至2019年12月31日。

【例1-20】纳税人2019年5月设立，一般纳税人有效期起为2019年6月1日，选择适用政策年度为2019年，则适用政策有效期起止为2019年6月1日至2019年12月31日。

【例 1-21】纳税人 2019 年 11 月设立，一般纳税人有效期起为 2019 年 11 月 1 日，适用政策年度不能选择 2019 年。当选择适用政策年度为 2020 年时，适用政策有效期起止为 2019 年 11 月 1 日至 2020 年 12 月 31 日。

（四）纳税人选择所属行业

所属行业由纳税人自行选择，纳税人只能选择其中一个行业（或小行业），所选行业有下一级小行业的，需选择至末一级行业。

（五）纳税人填写销售额计算相关信息

1. 系统可自动计算填写计算期起和计算期止，同时允许纳税人修改。

2. 纳税人自行填写邮政服务、电信服务、现代服务、生活服务销售额合计××元，全部销售额××元，四项服务销售额占比由系统自动计算。

（六）提交确认

纳税人完成相关信息填写后，可以点击"提交"，相关信息通过校验后，系统根据已填写的信息生成《适用加计抵减政策的声明》，由纳税人进行确认，纳税人提交后不能再修改。

（七）税务机关维护功能

税务机关可以在核心征管系统中对纳税人适用加计抵减政策信息进行维护，可维护的项目包括：适用政策有效期起和有效期止，纳税人所属行业。税务机关可以作废纳税人声明记录，可以查询到纳税人提交的相关信息和历史维护信息。

三、加计抵减的申报方法及案例

适用加计抵减政策的生产、生活性服务业纳税人，当期按照规定可计提、调减、抵减的加计抵减额，在申报时填写在申报表《附列资料（四）》加计抵减相关栏次。

【例 1-22】某企业适用加计抵减政策，2019 年 4 月税款所属期可抵扣进项税额合计 10 万元，按政策规定当期可加计抵减的税额为 1 万元，应填写在申报表《附列资料（四）》第 2 列"本期发生额"中。

情形一：若当期"期初余额"和"本期调减额"均为 0 元，且当期申报表主表第 19 栏原计算的应纳税额（主表第 11 栏 – 第 18 栏）为 2 万元，则"本期实际抵减额"为 1 万元，"期末余额"为 0 元（见表 1-2）。

表1-2　　　　　　　　　情形一相关内容的填写

序号	加计抵减项目	二、加计抵减情况（情形一）					
		期初余额	本期发生额	本期调减额	本期可抵减额	本期实际抵减额	期末余额
		1	2	3	4=1+2-3	5	6=4-5
6	一般项目加计抵减额计算	0	10000	0	10000	10000	0
7	即征即退项目加计抵减额计算						
8	合计	0	10000	0	10000	10000	0

情形二：若当期"期初余额"和"本期调减额"均为0元，但当期申报表主表第19栏原计算的应纳税额（主表第11栏－第18栏）为0.8万元，则"本期实际抵减额"为0.8万元，"期末余额"为0.2万元，申报表主表第19栏填写0元（见表1-3）。

表1-3　　　　　　　　　情形二相关内容的填写

序号	加计抵减项目	二、加计抵减情况（情形二）					
		期初余额	本期发生额	本期调减额	本期可抵减额	本期实际抵减额	期末余额
		1	2	3	4=1+2-3	5	6=4-5
6	一般项目加计抵减额计算	0	10000	0	10000	8000	2000
7	即征即退项目加计抵减额计算						
8	合计	0	10000	0	10000	8000	2000

情形三：若2019年5月税款所属期，纳税人发生进项税额转出2万元，且未发生可抵扣进项税额，当期"期初余额"为0元，"本期调减额"为0.2万元，"本期可抵减额"经计算为-0.2万元，则当期申报表主表第19栏按照计算公式"19=11-18"填写，"本期实际抵减额"为0元，"期末余额"为-0.2万元（见表1-4）。

表1-4　　　　　　　　　情形三相关内容的填写

序号	加计抵减项目	期初余额	本期发生额	本期调减额	本期可抵减额	本期实际抵减额	期末余额
		1	2	3	4=1+2-3	5	6=4-5
6	一般项目加计抵减额计算	0	0	2000	-2000	0	-2000
7	即征即退项目加计抵减额计算						
8	合计	0	0	2000	-2000	0	-2000

二、加计抵减情况（情形三）

四、《附列资料（二）》填报注意事项

（一）不动产一次性抵扣填报

自2019年4月1日起，纳税人取得不动产或者不动产在建工程的进项税额可一次性抵扣，申报时填写在申报表《附列资料（二）》中相应栏次。

截至2019年3月税款所属期，原《增值税纳税申报表附列资料（五）》第6栏"期末待抵扣不动产进项税额"的期末余额，可以自2019年4月税款所属期起结转填入申报表《附列资料（二）》第8b栏"其他"。

（二）旅客运输服务填报

纳税人购进国内旅客运输服务，取得增值税专用发票的，按规定可抵扣的进项税额在申报时填写在申报表《附列资料（二）》专用发票相应栏次中。

纳税人购进国内旅客运输服务，未取得增值税专用发票的，以增值税电子普通发票注明的税额，或凭注明旅客身份信息的航空、铁路、公路、水路等票据，按政策规定计算的可抵扣进项税额，填写在申报表《附列资料（二）》第8b栏"其他"中申报抵扣。

（三）务必准确填报第9栏和第10栏

为做好深化增值税改革相关政策效应的统计分析工作，申报表《附列资料（二）》中第9栏"（三）本期用于购建不动产的扣税凭证"、第10栏"（四）本期用于抵扣的旅客运输服务扣税凭证"，分别专用于不动产一次性抵扣、旅客运输服务两项政策效应的统计分析。请各地税务机关务必做好对纳税人填报辅导工作，确保上述两栏次填报数据准确。

五、《附列资料（四）》填报注意事项

1. 对应税款所属期，纳税人在系统中具有有效期内声明时，可填报《附列资料（四）》"二、加计抵减情况"相关栏次。

2. 不能填报的纳税人，若需要填写，则系统提示：如果符合加计抵减政策条件，请先提交《适用加计抵减政策的声明》。

3. 小规模纳税人不得填写《附列资料（四）》"二、加计抵减情况"相关栏次。

六、申报比对规则调整

（一）新增票表比对规则

针对加计抵减政策，系统新增了加计抵减台账，以控制《附列资料（四）》中当期可计提的加计抵减额。

1. 比对规则

本期申报表《附列资料（四）》第8行"本期发生额"列≤本期申报表《附列资料（二）》第12栏"税额"×10%＋《加计抵减台账》上期第6栏"期末可计提额"

2. 加计抵减台账

系统对已经确认适用加计抵减政策的纳税人，逐户建立台账，并自动提取、计算纳税人在适用加计抵减政策标识有效期内的相关数据，台账格式如表1-5所示。

表 1-5　　　　　　　　加计抵减台账

纳税人识别号：

税款所属期	进项税额		已计提额		期末可计提额
	本月数	累计数	本月数	累计数	
1	2	3	4	5	6

第1栏税款所属期：取纳税人在适用加计抵减政策标识期内有效申报记录的税款所属期；

第2栏进项税额本月数：取纳税人对应税款所属期，有效申报记录中《附列资料（二）》第12栏"税额"数据；

第3栏进项税额累计数：为截至当期税款所属期，累计发生的进项税额；

第4栏已计提额本月数：取纳税人对应税款所属期，有效申报记录中《附列资料（四）》第8行第2栏"本期发生额"数据；

第5栏已计提额累计数：为截至当期税款所属期，累计发生的计提额；

第6栏期末可计提额：为纳税人截至当期税款所属期期末的可计提额，计算公式为 $6 = 3 \times 10\% - 5$。

（二）《附列资料（二）》参数型票表比对规则

待抵扣的不动产进项税额，一次性转入《附列资料（二）》第8b栏"其他"中，各省税务局要注意对相应申报比对规则的参数进行检查，以防纳税人在转入不动产待抵扣进项税额时，集中出现比对不符。

第二章 企业所得税

第一节 企业所得税概述

一、企业所得税概念

企业所得税是对我国境内的企业和其他取得收入的组织的生产经营所得和其他所得征收的一种税。企业所得税是国家参与企业利润分配,调节企业收益水平,正确处理国家与企业分配关系的一个主要税种。

二、企业所得税改革历程

现行企业所得税(以下简称"企业所得税")是由企业所得税、外商投资企业和外国企业所得税合并而来。原企业所得税由国营企业所得税、集体企业所得税和私营企业所得税三税于1994年合并组成。

(一)新中国成立后至改革开放前的企业所得税制度

在1949年首届全国税务会议上,通过了统一全国税收政策的基本方案,其中包括对企业所得和个人所得征税的办法。1950年,政务院发布了《全国税政实施要则》,规定全国设置14种税收,其中涉及对所得征税的有工商业税(所得税部分)、存款利息所得税和薪给报酬所得税3种税收。

工商业税(所得税部分)自1950年开征以后,主要征税对象是私营企业、集体企业和个体工商户的应税所得。国营企业因政府有关部门直接参与经营和管理,其财务核算制度也与一般企业差异较大,所以国营企业实行利润上缴制度,而不缴纳所得税。这种制度的设计适应了当时中国高度集中的计划经济管理体制的需要。

1958年和1973年我国进行了两次重大的税制改革,核心是简化税制,其中的工商业税(所得税部分)主要是对集体企业征收,国营企业只征一道工商税,不征所得税。1958年社会主义改造后,私营企业不复存在。在这个阶段,各项税收收入占财政收入的比重有所提高,占50%左右,但国营企业上缴的利润仍是国家财政收入的主要来源之一。在税收收入中,国内销售环节征收的货物税和劳务税是主体收入,占税收总额的比例在70%以上,工商企业上缴的所得税收入占税收总额的比重较小。

(二)改革开放后的企业所得税制度改革

1978年以来,我国企业所得税制度建设取得了长足发展。标志性的举措是1980年9月10日颁布实施《中华人民共和国中外合资经营企业所得税法》,该法将所得税税率确定为30%,另按应纳所得额附征10%的地方所得税,中外合资企业所得税的纳税人为设在中国境内的中外合资经营企业,征税对象为纳税人取得的生产、经营所得和其他所得①。1981年12月13日,第五届全国人民代表大会第四次会议通过了1982年1月1日起开始实施的《中华人民共和国外国企业所得税法》。在中国取得生产、经营所得和其他所得的外国企业为外国企业所得税的纳税人,以纳税人取得的生产、经营和其他所得按照20%~40%的5级超额累进税率征收所得税,另按应纳税的所得额缴纳10%的地方所得税。

随着两步"利改税"的推进,1984年9月16日发布的《中华人民共和国国营企业所得税条例(草案)》和《国营企业调节税征收办法》。国营企业所得税的纳税人为实行独立核算的国营企业,大中型企业适用55%的比例税率,小型企业等适用10%~55%的8级超额累进税率。1985年4月11日,国务院发布了《中华人民共和国集体企业所得税暂行条例》,其所得税的纳税人为从事工业、商业、服务业、建筑安装业、交通运输业和其他行业的独立核算的集体企业,实行10%~55%的8级超额累进税率。1988年6月25日,国务院发布了《中华人民共和国私营企业所得税暂行条例》,其纳税人为从事工业、建筑业、交通运输业、商业、饮食业和其他行业的城乡私营企业,税率为35%,至此我国企业所得税的基本框架建立。

1991年4月9日制定了《中华人民共和国外商投资企业和外国企业所得税法》,于同年7月1日开始实施。该法主要用于外资企业,实行30%的比例税率,另按应纳税的所得额征收3%的地方所得税,综合税率为33%。1993年12月13日,国务院将《中华人民共和国国营企业所得条例(草案)》《国营企业调节税征收办法》《中华人民共和国集体企业所得税暂行条例》《中华

---

① 史玲,谢芬芳. 改革开放三十年我国企业所得税改革的历程与评价[J]. 湖南社会科学,2008(04):96-99.

人民共和国私营企业所得税暂行条例》合并，制定了《中华人民共和国企业所得税暂行条例》，从而统一了内资企业所得税制度，自 1994 年 1 月 1 日起施行①。

为进一步完善社会主义市场经济体制，为各类企业创造公平竞争的税收环境，根据党的十六届三中全会关于"统一各类企业税收制度"的精神，2007 年 3 月 16 日，第十届全国人民代表大会第五次会议审议通过了《中华人民共和国企业所得税法》，自 2008 年 1 月 1 日开始实施，从此内、外资企业所得税实现了统一。

第二节　收入确认

一、视同销售行为的税务处理

视同销售是指在会计上不作为销售核算，而在税收上作为销售处理，并确认企业所得税收入的行为。这是一个税收术语，它不同于一般的销售和转让，是一种特殊的销售行为，很多时候并没有给企业带来直接的现金流，但是从税收的角度看，它实现了类似销售的功能和目的。

（一）视同销售的税收政策

1. 基本规定

《企业所得税法实施条例》第二十五条规定，企业发生非货币性资产交换，以及将货物、财产、劳务用于捐赠、偿债、赞助、集资、广告、样品、职工福利或者利润分配等用途的应当视同销售货物、转让财产或者提供劳务，但国务院财政、税务主管部门另有规定的除外。

2. 视同销售的范围

《国家税务总局关于企业处置资产所得税处理问题的通知》（国税函〔2008〕828 号）规定：

第一，企业发生下列情形的处置资产，除将资产转移至境外以外，由于资产所有权属在形式和实质上均不发生改变，可作为内部处置资产，不视同销售确认收入，相关资产的计税基础延续计算：（1）将资产用于生产、制造、加工另一产品；（2）改变资产形状、结构或性能；（3）改变资产用途（如自建商品房转为自用或经营）；（4）将资产在总机构及其分支机构之间转移；

---

① 编写组. 企业所得税操作指南 [M]. 中国矿业大学出版社，2015.

(5) 上述两种或两种以上情形的混合。

第二，企业将资产移送他人的下列情形，因资产所有权属已发生改变而不属于内部处置资产，应按规定视同销售确定收入：(1) 用于市场推广或销售；(2) 用于交际应酬；(3) 用于职工奖励或福利；(4) 用于股息分配；(5) 用于对外捐赠。

3. 视同销售收入的确认

《国家税务总局关于印发房地产开发经营业务企业所得税处理办法的通知》（国税发〔2009〕31号）第七条规定，企业将开发产品用于捐赠、赞助、职工福利、奖励、对外投资、分配给股东或投资人、抵偿债务、换取其他企事业单位和个人的非货币性资产等行为应视同销售，于开发产品所有权或使用权转移，或于实际取得利益权利时确认收入（或利润）的实现。

《国家税务总局关于企业所得税有关问题的公告》（国家税务总局公告2016年第80号）规定，自2016年1月1日起，企业发生国家税务总局关于企业处置资产所得税处理问题的通知》（国税函〔2008〕828号）第二条规定情形的，除另有规定外，应按照被移送资产的公允价值确定销售收入。

《国家税务总局关于发布〈中华人民共和国企业所得税年度纳税申报表（A类，2017年版）〉的公告》（国家税务总局公告2017年第54号）中《A105010视同销售和房地产开发企业特定业务纳税调整明细表》的填报说明规定，第5行"（四）用于职工奖励或福利视同销售收入"：填报发生将货物、财产用于职工奖励或福利，会计处理不确认销售收入，而税法规定确认为应税收入的金额。企业外购资产或服务不以销售为目的，用于替代职工福利费用支出，且购置后在一个纳税年度内处置的，以公允价值确认视同销售收入。

《国家税务总局关于印发（房地产开发经营业务企业所得税处理办法）的通知》（国税发〔2009〕31号）规定，确认视同销售收入或利润的方法和顺序为：（1）按本企业近期或本年度最近月份同类开发产品市场销售价格确定；（2）由主管税务机关参照当地同类开发产品市场公允价值确定；（3）按开发产品的成本利润率确定。开发产品的成本利润率不得低于15%，具体比例由主管税务机关确定。

(二) 视同销售行为的性质分析

税法规定的视同销售行为，强调了资产所有权属的转移，资产中隐含的增值或减值在所有权的变动中得以显现，资产所有权发生的变动实现了与销售行为类似的经济后果，因此应确认相应的收入，同时也要以资产公允价值为基础确认取得的相关资产和支出。如企业的产品用于对外捐赠，产品所有权从企业转移到受赠对象，按产品的市场价格确认的捐赠金额，起到了与捐赠现金同样的效果，就应当确认相应的销售收入。反之，资产所有权属在形式和实质上均不发生改变，如企业将自建商品房转为投资性房地产、生产的设备转为固定资产，作为内部处置资产，不应视同销售确认收入，相关资产的计税基础延续计算。

另外，在税法中，视同销售也可以看作是两项交易行为。以非货币性资产对外投资为例，税法将其视为先转让非货币性资产取得资金，再以资金对外投资进行处理。投资时非货币性资产要进行评估作价，其价格就等于公允价值，不同于企业持有时的计税基础，因此，其取得的投资也是以公允价值计量，通过这种交易，相应资产的增值得以实现，所以应确认相应的收入和成本。

（三）视同销售行为的财税处理

1. 不需要纳税调整的视同销售行为

（1）以公允价值计量的非货币性资产交换。企业发生非货币性资产交换（包括将货物、财产、劳务用于对外投资），会计上采用公允价值计量的，应当以公允价值和应支付的相关税费作为换入资产的成本，公允价值与换出资产账面价值的差额计入当期损益。在这种计量模式下，会计与税务处理没有差异，不需要进行纳税调整。

（2）将资产用于偿债、职工福利或者利润分配。企业将货物、财产、劳务用于偿债、职工福利或者利润分配等用途的，企业取得了对价，只不过对价并不是货币资产形式。在这些业务中，企业减少了对外债务、应付职工的福利和应付股东的分红等，如果不以货物、财产、劳务来支付，企业还需要用相应资产公允价值对应的资金进行偿付，两者的本质效果基本相同，所以应当作销售货物、转让财产或者提供劳务进行会计和所得税处理。

【例2-1】乙公司为一家生产笔记本电脑的企业。2020年3月，乙公司以其生产的成本为80万元、市场价值为100万元（不含增值税）的电脑作为股息发放给公司的股东。假定不考虑除增值税、企业所得税以外的其他税费，无其他纳税调整事项。

（1）2020年3月，乙公司决定发放实物股息113万元。

借：利润分配——应付股利 1130000
　　贷：应付股利 1130000

（2）给股东发放电脑，电脑的市场价格为100万元，增值税销项税额为13万元。

```
借：应付股利                                    1130000
    贷：主营业务收入                             1000000
        应交税费——应交增值税（销项税额）        130000
借：主营业务成本                                 800000
    贷：库存商品                                 800000
```

（3）税务处理。2020年，乙公司以笔记本电脑作为股息发放给公司股东，应作为销售确认相应的收入和成本，税务和会计处理一致，不需要进行纳税调整。

2. 需要纳税调整的视同销售行为

企业将货物、财产、劳务用于捐赠、赞助广告、样品、交际应酬等用途的，以及以成本模式计量的非货币性资产交换，按照税法规定，应当视同销售货物、转让财产或者提供劳务。会计上不作为销售处理，不确认有关资产的销售或转让收入，按账面成本计入有关费用或营业外支出。税务上，由于货物、财产的所有权发生了转移，劳务已经提供和消耗，应视同销售处理，即要按有关财产、劳务的公允价值确认收入，按其计税基础确认成本。

【例2-2】甲公司为一家工业企业，增值税一般纳税人，增值税税率为13%，执行《企业会计准则》。2020年3月，为了宣传推广新产品，其将生产的100台新型笔记本电脑赠送给公司客户。笔记本电脑成本为40万元，市场价格60万元（不含增值税）。假设不考虑广告宣传费的调整，无其他纳税调整项目。

（1）会计处理。甲公司赠送公司客户笔记本电脑，目的是为了宣传推广新产品，是一种促销行为，会计上不作销售处理，而是按成本进行转账。根据《增值税暂行条例实施细则》的规定，应视同销售货物征收增值税＝60×13%＝7.8（万元）。

```
借：销售费用                                    478000
    贷：库存商品                                 400000
        应交税费——应交增值税（销项税额）         78000
```

（2）税务处理。甲公司送给公司客户笔记本电脑，因资产所有权属已发生改变，应按规定视同销售确认商品销售收入60万元、销售成本40万元，应调增应纳税所得额20万元。

（四）特殊视同销售行为的税务处理

1. 政策性搬迁中涉及的资产置换

资产置换属于非货币性资产交换，按照税法的规定，通常应确认相关资产的转让所得或损失，但国家为了鼓励企业在政府主导下的政策性搬迁，给予了暂不确认资产转让所得或损失的税收政策。

《企业政策性搬迁所得税管理办法》（国家税务总局公告2012年第40号）规定，企业搬迁中被征用的土地，采取土地置换的，换入土地的计税成本按被征用土地的净值，以及该换入土地投入使用前所发生的各项费用支出，为该换入土地的计税成本。《国家税务总局关于企业政策性搬迁所境外控股税务得税有关问题的公告》（国家税务总局公告2013年第11号）将土地置换扩大到所有资产的转换，其明确规定，企业政策性搬迁被征用的资产，采取资产置换的，其换入资产的计税成本按被征用资产的净值，加上换入资产所支付的税费（涉及补价的，还应加上补价款）计算确定。

2. 企业重组中涉及的视同销售

根据《财政部 国家税务总局关于企业重组业务企业所得税处理若干问题的通知》（财税〔2009〕59号）、《财政部 国家税务总局关于非货币性资产投资企业所得税政策问题的通知》（财税〔2014〕116号）等的规定，如果企业发生的以下业务不符合特殊性税务处理的条件，应按一般性税务处理确认相关资产的转让所得或损失。

（1）股权收购、资产收购。从被收购方来说，股权收购、资产收购就是股权和资产的转让行为，应当按公允价值确认有关资产的转让所得或损失。即被收购方应确认股权、资产转让所得或损失，收购方取得股权或资产的计税基础应以公允价值为基础确定，被收购企业的相关所得税事项原则上保持不变。

（2）企业合并。企业合并视为被合并企业及其股东都应按清算进行所得税处理，合并企业应按公允价值确定接受被合并企业各项资产和负债的计税基础，被合并企业的亏损不得在合并企业结转弥补。

（3）企业分立。被分立企业对分立出去的资产应按公允价值确认资产转让所得或损失，分立企业应按公允价值确认接受资产的计税基础，被分立企业继续存在时，其股东取得的对价应视同被分立企业分配进行处理，被分立企业不再继续存在时，被分立企业及其股东都应按清算进行所得税处理，企业分立相关企业的亏损不得相互结转弥补。

（4）实行查账征收的居民企业以非货币性资产对外投资，可以一次性确认非货币性资产转让所得，也可以在不超过5年期限内，分期均匀计入相应年度的应纳税所得额，按规定计算缴纳企业所得税。

3. 资产（股权）划转中涉及的视同销售

根据《财政部 国家税务总局关于促进企业重组有关企业所得税处理问题

的通知》(财税〔2014〕109号)和《国家税务总局关于资产(股权)划转企业所得税征管问题的公告》(国家税务总局公告2015年第40号)的规定,对100%直接控制的居民企业之间,以及受同一或相同多家居民企业100%直接控制的居民企业之间按账面净值划转股权或资产,凡具有合理商业目的、不以减少、免除或者推迟缴纳税款为主要目的,股权或资产划转后连续12个月内不改变被划转股权或资产原来实质性经营活动,且划出方企业和划入方企业均未在会计上确认损益的,可以进行特殊性税务处理,划出方企业和划入方企业均不确认所得。如果不符合上述条件,因资产的权属发生了变化,则要视同销售按一般性税务处理,即划出方按划转股权或资产的公允价值确认转让收入,并按公允价值确认取得长期股权投资的计税基础;划入方按公允价值确认划入股权或资产的计税基础。

4. 向公益性社会团体实施的股权捐赠

根据《财政部 国家税务总局关于公益股权捐赠企业所得税政策问题的通知》(财税〔2016〕45号)的规定,自2016年1月1日起,企业向公益性社会团体实施的股权捐赠,应按规定视同转让股权,股权转让收入额以企业所捐赠股权取得时的历史成本确定。这里的股权,是指企业持有的其他企业的股权、上市公司股票等企业实施股权捐赠后,以其股权历史成本为依据确定捐赠额,并依此按照企业所得税法有关规定在所得税前予以扣除。公益性社会团体接受股权捐赠后,应按照捐赠企业提供股权历史成本开具捐赠票据。

二、销售退回涉及资产负债表日后事项的财税处理

《国家税务总局关于确认企业所得税收入若干问题的通知》(国税函〔2008〕875号)明确规定,企业已经确认销售收入的售出商品发生销售退回,应当在发生当期冲减当期销售商品收入。这与上述文件的规定并不相同,特别是国家税务总局发布的2014年版、2017年版《中华人民共和国企业所得税年度纳税申报表(A类)》中,进一步明确了销售退回的填报要求,这与以往的政策口径发生了明显的变化,相应的会计与税务处理也应进行调整。

(一) 资产负债表日后事项中销售退回的会计处理

根据《企业会计准则第14号——收入》(财会〔2006〕018号)的规定,有销售退回条件的商品销售,假如企业根据以往的经验能够合理估计退回可能性并确认与退货相关负债的,通常应以商品发出时确认收入;假如企业不

能合理估计退货可能性的，通常应在售出的商品退货期满时确认收入。企业已经确认销售商品收入的售出商品发生销售退回的，应当在发生时冲减当期销售商品收入。企业报告年度或以前年度销售的商品，在资产负债表日后至年度财务报告批准报出前发生的销售退回，应当作为资产负债表日后调整事项处理，调整报告年度的收入、成本等。

根据《小企业会计准则》的规定，销售退回是指企业售出的商品由于质量、品种不符合要求等原因而发生的退货。小企业已经确认销售商品收入的售出商品发生的销售退回（不论属于本年度还是属于以前年度的销售），均应当在发生时冲减当期销售商品收入。

（二）现行税收政策

《国家税务总局关于确认企业所得税收入若干问题的通知》（国税函〔2008〕875号）规定，企业因售出商品质量、品种不符合要求等原因而发生的退货属于销售退回，应本当在发生当期冲减当期销售商品收入。

（三）销售退回会计与税法的差异分析

1. 如果企业执行《企业会计准则》，对于企业日常发生的销售退回，会计和税务处理一致，均调整退回年度的收入和成本，此时不存在纳税调整。但是，对于属于资产负债表日后调整事项的销售退回，会计与税法的处理则存在明显差异：会计上调整新的报告年度的收入、成本等。而税法不考虑资产负债表日后事项，企业已经确认销售收入的售出商品发生销售退回，应当在发生当期直接冲当期销售商品收入和增值税销项税额，无论是在报告年度企业所得税汇算清缴前还是在汇算清缴后，发生的属于资产负债表日后调整事项的销售退回，都要调整退回年度的应纳税所得额，而不是调整报告年度应纳税所得额和应纳税额。

2. 如果企业执行《小企业会计准则》，销售退回的会计与税务处理一致。

（四）实例解析销售退回涉及资产负债表日后事项的纳税调整

【例2-3】甲公司执行《企业会计准则》。甲公司于2019年12月20日销售一批商品给乙公司，取得收入10000元（不含税，增值税税率13%）。甲公司发出商品后，按照正常情况已确认收入，并结转成本80000元。此笔货款到年末尚未收到，未对该应收账款计提坏账准备。2020年2月24日，由于产品质量问题，本批货物被退回。甲公司于2020年4月1日完成2019年度企业所得税汇算清缴，4月25日财务报告被批准报出。

甲公司当年盈利，适用的所得税税率为25%，按净利润的10%提取法定盈余公积，提取法定盈余公积后不再作其他分配。假设不存在其他纳税调整事项，涉及确认递延所得税资产的，均假定未来期间很可能取得用来抵扣暂时性差异的应纳税所得额。

1. 2019 年度的会计与税务处理

本例中，销售退回业务发生在资产负债表日后事项涵盖期间内，应属于资产负债表日后调整事项。

甲公司的账务处理

（1）2020 年 2 月 24 日，调整报告年度销售收入。

借：以前年度损益调整　　　　　　　　　　　　　100000
　　应交税费——应交增值税（销项税额）　　　　　13000
　　贷：应收账款　　　　　　　　　　　　　　　　113000

（2）调整销售成本。

借：库存商品　　　　　　　　　　　　　　　　　　80000
　　贷：以前年度损益调整　　　　　　　　　　　　　80000

（3）调整应确认的所得税费用。

本例中，发生上述调整事项后，2019 年 12 月 31 日，该项应收账款的账面价值为 0，库存商品的账面价值为 80000 元；而应收账款的计税基础为 100000 元，库存商品的计税基础为 0。根据《企业会计准则第 18 号——所得税》的规定，两者之间的差额分别会减少、增加未来期间的应纳税所得额和应交所得税，分别属于可抵扣暂时性差异和应纳税暂时性差异，应当确认递延所得税资产 = 100000 × 25% = 25000（元），递延所得税负债 = 80000 × 25% = 20000（元）。

借：递延所得税资产　　　　　　　　　　　　　　　25000
　　贷：以前年度损益调整　　　　　　　　　　　　　5000
　　　　递延所得税负债　　　　　　　　　　　　　　20000

（4）将"以前年度损益调整"科目余额转入未分配利润。

借：利润分配——未分配利润　　　　　　　　　　　15000
　　贷：以前年度损益调整　　　　　　　　　　　　　15000

（5）调整提取的盈余公积。

借：盈余公积　　　　　　　　　　　　　　　　　　 1500
　　贷：利润分配——未分配利润　　　　　　　　　　 1500

（6）调整 2019 年度相关财务报表。

①资产负债表项目的年末数调整。调减应收账款 113000 元，调增库存商品 80000 元，调增递延所得税资产 25000 元，调增递延所得税负债 20000 元，

调减盈余公积 1500 元，调减未分配利润 13500 元。

②利润表项目的调整。调减营业收入 100000 元；调减营业成本 80000 元，调减所得税费用 5000 元。

2. 甲公司的税务处理

根据税法的规定，甲公司在 2020 年 2 月发生的销售退回，虽然属于资产负债表日后事项，但仍应调整退回年度（2020 年度）的收入和成本。会计上冲减了上年的收入和成本，因此，甲公司在申报 2019 年度企业所得税时，应调增应纳税所得额 20000 元。

三、分期收付款购销商品的税务处理

（一）现行税收政策

1. 增值税方面

增值税纳税义务发生时间为收讫销售款项或者取得索取销售款项凭据的当天；先开具发票的，为开具发票的当天。

《中华人民共和国增值税暂行条例实施细则》（简称《增值税暂行条例实施细则》）第三十八条规定，采取赊销和分期收款方式销售货物，增值税纳税义务发生时间为书面合同约定的收款日期的当天，无书面合同的或者书面合同没有约定收款日期的，为货物发出的当天。

2. 企业所得税方面

（1）确认收入。《企业所得税法实施条例》第二十三条规定，以分期收款方式销售货物的，按照合同约定的收款日期确认收入的实现。企业受托加工制造大型机械设备、船舶、飞机，以及从事建筑、安装、装配工程业务或者提供其他劳务等，持续时间超过 12 个月的，按照纳税年度内完工进度或者完成的工作量确认收入的实现。

（2）计税基础。《企业所得税法实施条例》第五十八条、第五十九条规定，外购的固定资产，以购买价款和支付的相关税费以及直接归属于使该资产达到预定用途发生的其他支出为计税基础。固定资产按照直线法计算的折旧，准予扣除；企业应当自固定资产投入使用月份的次月起计算折旧，停止使用的固定资产，应当自停止使用月份的次月起停止计算折旧。企业应当根据固定资产的性质和使用情况，合理确定固定资产的预计净残值。固定资产的预计净残值一经确定，不得变更。

《企业所得税法实施条例》第六十六条规定，企业外购的无形资产，以购买价款和支付的相关税费以及直接归属于使该资产达到预定用途发生的其他

支出为计税基础。

（二）分期收付款购销资产会计与税法的差异

1. 分期收款销售商品的税会差异

（1）确认销售收入的时间。会计上，分期收款销售商品同时满足五个条件时，就可以确认相应的销售收入，如果具有融资性质，通常应一次性确认销售收入及其成本，但税法不区分是否具有融资性质，一律按照销售合同约定的收款日期分期确认收入和成本。

（2）确认的销售收入和成本金额。如果分期收款发出商品具有融资性质，会计准则规定，企业应当按照应收的合同或协议价款的公允价值确定收入金额，通常应当按照其未来现金流量现值或商品现销价格计算确定，并在出售商品时一次性确认销售成本。税法则规定，企业应当在合同约定的收款日期按约定的应收金额确认销售收入，同时确认与当期销售收入相对应的销售成本。

（3）融资收益的确认。会计上，如分期收款发出商品具有融资性质，收到的合同或协议价款与其公允价值之间的差额，应当在合同或协议期间内，按照应收款项的摊余成本和实际利率计算确定的金额进行摊销，作为财务费用的抵减处理。而税法则不确认相应的融资收益。

2. 分期付款购买资产的税会差异

（1）购买资产的入账成本。采取分期付款方式购买资产，如果超过了正常信用条件，实质上具有融资租赁性质，会计处理时，购入资产的成本应以各期付款额的现值之和确定。但在税务处理时，不考虑融资租赁的业务实质，以购买价款和支付的相关税费以及直接归属于使该资产达到预定用途发生的其他支出为计税基础，由此导致两者在后续计提折旧或摊销时存在差异。

（2）融资费用的确认。会计上，如分期付款购买资产具有融资性质且各期实际支付的价款与购买价款的现值之间的差额符合资本化条件的，应当计入固定资产或无形资产成本，其余部分应当在信用期间内确认为财务费用，计入当期损益。而税法则不确认相应的融资费用。

（三）有关注意事项

分期收款销售商品开票方式不同，增值税的处理也不相同。如果是在销售时一次性开具增值税专用发票，按照增值税相关政策的规定，销售方应一次性计算增值税销项税额，并在账务上计提"应交税费——应交增值税（销项税额）"；此时，购买方也可以抵扣购买此项商品而取得的全部进项税额。如果是在分期收到款项时分次开具发票，则销售方在取得合同约定的价款前尚未产生增值税纳税义务，账务处理时，应将相关销项税额记入"应交税费——待转销项税额"科目，待分期收款并开具相应专用发票（实际发生纳税义务）时再转入"应交税费——应交增值税（销项税额）"；与此相对应，购买方分期抵扣所购在分期付款购买商品分期取得发票的情况下，购买方取得资产的计税基础为购买价款和支付的相关税费。在这种情形下，企业还未取得全额发票，购入资产的计税基础是已取得发票的金额，还是合同约定的总价款（不含增值税）？这在实务中还有不同的意见。有的依据《国家税务总局关于企业所得税若干问题的公告》（国家税务总局公告2011年第34号）中"企业当年度实际发生的相关成本、费用，由于各种原因未能及时取得该成本、费用的有效凭证，企业在预缴季度所得税时可暂按账面发生金额进行核算；但在汇算清缴时，应补充提供该成本、费用的有效凭证"，认为其计税基础为已取得发票的金额，并以此金额计提折旧和摊销。笔者认为，上述理解失之偏颇，根据《企业所得税法实施条例》的规定，外购的固定资产及无形资产，以购买价款和支付的相关税费，以及直接归属于使该资产达到预定用途发生的其他支出为计税基础，因此，应以不含税的价款全额作为其计税基础，并计提折旧和摊销。

四、成本法下长期股权投资的税务处理

（一）现行税收政策

1. 长期股权投资的计税基础

（1）取得时的计税基础。《企业所得税法实施条例》第五十六条规定，企业的各项资产，包括固定资产、生物资产、无形资产、长期待摊费用、投资资产、存货等，以历史成本为计税基础。历史成本，是指企业取得该项资产时实际发生的支出。

《企业所得税法实施条例》第七十一条规定，通过支付现金方式取得的投资资产，以购买价款为成本；通过支付现金以外的方式取得的投资资产，以该资产的公允价值和支付的相关税费为成本。

（2）持有期间的计税基础。《企业所得税法》规定，企业持有各项资产期间资产增值或者减值，除国务院财政、税务主管部门规定可以确认损益外，不得调整该资产的计税基础。企业对外投资期间投资资产的成本，在计算应纳税所得额时不得扣除。

2. 长期股权投资的持有收益

《企业所得税法》第二十六条及其实施条例第八十三条规定，居民企业直接投资于其他居民企业取得的投资收益，以及在中国境内设立机构、场所的非居民企业从居民企业取得与该机构、场所有实际联系的股息、红利等权益性投资收益（不包括连续持有居民企业公开发行并上市流通的股票不足12个月取得的投资收益）免征企业所得税。

3. 长期股权投资发生减值

根据《企业所得税法实施条例》第五十五条的规定，不符合国务院财政、税务主管部门规定的各项资产减值准备、风险准备等准备金支出不允许在税前扣除。

4. 长期股权投资的处置

（1）成本的扣除。《企业所得税法》第十六条规定，企业转让资产，该项资产的净值和转让费用，可以计算应纳税所得额时扣除。《企业所得税法实施条例》第七十一条规定，企业在转让或者处置投资资产时，投资资产的成本，准予扣除。

（2）转让所得的确认。《国家税务总局关于贯彻落实企业所得税法若干税收问题的通知》（国税函〔2010〕79号）规定，企业转让股权收入，应于转让协议生效且完成股权变更手续时，确认收入的实现。转让股权收入扣除为取得该股权所发生的成本后，为股权转让所得。企业在计算股权转让所得时，不得扣除被投资企业未分配利润等股东留存收益中按该项股权所可能分配的金额。

（3）转让损失的确认。《国家税务总局关于企业股权投资损失所得税处理问题的公告》（国家税务总局公告2010年第6号）规定，企业对外进行权益性投资所发生的损失，在经确认的损失发生年度，作为企业损失在计算企业应纳税所得额时一次性扣除。

5. 撤回或减少投资

《国家税务总局关于企业所得税若干问题的公告》（国家税务总局公告2011年第34号）规定，投资企业从被投资企业撤回或减少投资，其取得的资产中，相当于初始出资的部分，应确认为投资收回；相当于被投资企业累计未分配利润和累计盈余公积按减少实收资本比例计算的部分，应确认为股息所得；其余部分确认为投资资产转让所得。被投资企业发生的经营亏损，由被投资企业按规定结转弥补；投资企业不得调整减低其投资成本，也不得将其确认为投资损失。

（二）长期股权投资财税处理的差异分析

1. 长期股权投资的初始计价不同

《企业会计准则第7号——非货币性资产交换》规定，如果一项交换未同时满足具有商业实质和换入资产或换出资产的公允价值能够可靠计量条件的，应当以换出资产的账面价值和应支付的相关税费作为换入长期股权投资的成本。

税法则规定，非货币性资产交换应当视同销售，以公允价值和应支付的相关税费作为换入长期股权投资的成本，公允价值与换出资产账面价值的差额计入当期所得或损失。

2. 持有期间的收益处理不同

会计上，投资方取得被投资企业的股息、红利等权益性投资收益，计入利润总额。

税法则规定，居民企业直接投资于其他居民企业取得的投资收益（不包括连续持有居民企业公开发行并上市流通的股票不足 12 个月取得的投资收益），以及从被投资方撤资或减资、被投资方清算取得所得中可以归属于股息的部分，免征企业所得税。

3. 发生减值处理不同

会计上，长期股权投资发生减值时，应将长期股权投资的账面价值减记至可收回金额，减记得金额确认为资产减值损失，计入当期损益。

税法则遵循据实扣除的原则，除另有规定外，企业提取的各种减值准备，在计算应纳税所得额时不得扣除；只有在该项资产实际发生损失时，其损失金额才能从应纳税所得额中扣除，同时还需要履行相关资产损失申报手续。

4. 处置所得确认不同

（1）处置所得的金额。会计上，企业在处置长期股权投资时，应结转与所售股权相对应的长期股权投资的账面价值，出售所得价款与处置长期股权投资账面价值之间的差额，不论收益或损失，均应确认为处置损益。

税务上，转让或者处置投资资产所得价款与投资资产的计税基础之间的差额，为股权转让所得（或损失）。

（2）所得是否区分股息性收益。会计上，企业减少或撤回长期股权投资时，出售所得价款与处置长期股权投资账面价值之间的差额，全部作为股权转让所得，不确认其中按比例可能涉及的股息性所得。

税法则规定，投资企业从被投资企业撤回或减少投资其取得的资产中，相当于初始出资的部分，应确认为投资收回；相当于被投资企业累计未分配利润和累计盈余公积按减少实收资本比例计算的部分，应确认为股息所得，其余部分确认为投资资产转让所得。

五、权益法下长期股权投资的税务处理

（一）现行税收政策

1. 长期股权投资的持有收益

（1）确认时点。《企业所得税法实施条例》第十七条规定，股息、红利等权益性投资收益，除国务院财政、税务主管部门另有规定外，按照被投资方作出利润分配决定的日期确认收入的实现。《国家税务总局关于贯彻落实企业所得税法若干税收问题的通知》（国税函〔2010〕79号）的规定，企业权益性投资取得股息、红利等收入，应以被投资企业股东会或股东大会作出利润分配或转股决定的日期，确定收入的实现。

（2）免税优惠。《企业所得税法》第二十六条及其实施条例第八十三条规定，居民企业直接投资于其他居民企业取得的投资收益，以及在中国境内设立机构、场所的非居民企业从居民企业取得与该机构、场所有实际联系的股息、红利等权益性投资收益（不包括连续持有居民企业公开发行并上市流通的股票不足12个月取得的投资收益）免征企业所得税。

（3）股票股利。《国家税务总局关于贯彻落实企业所得税法若干税收问题的通知》（国税函〔2010〕79号）规定，被投资企业将股权（票）溢价所形成的资本公积转为股本的，不作为投资方企业的股息、红利收入，投资方企业也不得增加该项长期投资的计税基础。

2. 长期股权投资发生减值

根据《企业所得税法实施条例》第五十五条的规定，不符合国务院财政、税务主管部门规定的各项资产减值准备、风险准备等准备金支出不允许在税前扣除。

3. 被投资企业清算

《财政部 国家税务总局关于企业清算业务企业所得税处理若干问题的通知》（财税〔2009〕60号）规定，企业全部资产的可变现价值或交易价格减除清算费用，职工的工资、社会保险费用和法定补偿金，结清清算所得税、以前年度欠税等税款，清偿企业债务，按规定计算可以向所有者分配的剩余资产被清算企业的股东分得的剩余资产的金额，其中相当于被清算企业累计未分配利润和累计盈余公积中按该股东所占股份比例计算的部分，应确认为股息所得；剩余资产减除股息所得后的余额，超过或低于股东投资成本的部分，应确认为股东的投资转让所得或损失。

被清算企业的股东从被清算企业分得的资产，应按可变现价值或实际交

易价格确定计税基础。

4. 转让限售股

（1）纳税义务人的范围界定。根据《企业所得税法》第一条及其实施条例第三条的规定，转让限售股取得收入的企业（包括事业单位、社会团体、民办非企业单位等），为企业所得税的纳税义务人。

（2）企业转让代个人持有的限售股。因股权分置改革造成原由个人出资而由企业代持有的限售股，企业在转让时按以下规定处理：

企业转让上述限售股取得的收入，应作为企业应税收入计算纳税。上述限售股转让收入扣除限售股原值和合理税费后的余额，为该限售股转让所得。企业未能提供完整、真实的限售股原值凭证，不能准确计算该限售股原值的，主管税务机关一律按该限售股转让收入的15%，核定为该限售股原值和合理税费。

依照本规定完成纳税义务后的限售股转让收入余额，转付给实际所有人时不再纳税。

依法院判决、裁定等原因，通过证券登记结算公司，企业将其代持的个人限售股直接变更到实际所有人名下的，不视同转让限售股。

（3）企业在解禁前转让限售股。企业在限售股解禁前将其持有的限售股转让给其他企业或个人，其企业所得税按以下规定处理：

企业应按减持在证券登记结算机构登记的限售股取得的全部收入，计入企业年度应税收入计算纳税。

企业持有的限售股在解禁前已签订协议转让给受让方，但未变更股权登记，仍由企业持有的，企业实际减持该限售股取得的收入，依照本条第一项规定纳税后，其余额转付给受让方的，受让方不再纳税。

（二）权益法下长期股权投资财税处理的差异分析

1. 权益法核算的初始投资成本不同

会计上，如果采用权益法核算，长期股权投资的初始投资成本小于投资时应享有被投资单位可辨认净资产公允价值份额的，其差额应当计入当期损益，同时调整长期股权投资的成本。

税法则规定，通过支付现金方式取得的投资资产，以购买价款为成本，通过支付现金以外的方式取得的投资资产，以该资产的公允价值和支付的相关税费为成本。

2. 长期股权投资的持有收益处理不同

（1）确认时间和金额。会计上，如果采用权益法核算，投资方取得长期股权投资后，应当按照应享有或应分担的被投资单位实现的净损益和其他综合收益的份额，分别确认投资收益和其他综合收益，同时调整长期股权投资的账面价值；投资方按照被投资单位宣告分派的利润或现金股利计算应享有的部分，相应减少长期股权投资的账面价值，不确认投资收益。

税法则规定，股息、红利等权益性投资收益，通常按照被投资方作出利润分配决定的日期确认收入的实现。被投资企业发生的经营亏损，由被投资企业按规定结转弥补，投资企业不得调整减低其投资成本，也不得将其确认为投资损失。

（2）免税待遇。会计上，投资方取得被投资企业的股息、红利等权益性投资收益，计入利润总额。

税法则规定，居民企业直接投资于其他居民企业取得的投资收益（不包括连续持有居民企业公开发行并上市流通的股票不足12个月取得的投资收益），以及从被投资方撤资或减资、被投资方清算取得所得中可以归属于股息的部分，免征企业所得税。

3. 长期股权投资的后续计量不同

会计上，权益法规定，投资企业在资产负债表日，应当按照应享有或应分担的被投资单位实现的净损益的份额，确认投资损益并调整长期股权投资的账面价值。投资企业按照被投资单位宣告分派的利润或现金股利计算应分得的部分，相应减少长期股权投资的账面价值。

另外，被投资单位除净损益、利润分配以外的其他综合收益变动和所有者权益的其他变动，企业按持股比例计算应享有的份额，借记"长期股权投资"科目，贷记"其他综合收益"和"资本公积"科目。

税法则遵循历史成本的原则，除国家另有规定外，企业不得调整持有股权的计税基础。

4. 长期股权投资核算方法转换时的收益或损失确认不同

长期股权投资核算方法转换时，会计上区分以下情况分别进行相应的处理：

（1）投资方因追加投资等原因能够对被投资单位施加重大影响或实施共同控制但不构成控制的，应当按照原持有的股权投资的公允价值加上新增投资成本之和，作为改按权益法核算的初始投资成本。原持有的股权投资分类为可供出售金融资产的，其公允价值与账面价值之间的差额，以及原计入其他综合收益的累计公允价值变动，应当转入改按权益法核算的当期损益。

（2）投资方因处置部分股权投资等原因，丧失了对被投资单位的共同控制或重大影响的，处置后的剩余股权应当改按《企业会计准则第22号——金融工具确认和计量》核算，其在丧失共同控制或重大影响之日的公允价值与账面价值之间的差额计入当期损益。

税法遵循历史成本原则，企业增加或减少投资，不改变原持有或仍持有的投资成本，也不确认与此相应的收益或损失。

5. 投资处置所得的确认不同

会计上，企业在处置长期股权投资时，应结转与所售股权相对应的长期股权投资的账面价值，出售所得价款与处置长期股权投资账面价值之间的差额，不论收益或损失，均应确认为处置损益。采用权益法核算时，会计上还应结转原计入其他综合收益、资本公积中的相关金额，确认为当期损益。

税务上，转让或者处置投资资产所得价款与投资资产的计税基础之间的差额，为股权转让所得（或损失）。

第三节 税前扣除的财税处理差异

一、授予限制性股票的财税处理

沪深两市有许多上市公司通过授予核心员工限制性股票的方式对其进行股权激励。常见做法是，上市公司以非公开发行的方式向激励对象授予一定数量的公司股票，并规定锁定期和解锁期，在锁定期和解锁期内，不得上市流通及转让。股票达到解锁条件，可以解锁；如果全部或部分股票未被解锁而失效或作废，通常由上市公司按照事先约定的价格立即进行回购。对此类股权激励计划如何进行财税处理？

（一）会计处理

根据《企业会计准则第11号——股份支付》《企业会计准则第37号——金融工具列报》《企业会计准则第22号——金融工具确认和计量》《企业会计准则第34号——每股收益》《企业会计准则解释第7号》等相关规定，对此类股权激励计划各环节的会计处理分析如下：

1. 授予日的会计处理

上市公司向职工发行的限制性股票按有关规定履行了注册登记等增资手续的，应当根据收到职工缴纳的认股款确认股本和资本公积（股本溢价），按照职工缴纳的认股款，借记"银行存款"等科目，按照股本金额，贷记"股本"科目，按照其差额，贷记"资本公积——股本溢价"科目。股权激励计划还规定，如未满足解锁条件，上市公司有义务回购已发行并授予激励对象的股票。因此，上市公司还需就回购义务确认为负债（作收购库存股处理）。按照发行限制性股票的数量以及相应的回购价格计算确定的金额，借记"库存股"科目，贷记"其他应付款——限制性股票回购义务"（包括未满足条件而须立即回购的部分）等科目。

2. 等待期内的会计处理

（1）与股份支付相关的会计处理。通常情况下，上市公司以较低价格向激励对象发行限制性股票，是为了获取其提供的服务，而以其股份作为对价进行结算的交易，该交易符合股份支付准则中对股份支付的定义，且以股份作为支付对价，符合以权益结算的股份支付的定义。按照以权益结算的股份支付的规定，上市公司以权益结算的股份支付换取职工提供服务的，应当以授予员工限制性股票的公允价值计量，在完成等待期内的服务或达到规定业绩条件才可行权的换取职工服务的情况下，在等待期内的每个资产负债表日，应当以对可解锁限制性股票数量的最佳估计为基础，按照限制性股票在授予日的公允价值，将当期取得的服务计入相关成本或费用和资本公积。

（2）与回购相关的会计处理。对于因回购产生的义务确认的负债，应当按照《企业会计准则第 22 号——金融工具确认和计量》相关规定进行会计处理。上市公司未达到限制性股票解锁条件而需回购的股票，按照应支付的金额，借记"其他应付款——限制性股票回购义务"等科目，贷记"银行存款"等科目；同时，按照注销的限制性股票数量相对应的股本金额，借记"股本"科目，按照注销的限制性股票数量相对应的库存股的账面价值，贷记"库存股"科目，按其差额，借记"资本公积——股本溢价"科目。上市公司达到限制性股票解锁条件而无须回购的股票，按照解锁股票相对应的负债的账面价值，借记"其他应付款——限制性股票回购义务"等科目，按照解锁股票相对应的库存股的账面价值，贷记"库存股"科目，如有差额，则借记或贷记"资本公积——股本溢价"科目。

（3）分配现金股利的会计处理。等待期内发放现金股利的会计处理，应视其发放的现金股利是否可撤销，采取不同的方法：

现金股利可撤销，即一旦未达到解锁条件，被回购限制性股票的持有者将无法获得（或需要退回）其在等待期内应收（或已收）的现金股利。

现金股利不可撤销，即不论是否达到解锁条件，限制性股票持有者仍有权获得（或不得被要求退回）其在等待期内应收（或已收）的现金股利。

等待期内，上市公司在核算应分配给限制性股票持有者的现金股利时，应合理估计未来解锁条件的满足情况，该估计与进行股份支付会计处理时在等待期内每个资产负债表日对可行权权益工具数量进行的估计应当保持一致。对于预计未来可解锁限制性股票持有者,上市公司应分配给限制性股票持有者的现金股利应当作为利润分配进行会计处理,借记"利润分配——应付现金股利或利润"科目,贷记"应付股利——限制性股票股利"科目;实际支付时,借记"应付股利——限制性股票股利"科目,贷记"银行存款"等科目。对于预计未来不可解锁限制性股票持有者,上市公司应分配给限制性股票持有者的现金股利应当计入当期成本费用,借记"管理费用"等科目,贷记"应付股利——应付限制性股票股利"科目;实际支付时,借记"应付股利——限制性股票股利"科目,贷记"银行存款"等科目。后续信息表明不可解锁限制性股票的数量与以前估计不同的,应当作为会计估计变更处理,直到解锁日预计不可解锁限制性股票的数量与实际未解锁限制性股票的数量一致。

(4)每股收益的计算。每股收益包括基本每股收益和稀释每股收益两类:

基本每股收益仅考虑发行在外的普通股,按照归属于普通股股东的当期净利润除以发行在外普通股的加权平均数计算。限制性股票由于未来可能被回购,性质上属于或有可发行股票,因此,在计算基本每股收益时不应当包括在内。对于现金股利可撤销的,等待期内计算基本每股收益时,分子应扣除当期分配给预计未来可解锁限制性股票持有者的现金股利;分母不应包含限制性股票的股数。对于现金股利不可撤销的,等待期内计算基本每股收益时,应当将预计未来可解锁限制性股票作为同普通股一起参加剩余利润分配的其他权益工具处理,分子应扣除归属于预计未来可解锁限制性股票的净利润;分母不应包含限制性股票的股数。

稀释每股收益则是假定企业所有发行在外的稀释性潜在普通股均已转换为普通股而计算的每股收益。如果解锁条件仅为服务期限条件的,企业应假设资产负债表日尚未解锁的限制性股票已于当期期初(或晚于期初的授予日)全部解锁,并参照《企业会计准则第34号——每股收益》中股份期权的有关规定考虑限制性股票的稀释性。行权价格低于公司当期普通股平价市场价格时,应当考虑其稀释性,计算稀释每股收益。如果解锁条件包含业绩条件的,企业应假设资产负债表日即为解锁日并据以判断资产负债表日的实际业绩情况是否满足解锁要求的业绩条件。若满足业绩条件的,应当参照上述解锁条件仅为服务期限条件的有关规定计算稀释性每股收益;若不满足业绩条件的,计算稀释性每股收益时不必考虑此限制性股票的影响。其中:

行权价格=限制性股票的发行价格+资产负债表日尚未取得的职工服务

的公允价值

稀释每股收益＝当期净利润÷（普通股加权平均数＋调整增加的普通股加权平均数）＝当期净利润÷［普通股加权平均数＋（限制性股票股数－行权价格×限制性股票股数÷当期普通股平均市场价格）］

限制性股票若为当期发行的，则还需考虑时间权数计算加权平均数。

3. 解锁日的会计处理

对于未达到限制性股票解锁条件而需回购的股票，应进行股票回购和注销的会计处理。首先，履行的回购义务冲减相关的负债；其次，注销股本时冲减相关的权益。对于达到限制性股票解锁条件而无须回购的股票，应当按照解锁股票相对应负债的账面价值与库存股的账面价值对冲，如有差额，调整股本溢价。

4. 限制性股票股权激励所得税会计处理

《企业会计准则讲解（2010）》第十九章所得税中"与股份支付相关的当期及递延所得税"规定，在按照会计准则规定确认成本费用的期间内，企业应当根据会计期末取得的信息估计可税前扣除的金额，计算确定其计税基础及由此产生的暂时性差异，符合确认条件的情况下，应当确认相关的递延所得税。其中，预计未来可税前扣除的金额超过会计准则规定确认的与股份支付相关的成本费用，超过部分的所得税影响应直接计入所有者权益。

（二）税务处理

根据《国家税务总局关于我国居民企业实行股权激励计划有关企业所得税处理问题的公告》（国家税务总局公告 2012 年第 18 号）的规定，对股权激励计划实行后，需待一定服务年限或者达到规定业绩条件（以下简称"等待期"）方可行权的，上市公司等待期内会计上计算确认的相关成本费用，不得在对应年度计算缴纳企业所得税时扣除。在股权激励计划可行权后，上市公司方可根据该股票实际行权时的公允价格与当年激励对象实际行权支付价格的差额及数量，计算确定作为当年上市公司工资薪金支出，依照税法规定进行税前扣除。对于实际行权时的公允价格，以实际行权日该股票的收盘价格确定。

（三）税会处理差异

会计和税法对于限制性股票的处理存在如下差异：

1. 会计需要在等待期内每个资产负债表日确认费用，但在此期间，税法不允许按会计确认费用税前扣除。

2. 会计按照限制性股票的公允价值确认费用，但税收上最终是按照实际行权当时股票收盘价扣除激励对象支付的价款差额税前扣除。

3. 限制性股票等待期内，会计确认费用，但税收不能扣除，因此，在限制性股票的所得税申报中需要作纳税调增。在行权当期，由于税收扣除的金额大于当期会计确认的费用，需要作纳税调减。

（四）案例分析

A公司为一家上市公司。2017年1月1日，公司向其管理人员100人每人授予1万股股票期权。这些职员从2017年1月1日起在该公司连续服务3年，即可以5元/股购买1万股公司股票，从而获益。公司估计该期权在授予日的公允价值为15元，假定在等待期内未发生变化。

2017年有10名职员离开公司，公司估计3年内离开公司的比例将达到20%；第2年又有2名职员离开公司，公司将估计的职员离职比率修正为15%；第3年又有2名职员离职。在职员工在第3年末（2019年12月31日）全部行权购买了公司股票，公司股票收盘价格为21元/股。

1. 会计处理

费用和资本公积计算过程如表2-1所示。

表2-1 费用和资本公积计算

年份	当期费用计算	当期费用	累计费用
2017年度	100×1×(1-20%)×15×1/3	400万元	400万元
2018年度	100×1×(1-15%)×15×2/3-400	450万元	850万元
2019年度	86×1×(21-5)-850	426万元	1376万元

2. 会计分录

①授予日2017年1月1日不作财务处理。

②2017年12月31日：

借：管理费用——职工薪酬（股权激励）　　　　4000000

　　贷：资本公积——其他资本公积　　　　　　　　　4000000

③2018年12月31日：

借：管理费用——职工薪酬（股权激励）　　　　4500000

　　贷：资本公积——其他资本公积　　　　　　　　　4500000

④2019年12月31日：

借：管理费用——职工薪酬（股权激励）　　　　5260000

　　贷：资本公积——其他资本公积　　　　　　　　　5260000

⑤全部剩余在职管理人员都在2019年12月31日行权，假定公司股票面

值1元：

借：银行存款　　　　　　　　　　　　4300000（86×5）
　　资本公积——其他资本公积　　　　　13760000
　　贷：股本　　　　　　　　　　　　　　　　860000
　　　　资本公积——资本溢价　　　　　　　17200000

3. 税务处理及纳税调整

根据规定，在股权激励计划可行权后，上市公司方可根据该股票实际行权时的公允价格与当年激励对象实际行权支付价格的差额及数量，计算确定作为当年上市公司工资薪金支出，依照税法规定进行税前扣除。

因此，如表2-2所示，A公司税前扣除额=（21-5）×1×86=1376（万元）。

表2-2　　　　　　　　相关税务处理及纳税调整

年份	会计当期费用	税前扣除额	应纳税所得额调整
2017年度	400万元	0	400万元
2018年度	450万元	0	450万元
2019年度	526万元	1376万元	-850万元
合计	1376万元	1376万元	0

2017年和2018年，虽然会计上确认了当期费用进入当期损益，但是不符合税法规定的"实际发放"，因此，不能在税前扣除，应纳税所得额应调增。2019年由于员工行权，符合了"实际发放"的标准，可以在税前扣除，以前年度累计确认的费用也可以在实际发放的时候扣除，故应作应纳税所得额调减。根据国家税务总局公告2012年第18号规定，对企业员工的股份支付作为工资薪金支出在税前扣除。因此，如果会计核算上没有通过"应付职工薪酬"科目的，在纳税申报时也应一并调整。当然，作为工资薪金扣除的股份支付金额也可以作为职工福利费等扣除计算的基数。

二、坏账准备的财税处理

坏账准备是一种会计估计，是基于会计核算的谨慎性原则，对企业的应收款项预计将来有一部分金额无法收回的一种估计，并非企业实际发生的坏账损失。坏账损失是指已经有确凿证据表明确实无法收回。比如说债务人死亡或者债务人破产，那么这部分款项确实无法收回了，所以就确认为"坏账损失"。

（一）坏账准备的计提方法

坏账准备的计提方法有四种："余额百分比法""账龄分析法""销货百分比法""个别认定法"。

1. 余额百分比法

余额百分比法是按照期末应收账款余额的一定百分比估计坏账损失的方法。坏账百分比由企业根据以往的资料或经验自行确定。在余额百分比法下，企业应在每个会计期末根据本期末应收账款的余额和相应的坏账率估计出期末坏账准备账户应有的余额，它与调整前坏账准备账户已有的余额的差额，就是当期应提的坏账准备金额。

采用余额百分比法计提坏账准备的计算公式如下：

（1）首次计提坏账准备的计算公式：

当期应计提的坏账准备＝期末应收账款余额×坏账准备计提百分比

（2）以后计提坏账准备的计算公式：

当期应计提的坏账准备＝当期按应收账款计算应计提的坏账准备金额＋（或－）坏账准备账户借方余额（或贷方余额）

2. 账龄分析法

账龄分析法是根据应收账款账龄的长短来估计坏账损失的方法。通常而言，应收账款的账龄越长，发生坏账的可能性越大。为此，将企业的应收账款按账龄长短进行分组，分别确定不同的计提百分比，估算坏账损失，使坏账损失的计算结果更符合客观情况。

采用账龄分析法计提坏账准备的计算公式如下：

（1）首次计提坏账准备的计算公式：

当期应计提的坏账准备＝$\sum$（期末各账龄组应收账款余额×各账龄组坏账准备计提百分比）

（2）以后计提坏账准备的计算公式：

当期应计提的坏账准备＝当期按应收账款计算应计提的坏账准备金额＋（或"－"）坏账准备账户借方余额（或贷方余额）

3. 销货百分比法

销货百分比法是根据企业销售总额的一定百分比估计坏账损失的方法。百分比按本企业以往实际发生的坏账与销售总额的关系，结合生产经营与销售政策变动情况测定。在实际工作中，企业也可以按赊销百分比估计坏账损失。

采用销货百分比法计提坏账准备的计算公式如下：

当期应计提的坏账准备＝本期销售总额（或赊销额）×坏账准备计提

比例

可以看出，采用销货百分比法，在决定各年度应提的坏账准备金额时，并不需要考虑坏账准备账户上已有的余额。从利润表的观点看，由于这种方法主要是根据当期利润表上的销货收入数字来估计当期的坏账损失，因此，坏账费用与销货收入能较好地配合，比较符合配比概念。但是，由于计提坏账时没有考虑到坏账准备账户原有的余额，如果以往年度出现坏账损失估计错误的情况，就不能自动更正，资产负债表上的应收账款净额也就不一定能正确地反映其变现价值。因此，采用销货百分比法还应该定期地评估坏账准备是否适当，及时作出调整，以便能更加合理地反映企业的财务状况。

4. 个别认定法

个别认定法是针对每项应收款项的实际情况，分别估计坏账损失的方法。

(二) 会计核算账务处理

坏账准备作为应收款项的备抵科目，采用备抵法核算。备抵法是指，采用一定的方法按期（至少每年末）估计坏账损失，提取坏账准备并转作当期费用。实际发生坏账时，直接冲减已计提坏账准备，同时转销相应的应收账款余额的一种处理方法。

《企业会计准则——应用指南》中对坏账准备的主要账务处理作了如下规定：

1. 资产负债表日，应收款项发生减值的，按应减记的金额计提。

借：资产减值损失
　　贷：坏账准备

本期应计提的坏账准备大于其账面余额的，应按其差额计提；应计提的坏账准备小于其账面余额的差额，作相反的会计分录。

2. 对于确实无法收回的应收款项，按管理权限报经批准后作为坏账，转销应收款项。

借：坏账准备
　　贷：应收票据、应收账款、预付账款、应收分保账款、其他应收款、长期应收款

3. 已确认并转销的应收款项以后又收回的，应按实际收回的金额计提。

借：应收票据、应收账款、预付账款、应收分保账款、其他应收款、长期应收款
　　贷：坏账准备

同时，
借：银行存款
　　贷：应收账款、预付账款、应收分保账款、其他应收款、长期应收款

对于已确认并转销的应收款项以后又收回的，也可以按照实际收回的金额计提。

借：银行存款
　　贷：坏账准备

4. 本科目期末贷方余额，反映企业已计提但尚未转销的坏账准备。

具体对哪些应收款项科目计提坏账，需要依据企业的会计政策而定。

（三）税收处理

根据《中华人民共和国企业所得税法》规定："第十条在计算应纳税所得额时，下列支出不得扣除：（七）未经核定的准备金支出"。另根据《中华人民共和国企业所得税法实施条例》第五十五条规定："企业所得税法第十条第（七）项所称未经核定的准备金支出，是指不符合国务院财政、税务主管部门规定的各项资产减值准备、风险准备等准备金支出"。

因此，未经核准的资产减值准备不得在企业所得税税前扣除。

因坏账准备是一种会计估计，并非实际发生的损失，所以，无论是企业当期计提还是转回的坏账准备，均不允许在当期所得税税前扣除，在企业汇算清缴所得税申报时，需要将计入当期资产减值损失的坏账准备金额予以调增。

确实发生坏账损失时，可以依据下列规定办理所得税税前扣除手续。

根据《国家税务总局关于发布〈企业资产损失所得税税前扣除管理办法〉的公告》：

第五条　企业发生的资产损失，应按规定的程序和要求向主管税务机关申报后方能在税前扣除。未经申报的损失，不得在税前扣除。

第二十二条　企业应收及预付款项坏账损失应依据以下相关证据材料确认：

（一）相关事项合同、协议或说明；

（二）属于债务人破产清算的，应有人民法院的破产、清算公告；

（三）属于诉讼案件的，应出具人民法院的判决书或裁决书或仲裁机构的仲裁书，或者被法院裁定终（中）止执行的法律文书；

（四）属于债务人停止营业的，应有工商部门注销、吊销营业执照证明；

（五）属于债务人死亡、失踪的，应有公安机关等有关部门对债务人个人

的死亡、失踪证明；

（六）属于债务重组的，应有债务重组协议及其债务人重组收益纳税情况说明；

（七）属于自然灾害、战争等不可抗力而无法收回的，应有债务人受灾情况说明以及放弃债权申明。

第二十三条　企业逾期三年以上的应收款项在会计上已作为损失处理的，可以作为坏账损失，但应说明情况，并出具专项报告。

第二十四条　企业逾期一年以上，单笔数额不超过五万或者不超过企业年度收入总额万分之一的应收款项，会计上已经作为损失处理的，可以作为坏账损失，但应说明情况，并出具专项报告。

三、固定资产弃置费用的财税处理

弃置费用是指，根据国家法律和行政法规、国际公约等规定，企业承担的环境保护和生态恢复等义务所确定的支出，如油气资产、核电站核设施等的弃置和恢复义务。

新企业会计准则规定，确定固定资产成本时，应当考虑预计弃置费用因素。弃置费用的金额与其现值比较，通常相差较大，需要考虑货币时间价值。对于特殊行业的特定固定资产，企业应当根据《企业会计准则第13号——或有事项》的规定，按照现值计算确定应计入固定资产成本的金额和相应的预计负债，在固定资产的使用寿命内按照预计负债的摊余成本和实际利率计算确定的利息费用应计入财务费用。油气资产的弃置费用，应当按照《企业会计准则第27号——石油天然气开采》及其应用指南的规定处理。

一般企业的固定资产发生的报废清理费用不属于弃置费用，应当在发生时作为固定资产处置费用处理。

预计未来发生的弃置费用，按照现值计算确定计入固定资产成本的金额和相应的预计负债。

这样预计未来发生的弃置费用，分为本金和利息两部分，通过两种渠道在资产持有期间内计入损益，即计提折旧和计提利息。税法规定，固定资产的弃置费用在会计确认当期不允许税前抵扣，在实际支付时才可以抵减应纳税所得额，由此产生固定资产持有期间的暂时性差异。

【例2-4】某企业属于特殊行业，于2019年1月31日购置特定设备一套，价款为100万元，增值税额为13万元。预计使用寿命5年，预计净残值为0，采用直线法计提折旧，该设备于2019年1月交付使用。根据法律法规规定，企业在该设备使用期满后将其拆除，并对造成的污染进行整治，为此，预计弃置费用为 10 万元。假设实际利率为 6%，该企业适用所得税税率为 25%。要求根据有关资料计算弃置费用现值、年折旧额、弃置费用利息分担及所得税影响表和特定设备折旧及所得税影响表，并编制相关会计分录。

（1）计算：

弃置费用现值 = 100000 × (P/F,6%,5) = 100000 × 0.747 = 74700（元）

特定设备入账价值 = 1000000 + 74700 = 1074700（元）

年折旧额 = 1074700 ÷ 5 = 214940（元）

税前扣除年折旧额 = 1000000 ÷ 5 = 200000（元）

（2）会计分录：

①2019 年 1 月 31 日购入特定设备时：

借：固定资产——特定设备　　　　　　　　　　　　　1074700

　　应交税费——应交增值税（固定资产进项税额）　　130000

　　贷：银行存款　　　　　　　　　　　　　　　　　1130000

　　　　预计负债——弃置费用　　　　　　　　　　　　74700

②2019 年 12 月 31 日计提折旧时：

借：制造费用　　　　　　　　　　　　　　　　　　　197028

　　贷：累计折旧　　　　　　　　　　　　　　　　　197028

计提弃置费用利息时：

借：财务费用　　　　　　　　　　　　　　　　　　　　4109

　　贷：预计负债——弃置费用　　　　　　　　　　　　4109

结转递延所得税，该企业在 2019 年 12 月 31 日资产负债表日，固定资产账面价值 877672 元，计税基础 816667 元，应纳税暂时性差异 61005 元，递延所得税负债 15251 元；预计负债账面价值 78809 元，计税基础 0，可抵扣暂时性差异 78809 元，递延所得税资产 19702 元。弃置费用现值计入特定设备成本，比税法规定多计提折旧 13695 元，计提弃置费用利息 4109 元，税法不允许税前扣除，应缴纳所得税。假设不考虑会计利润和其他调整事项（下同），当期所得税为：

当期所得税 =（会计利润 ± 调整事项）× 所得税税率 =（0 + 13695 + 4109）× 25% = 4451（元）

借：递延所得税资产　　　　　　　　　　　　　　　　19702

　　贷：递延所得税负债　　　　　　　　　　　　　　15251

应交税费——应交所得税　　　　　　　　　　　　　　　4451

③2020年12月31日计提折旧时：

借：制造费用　　　　　　　　　　　　　　　　　　214940

　　贷：累计折旧　　　　　　　　　　　　　　　　　214940

计提弃置费用利息时：

借：财务费用　　　　　　　　　　　　　　　　　　　4729

　　贷：预计负债——弃置费用　　　　　　　　　　　　4729

结转递延所得税时：

借：递延所得税资产　　　　　　　　　　　　　　　　1182

　　递延所得税负债　　　　　　　　　　　　　　　　3735

　　贷：应交税费——应交所得税　　　　　　　　　　　4917

【例2-5】沿用例2-4资料，某企业经过上述业务处理，截至2024年1月31日，有关账户账面余额为：固定资产——特定设备1074700元，累计折旧1074700元，预计负债——弃置费用100000元，递延所得税负债为0，递延所得税资产25000元。该企业于2024年1月31日以银行存款支付弃置费用100000元，结转递延所得税资产，并转销固定资产——特定设备。根据有关资料编制相关会计分录。

（1）支付弃置费用时：

借：预计负债——弃置费用　　　　　　　　　　　　100000

　　贷：银行存款　　　　　　　　　　　　　　　　100000

（2）结转递延所得税资产时：

借：所得税费用——当期所得税　　　　　　　　　　25000

　　贷：递延所得税资产　　　　　　　　　　　　　25000

（3）转销固定资产——特定设备时：

借：累计折旧　　　　　　　　　　　　　　　　　1074700

　　贷：固定资产——特定设备　　　　　　　　　　1074700

四、安全生产费和维简费的财税处理

安全生产费指矿山企业按照规定标准提取，在成本中列支，专门用于完善和改进企业安全生产条件的资金。维简费指我国境内矿山生产企业从成本中提取，专项用于维持简单再生产的资金。由于企业提取维简费和安全生产费年度与实际支出年度可能不同，因此，会产生需要跨期调整的暂时性差异。

(一) 会计政策规定

《企业会计准则解释第3号》（财会〔2009〕8号）规定，高危行业企业按照国家规定提取的安全生产费，应当计入相关产品的成本或当期损益，同时记入"4301专项储备"科目。企业使用提取的安全生产费时，属于费用性支出的，直接冲减专项储备。企业使用提取的安全生产费形成固定资产的，应当通过"在建工程"科目归集所发生的支出，待安全项目完工达到预定可使用状态时确认为固定资产；同时，按照形成固定资产的成本冲减专项储备，并确认相同金额的累计折旧。该固定资产在以后期间不再计提折旧。"专项储备"科目期末余额在资产负债表所有者权益项下"减：库存股"和"盈余公积"之间增设"专项储备"项目反映。企业提取的维简费和其他具有类似性质的费用比照上述规定处理。在第3号解释发布前未按上述规定处理的，应当进行追溯调整。

《中国证券监督管理委员会上市公司执行企业会计准则监管问题解答》（2013年第1期（总第8期））明确，按照企业会计准则及相关规定，已计提但尚未使用的安全生产费不涉及资产负债的账面价值与计税基础之间的暂时性差异，不应确认递延所得税。因安全生产费的计提和使用产生的会计利润与应纳税所得额之间的差异，比照永久性差异进行会计处理。

(二) 现行税法规定

《企业所得税法》及其实施条例规定，企业实际发生的与取得收入有关的、合理的支出，包括成本、费用、税金、损失和其他支出，准予在计算应纳税所得额时扣除。不符合国务院财政、税务主管部门规定的各项资产减值准备、风险准备等准备金支出不得在税前扣除。企业依照法律、行政法规有关规定提取的用于环境保护、生态恢复等方面的专项资金，准予扣除，上述专项资金提取后改变用途的，不得扣除。企业发生的支出应当区分收益性支出和资本性支出，收益性支出在发生当期直接扣除，资本性支出应当分期扣除或者计入有关资产成本，不得在发生当期直接扣除。

根据《国家税务总局关于煤矿企业维简费和高危行业企业安全生产费用企业所得税税前扣除问题的公告》（国家税务总局公告2011年第26号）及《国家税务总局关于企业维简费支出企业所得税税前扣除问题的公告》（国家税务总局公告2013年第67号）的规定，企业实际发生的维简费支出和高危行业企业实际发生的安全生产费用支出，属于收益性支出的，可直接作为当期费用在税前扣除；属于资本性支出的，应计入有关资产成本，并按企业所得税法规定计提折旧或摊销费用在税前扣除。企业按照有关规定预提的维简费和安全生产费用，不得在税前扣除。

在国家税务总局 2011 年第 26 号公告、国家税务总局 2013 年第 67 号公告实施前，企业按照有关规定提取且已在当期税前扣除的安全费和维简费，按以下规定处理：

（1）尚未使用，并未作纳税调整的，可不作纳税调整，应首先抵减公告发布年度实际发生的安全费和维简费，仍有余额的，继续抵减以后年度实际发生的安全费和维简费，至余额为零时，企业方可据实扣除；已作纳税调整的，不再调回。

（2）已用于资产投资并形成相关资产全部成本的，该资产提取的折旧或费用摊销额，不得税前扣除；已用于资产投资并形成相关资产部分成本的，该资产提取的折旧或费用摊销额中与该部分成本对应的部分，不得税前扣除；已税前扣除的，应调整作为公告发布年度的应纳税所得额。

（三）财税处理的差异分析

由上可知，对于企业计提和使用的安全生产费和维简费，会计与税务处理存在明显差异：会计规定，企业可以按有关规定计提安全费用，如未使用并不要求冲回；但税法遵循实际发生原则，企业按照有关规定预提的维简费和安全生产费用，不得在税前扣除。企业实际发生的维简费支出和安全生产费用支出，根据具体情况，分别收益性支出和资本性支出，按规定进行一次性扣除、计提折旧或摊销分期在税前扣除。

对于企业使用提取的安全生产费和维简费，形成固定资产等有关长期资产，会计规定，安全项目完工达到预定可使用状态时，确认为固定资产；同时，按照形成固定资产的成本，冲减专项储备，并确认相同金额的累计折旧，该固定资产在以后期间不再计提折旧。但税法规定，企业实际发生的维简费支出和高危行业企业实际发生的安全生产费用支出，属于资本性支出的，应计入有关资产成本，并按企业所得税法规定计提折旧或摊销费用，在税前扣除。

（四）案例分析

D 矿山企业 2017 年计提维简费 2000 万元，安全生产费 1000 万元。

会计处理：

借：生产成本　　　　　　　　　　　　　　　　　　30000000

　　贷：专项储备　　　　　　　　　　　　　　　　30000000

2018 年，D 企业实际支出 1000 万元维简费、500 万元安全生产费。

借：专项储备　　　　　　　　　　　　　　　　　　15000000

　　贷：银行存款　　　　　　　　　　　　　　　　15000000

（1）2017年度，企业计提维简费和安全生产费时，由于费用尚未实际发生，不允许在企业所得税前扣除，应做纳税调增3000万元。

（2）2018年度，企业实际支出维简费和安全生产费时，允许在企业所得税前扣除，应做纳税调减1500万元。需要说明的是，如果企业支出的维简费和安全生产费构成固定资产的，会计账簿提取折旧时，计入专项储备，此时也允许在企业所得税前做调减处理。

五、企业对外现金捐赠的财税处理

在实务当中，企业出于社会责任、品牌推广等各种原因，经常会发生现金捐赠情形，我们结合《企业所得税法》有关捐赠规定、企业所得税申报表及填表说明，对于捐赠支出相关的财税处理进行梳理，以期企业在汇算清缴中能够进行实际应用，避免涉税风险。

1. 捐赠支出的会计处理：当企业实际发生捐赠支出时，会计上直接计入当期损益，通过"营业外支出－捐赠支出"会计科目进行核算。

2. 捐赠支出的税务处理：依据《企业所得税年度纳税申报表（A类，2017年版）》填表说明及国家税务总局企业所得税司解读文件，根据《中华人民共和国企业所得税法》和《中华人民共和国慈善法》等相关法规规定，纳税人发生捐赠支出分为三类扣除情况，非公益性捐赠支出全额不得扣除、特定事项的公益性捐赠支出可以全额扣除、一般公益性捐赠支出可以限额扣除。纳税人发生捐赠支出情况、由于会计处理与税收规定不一致、发生以前年度捐赠支出未扣除完毕等三种情况需要进行纳税调整的纳税人应填报《捐赠支出及纳税调整明细表》，全面反映捐赠支出及纳税调整、结转情况。

纳税人实际发生捐赠支出，要区分是公益性捐赠支出还是非公益性捐赠支出，正如上面所述，非公益性捐赠支出全额不得扣除。何为公益性捐赠呢？根据《企业所得税法实施条例》第五十一条规定，企业所得税法第九条所称公益性捐赠，是指企业通过公益性社会团体或者县级以上人民政府及其部门和直属机构（财税〔2010〕45号），用于《中华人民共和国公益事业捐赠法》规定的公益事业的捐赠。

资格是否认定要区分，根据财税〔2010〕45号规定，县级以上人民政府及其组成部门和直属机构的公益性捐赠税前扣除资格不需要认定。对获得公益性捐赠税前扣除资格的公益性社会团体，由财政部、国家税务总局和民政部以及省、自治区、直辖市、计划单列市财政、税务和民政部门每年分别联合公布名单。名单应当包括当年继续获得公益性捐赠税前扣除资格和新获得公益性捐赠税前扣除资格的公益性社会团体。

公益性捐赠支出范围：《中华人民共和国公益事业捐赠法》规定的向公益事业的捐赠支出，具体范围包括：（1）救助灾害、救济贫困、扶助残疾人等困难的社会群体和个人的活动；（2）教育、科学、文化、卫生、体育事业；（3）环境保护、社会公共设施建设；（4）促进社会发展和进步的其他社会公共和福利事业。

公益性捐赠支出扣除规定：根据《全国人民代表大会常务委员会关于修改〈中华人民共和国企业所得税法〉的决定》（中华人民共和国主席令第六十四号）第九条规定，企业发生的公益性捐赠支出，在年度利润总额12%以内的部分，准予在计算应纳税所得额时扣除；超过年度利润总额12%的部分，准予结转以后三年内在计算应纳税所得税时扣除。第十条规定，本法第九条规定以外的捐赠支出不得税前扣除。

年度利润总额是指企业依照国家统一会计制度的规定计算的大于零的数额。如果企业的会计口径利润总额为零或出现亏损，其符合规定的捐赠支出也不得在当年度税前扣除。

受赠对象要分清：受赠对象必须是县级以上人民政府及其部门和直属机构、获得公益性捐赠税前扣除资格的公益性社会团体。如向企业或个人直接捐赠的，则不得税前扣除，如受灾企业或个人；如受赠单位是乡级人民政府或街道办事处，则不得税前扣除。如向未获得公益性捐赠税前扣除资格的公益性社会团体捐赠，则不得税前扣除。

捐赠票据要合规：根据财税〔2010〕45号规定，对于通过公益性社会团体发生的公益性捐赠支出，企业或个人应提供省级以上（含省级）财政部门印制并加盖接受捐赠单位印章的公益性捐赠票据，或加盖接受捐赠单位印章的《非税收入一般缴款书》收据联，方可按规定进行税前扣除。

实际发生很重要：必须是实际发生的符合条件的公益性捐赠支出，才可以税前扣除。如某单位只是承诺并未实际将款项支付给受赠单位的，则不得税前扣除。

3. 实务案例

【例2-6】全额不得扣除

A企业直接向芦山地震灾区群众捐赠100万元人民币。

【例2-7】全额扣除

芦山地震发生后，A企业向芦山县人民政府捐赠100万元人民币。

【注】根据《财政部 海关总署 国家税务总局关于支持芦山地震灾后恢复

重建有关税收政策问题的通知》(财税〔2013〕58号文)规定,自2013年4月20日起,对企业、个人通过公益性社会团体、县级以上人民政府及其部门向受灾地区的捐赠,允许在当年企业所得税税前和当年个人所得税税前全额扣除。

【例2-8】限额扣除

A企业2017年6月向公益性社会团体(红十字会)捐赠现金100万元,并取得了加盖印章的公益性捐赠票据。

A企业支付捐赠款并取得捐赠票据时:

借:营业外支出——捐赠支出　　　　　　　　1000000
　　贷:银行存款　　　　　　　　　　　　　　1000000

(1)假设2017年A企业会计利润总额1000万元,2017年税前允许扣除的捐赠支出=1000×12%=120(万元),大于捐赠支出100万元,捐赠支出可以全部扣除。

(2)假设2017年A企业会计利润总额500万元,2017年税前允许扣除的捐赠支出=500×12%=60(万元),小于捐赠支出100万元,捐赠支出可以扣除60万元,未扣除的40万元,准允结转以后三年内在计算应纳税所得额时扣除。

(3)假设2017年A企业会计利润总额-500万元,2017年税前允许扣除的捐赠支出0元,捐赠支出100万元当年全额调增,未扣除的100万元准允结转以后三年内在计算应纳税所得额时扣除。

第四节　涉及企业所得税特定事项的处理

一、有限合伙企业法人合伙人的所得税处理

(一)案例引入

A公司是某有限合伙企业甲企业的法人合伙人(份额占比40%)。甲企业2017年实现经营所得100万元,当年未实际分配,2018年经营所得-50万元,甲企业在2018年按照盈亏相抵后的"未分配利润"50万元向各合伙人分配。A公司2017年未确认应纳税所得额,2018年按比例确认20万元的应纳税所得额。A公司的企业所得税是否存在风险?

(二)案例分析

(1)《中华人民共和国合伙企业法》(以下简称《合伙企业法》)第六条

规定:"合伙企业的生产经营所得和其他所得,按照国家有关税收规定,由合伙人分别缴纳所得税"。

《财政部 国家税务总局关于合伙企业合伙人所得税问题的通知》(财税〔2008〕159号,以下简称"159号文件")第二条的规定,"合伙企业以每一个合伙人为纳税义务人。合伙企业合伙人是自然人的,缴纳个人所得税;合伙人是法人和其他组织的,缴纳企业所得税"。

因此,A公司作为有限合伙企业(甲企业)的法人合伙人,就承担了就合伙企业(甲企业)分回的所得缴纳企业所得税的义务。

(2)159号文件第三条规定,"合伙企业生产经营所得和其他所得采取'先分后税'的原则"。"前款所称生产经营所得和其他所得,包括合伙企业分配给所有合伙人的所得和企业当年留存的所得(利润)。"

因此,有限合伙企业甲企业对其2017年实现的经营所得100万元,应采取"先分后税"的原则对其生产经营所得,应先分配给股东(法人合伙人A公司),再由A公司将所分得的所得计入应纳税所得额,计算缴纳企业所得税。

但上述案例中,A公司不仅未在2017年按"先分后税"的原则分配所得,而且还在2018年所得亏损50万元情况下,盈亏相抵后向各合伙人分配。

(3)159号文件第四条规定,"合伙企业的合伙人按照下列原则确定应纳税所得额:(一)合伙企业的合伙人以合伙企业的生产经营所得和其得,按照合伙协议约定的分配比例确定应纳税所得额。(二)合伙协议未约定或者约定不明确的,以全部生产经营所得和其他所得,按照合伙人协商决定的分配比例确定应纳税所得额。(三)协商不成的,以全部生产经营所得和其他所得,按照合伙人实缴出资比例确定应纳税所得额。(四)无法确定出资比例的,以全部生产经营所得和其他所得,按照合伙人数量平均计算每个合伙人的应纳税所得额。"

基于上述原则,法人合伙人(A公司)2017年在甲公司生产经营所得100万元,在无合伙协议约定且无合伙人协商决定分配的情形下,就应该按照第(三)项所述实缴出资比例确定应纳税所得额 $100 \times 40\% = 40$ (万元)。

综上,不论合伙企业是否作出利润分配决定,只要其有留存利润,该部分的留存利润也应按规定的分配比例,计入法人企业当年的应纳税所得额,计算缴纳企业所得税。

许多人错误地认为,法人合伙人计入年度所得的是从合伙企业实际分回的应纳税所得额,合伙企业当年不分配那就事不关己。这样的错误理解就会导致法人合伙人在年度企业所得税申报中可能存在少计应纳税所得额的风险。

上述案例中，A公司企业所得税风险分析：

2017年：在被投资方甲企业盈利年度，应按规定申报确认法人合伙人应分得应纳税所得额100×40%=40（万元）的申报处理，却未作处理，导致未确认法人合伙人应分得应纳税所得额40万元，少确认应纳税所得额40万元的风险。

2018年：在被投资方甲企业亏损年度，按规定不应申报确认法人合伙人应分得应纳税所得额，却盈亏相抵后分配利润50万元，申报确认法人合伙人应分得利润50×40%=20（万元）。导致多确认应纳税所得额20万元的风险。

综合2017、2018两年，A公司存在少确认应分得合伙企业（甲企业）应纳税所得额20万元的风险。

二、非货币性资产投资入股的所得税处理

非货币性投资指的是，股东用实物、知识产权、土地使用权等可以用货币估价并可以依法转让的非货币财产作价出资。近年来，以非货币性资产投资入股的情形越来越多，涉及的财税处理也十分值得我们注意。

（一）政策背景

根据《关于非货币性资产投资企业所得税政策问题的通知》（财税〔2014〕116号）第二条：企业以非货币性资产对外投资，应对非货币性资产进行评估并按评估后的公允价值扣除计税基础后的余额，计算确认非货币性资产转让所得。

居民企业（以下简称"企业"）以非货币性资产对外投资确认的非货币性资产转让所得，可在不超过5年期限内，分期均匀计入相应年度的应纳税所得额，按规定计算缴纳企业所得税。

根据《关于完善股权激励和技术入股有关所得税政策的通知》（财税〔2016〕101号）第三条：对技术成果投资入股实施选择性税收优惠政策，企业或个人以技术成果投资入股到境内居民企业，被投资企业支付的对价全部为股票（权）的，企业或个人可选择继续按现行有关税收政策执行，也可选择适用递延纳税优惠政策。

选择技术成果投资入股递延纳税政策的，经向主管税务机关备案，投资入股当期可暂不纳税，允许递延至转让股权时，按股权转让收入减去技术成果原值和合理税费后的差额计算缴纳所得税。

（二）案例分析

甲有限公司与乙有限公司达成如下协议，甲公司以一台原值100万元，累计折旧60万元的大型机器设备投资入股乙企业，机器设备评估作价100万元。双方于2019年11月1日完成了工商变更登记手续，甲能够对乙生产经营决策产生重大影响。甲公司应怎样进行税务处理和账务处理（不考虑固定资产当月减少计提的折旧）？如果甲公司在2021年5月1日出售了上述所持乙公司股权，怎样进行税务处理？

应纳税所得额计算：

计算依据：116号文所述企业以非货币性资产对外投资而取得被投资企业的股权，应以非货币性资产的原计税成本为计税基础，加上每年确认的非货币性资产转让所得，逐年进行调整。

2019年应税所得$(100-40)/5 \times 2/12 = 2$（万元）

2019年计税基础$= 40 + 2 = 42$（万元）

2020年应税所得$= 12$万元，计税基础$= 54$万元

2021年应税所得$= 12$万元，计税基础$= 66$万元

2022年应税所得$= 12$万元，计税基础$= 78$万元

2023年应税所得$= 12$万元，计税基础$= 90$万元

2024年应税所得$= 10$万元，计税基础$= 100$万元

会计处理：

借：固定资产清理　　　　　　　　　　　　400000
　　累计折旧　　　　　　　　　　　　　　600000
　　贷：固定资产——××设备　　　　　　1000000
借：长期股权投资——乙公司　　　　　　　1130000
　　贷：固定资产清理　　　　　　　　　　1000000
　　　　应交税费——应交增值税（销项税额）130000
借：固定资产清理　　　　　　　　　　　　600000
　　贷：资产处置损益　　　　　　　　　　600000

2021年5月1日出售上述所持乙公司股权。

依据116号文：四、企业在对外投资5年内转让上述股权或投资收回的，应停止执行递延纳税政策，并就递延期内尚未确认的非货币性资产转让所得，在转让股权或投资收回当年的企业所得税年度汇算清缴时，一次性计算缴纳企业所得税；企业在计算股权转让所得时，可按本通知第三条第一款规定将股权的计税基础一次调整到位。

2022年对2021年汇算清缴时：一次确认转让收入12+12+12+10=46（万元），或者100-54=46（万元）。

三、政策性搬迁的所得税处理

随着城市整体规划布局需要及环境保护要求，企业因政策性需要，进行整体或部分搬迁的事例日益增多，政策性搬迁对企业会计处理与税务管理各有哪些要求？企业如何处理才能最大限度享受政策性搬迁的税收优惠且避免产生涉税风险？

（一）政策背景

从税收角度来看，企业政策性搬迁有别于企业自行搬迁或商业性搬迁等情形，根据《企业政策性搬迁所得税管理办法的公告》（国家税务总局公告2012年第40号）相关规定，企业政策性搬迁，是指由于社会公共利益的需要，在政府主导下，企业进行的整体搬迁或部分搬迁。企业由于下列需要之一，提供相关文件证明资料的，属于政策性搬迁：（1）国防和外交的需要；（2）由政府组织实施的能源、交通、水利等基础设施的需要；（3）由政府组织实施的科技、教育、文化、卫生、体育、环境和资源保护、防灾减灾、文物保护、社会福利、市政公用等公共事业的需要；（4）由政府组织实施的保障性安居工程建设的需要；（5）由政府依照《中华人民共和国城乡规划法》有关规定组织实施的对危房集中、基础设施落后等地段进行旧城区改建的需要；（6）法律、行政法规规定的其他公共利益的需要。

根据规定，企业应当自搬迁开始年度，至次年5月31日前，向主管税务机关（包括迁出地和迁入地）报送政策性搬迁依据、搬迁规划等相关材料。逾期未报的，除特殊原因并经主管税务机关认可外，按非政策性搬迁处理。

企业应向主管税务机关报送的政策性搬迁依据、搬迁规划等相关材料，包括：（1）政府搬迁文件或公告；（2）搬迁重置总体规划；（3）拆迁补偿协议；（4）资产处置计划；（5）其他与搬迁相关的事项。

企业的搬迁收入，包括搬迁过程中从本企业以外（包括政府或其他单位）取得的搬迁补偿收入，以及本企业搬迁资产处置收入等。搬迁补偿收入，是指企业在搬迁过程中取得的货币性和非货币性补偿收入，具体包括：对被征用资产价值的补偿；因搬迁、安置而给予的补偿；对停产停业形成的损失而给予的补偿；资产搬迁过程中遭到毁损而取得的保险赔款和其他补偿收入。搬迁资产处置收入，是指企业由于搬迁而处置企业的各类资产所取得的收入。

对存货的处置不会因政策性搬迁而受较大影响,因此,企业由于搬迁处置存货而取得的收入,应按正常经营活动取得的收入进行所得税处理,不作为企业搬迁收入。

企业的搬迁支出,包括搬迁费用支出和资产处置支出。搬迁费用支出包括,职工安置费用和停工期间工资及福利费、搬迁资产存放费、搬迁资产安装费用以及其他与搬迁相关的费用。资产处置支出包括,变卖各类资产的账面净值,以及处置过程中所发生的税费等支出。对于企业搬迁中报废或废弃的资产,其账面净值也可以作为企业的资产处置支出处理。

企业政策性搬迁所涉及的资产,区分两种情况进行处理:一是搬迁后原资产经过简单安装或不安装(如无形资产)仍可以继续使用的,在该资产重新投资使用后,继续计提折旧或摊销费用;二是搬迁后原资产需要大修理后才能重新使用的,该资产的净值加上大修理支出,为该资产的计税成本。在该资产重新投资使用后,就该资产尚可使用的年限计提折旧。同时,该大修理支出应进行资本化,不得从搬迁收入中扣除。

企业政策性搬迁后新购置的资产,一律按税法的规定进行处理,其支出不得从搬迁收入中扣除。

企业的搬迁收入,扣除搬迁支出后的余额,为企业搬迁所得。企业按规定进行搬迁核算及报送搬迁相关材料的,其取得的搬迁收入暂不计入当期应纳税所得额,应在符合规定的搬迁完成年度,进行搬迁清算,计入当年度企业应纳税所得额计算纳税。

企业政策性搬迁损失是指,企业搬迁收入扣除搬迁支出后为负数的数额。搬迁损失可以一次性在搬迁完成年度,作为企业损失扣除;或自搬迁完成年度起,分三个年度均匀作为企业损失扣除。企业一经选定处理方法,不得改变。

由于企业搬迁一般停止正常生产经营活动,会对亏损弥补期限造成影响,因此,企业以前年度发生尚未弥补的亏损,从搬迁年度次年起,至搬迁完成年度前一年度止,可作为停止生产经营活动年度,从法定亏损结转弥补年限中减除。

企业政策性搬迁,应该单独进行税务管理和会计核算。不能单独进行的,应按企业自行搬迁或商业性搬迁进行所得税处理,不得执行国家税务总局公告2012年第40号的规定。

政策性搬迁与非政策性搬迁的主要区别体现为:一是企业取得搬迁补偿收入,不立即作为当年度的应税收入征税,而是在搬迁周期内,扣除搬迁支出后统一核算；二是给予最长五年的搬迁期限；三是企业以前年度发生尚未弥补的亏损的，搬迁期间从法定亏损结转年限中减除。

（二）案例分析

2017年7月，红岩公司因政府规划发生政策性搬迁业务，取得搬迁补偿收入3000万元。搬迁中房屋、土地账面价值拆除损失1500万元，发生搬迁设备拆卸、运输、安装费用500万元，发生职工安置费80万元，2019年11月1日用搬迁补偿资金重置固定资产600万元。2020年12月完成搬迁。假设以前年度均盈利，如何进行会计和税务处理？

1. 会计处理

（1）2017年取得搬迁补偿收入。

借：银行存款　　　　　　　　　　　　　　　　30000000
　　贷：专项应付款　　　　　　　　　　　　　30000000

（2）2017年房屋、土地账面价值拆除损失。

借：营业外支出　　　　　　　　　　　　　　　15000000
　　贷：固定资产清理、无形资产　　　　　　　15000000

借：专项应付款　　　　　　　　　　　　　　　15000000
　　贷：递延收益　　　　　　　　　　　　　　15000000

（3）2017年支付搬迁设备拆卸运输安装费和职工安置费用。

借：管理费用　　　　　　　　　　　　　　　　5800000
　　贷：银行存款　　　　　　　　　　　　　　5800000

借：专项应付款　　　　　　　　　　　　　　　5800000
　　贷：递延收益　　　　　　　　　　　　　　5800000

（4）2019年搬迁完成处置递延收益。

借：递延收益　　　　　　　　　　　　　　　　20800000
　　贷：营业外收入　　　　　　　　　　　　　20800000

（5）重置固定资产。

借：固定资产　　　　　　　　　　　　　　　　6000000
　　贷：银行存款　　　　　　　　　　　　　　6000000

借：专项应付款　　　　　　　　　　　　　　　6000000
　　贷：递延收益　　　　　　　　　　　　　　6000000

（6）结转搬迁补偿收入余额。

借：专项应付款　　　　　　　　　　　　　　　3200000
　　贷：资本公积　　　　　　　　　　　　　　3200000

2. 企业所得税处理

（1）2017年度计入损益的营业外支出、管理费用2080万元应作纳税调整增加处理。2019年为搬迁项目完成年度，结算搬迁所得为：3000 - 1500 - 580 = 920（万元）。

（2）该余额920万元应计入2020年应纳税所得额，根据填表规则，当期纳税调整金额为1160万元。

（3）确定重置固定资产计税基础为600万元。

国家税务总局公告2012年第40号附件《中华人民共和国企业政策性搬迁清算损益表》在《国家税务总局关于发布〈中华人民共和国企业所得税年度纳税申报表（A类，2014年版）〉的公告》（国家税务总局公告2014年第63号）发布后，修改为A105110《政策性搬迁纳税调整明细表》。

该表适用于发生政策性搬迁纳税调整项目的纳税人，在完成搬迁年度及以后进行损失分期扣除的年度填报。纳税人根据税法、国家税务总局公告2012年第40号、《国家税务总局关于企业政策性搬迁所得税有关问题的公告》（国家税务总局公告2013年第11号），以及企业会计制度等相关规定，填报企业政策性搬迁项目的相关会计处理、税法规定及纳税调整情况。

根据上述案例，A105110表填报如表2-3所示。

表2-3　　　　　　　　A105110表填报示例

A105110		
政策性搬迁纳税调整明细表		
行次	项　　目	金额（万元）
1	一、搬迁收入（2+8）	
2	（一）搬迁补偿收入（3+4+5+6+7）	3000.00
3	1. 对被征用资产价值的补偿	3000.00
4	2. 因搬迁、安置而给予的补偿	
5	3. 对停产停业形成的损失而给予的补偿	
6	4. 资产搬迁过程中遭到毁损而取得的保险赔款	
7	5. 其他补偿收入	
8	（二）搬迁资产处置收入	
9	二、搬迁支出（10+16）	2080.00
10	（一）搬迁费用支出（11+12+13+14+15）	580.00
11	1. 安置职工实际发生的费用	80.00
12	2. 停工期间支付给职工的工资及福利费	
13	3. 临时存放搬迁资产而发生的费用	

续表

A105110		
政策性搬迁纳税调整明细表		
行次	项　目	金额（万元）
14	4. 各类资产搬迁安装费用	500.00
15	5. 其他与搬迁相关的费用	
16	（二）搬迁资产处置支出	1500.00
17	三、搬迁所得或损失（1-9）	920.00
18	四、应计入本年应纳税所得额的搬迁所得或损失（19+20+21）	920.00
19	其中：搬迁所得	920.00
20	搬迁损失一次性扣除	
21	搬迁损失分期扣除	
22	五、计入当期损益的搬迁收益或损失	2080.00
23	六、以前年度搬迁损失当期扣除金额	
24	七、纳税调整金额（18-22-23）	-1160.00

四、资产划转的所得税问题

（一）政策背景

资产划转是现代企业经营活动中常见的一种企业重组模式，可以有效地实现资源的合理配置和企业经营目标的达成。

资产划转在 2014 年前主要是针对国有资产来操作的，财税〔2014〕109 号文出台后将资产划转的适用范围进一步扩大到居民企业，该文件从所得税方面对资产划转进行了确切的定义。依据财税 109 号文及 40 号公告的规定，对 100% 直接控制的居民企业之间，以及受同一或相同多家居民企业 100% 直接控制的居民企业之间按账面净值划转股权或资产，凡具有合理商业目的、不以减少、免除或者推迟缴纳税款为主要目的，股权或资产划转完成日起连续 12 个月内不改变被划转股权或资产原来实质性经营活动（生产经营业务、公司性质、资产或股权结构等），且划出方企业和划入方企业均未在会计上确认损益的，可以选择按以下规定进行特殊性税务处理：

（1）划出方企业和划入方企业均不确认所得。

（2）划入方企业取得被划转股权或资产的计税基础，以被划转股权或资产的原计税基础确定。

(3) 划入方企业取得的被划转资产,应按其原计税基础计算折旧扣除。

股权或资产划转完成日,是指股权或资产划转合同(协议)或批复生效,且交易双方已进行会计处理的日期。

进行特殊性税务处理的股权或资产划转,交易双方应在协商一致的基础上,采取一致处理原则统一进行特殊性税务处理。

(二) 案例分析

2019年4月20日,甲公司全部净资产评估价1000万元(不含税价)(账面净值和计税基础均为800万元),现在拟将其中的一条生产线从公司剥离,投资到全资子公司乙公司,增加乙公司的实收资本,同时取得乙公司100%的股权支付。该生产线评估价600万元(不含税)(该项固定资产原价600万元,累计折旧100万元,计税基础和账面价值相同,资产折旧也无税会差异)。如何进行会计和税务处理?

会计和税务处理如下:

①投资方甲公司会计处理:

借:固定资产清理　　　　　　　　　　　　　　　5000000
　　累计折旧　　　　　　　　　　　　　　　　　1000000
　　　贷:固定资产　　　　　　　　　　　　　　　6000000
借:长期股权投资——乙公司　　　　　　　　　　5780000
　　贷:固定资产清理　　　　　　　　　　　　　　5000000
　　　　应交税费——应交增值税(销项税额)　　　780000

②投资方甲公司税务处理:第一,划出方企业和划入方企业均不确认所得。第二,划入方企业取得被划转股权或资产的计税基础,以被划转股权或资产的原账面净值确定(是指划入方企业取得被划转股权或资产的计税基础,以被划转股权或资产的原计税基础确定)。第三,划入方企业取得的被划转资产,应按其原账面净值计算折旧扣除(是指划入方企业取得的被划转资产,应按被划转资产的原计税基础计算折旧扣除或摊销)。第四,交易双方应在协商一致的基础上,采取一致处理原则统一进行特殊性税务处理。投资方甲公司不确认所得,无税会差异。

③被投资方乙公司会计处理:

借:固定资产　　　　　　　　　　　　　　　　　5000000
　　应交税费——应交增值税(进项税额)　　　　　780000
　　贷:实收资本　　　　　　　　　　　　　　　　5780000

④被投资方乙公司税务处理:固定资产按照500万元作为计税基础并计

算折旧，无税会差异。

五、企业清算的所得税处理

破产清算指宣告企业破产以后，由清算组接管公司，对企业的财产、债权、债务进行全面清理核查、处理。破产是指债务人因不能偿债或者资不抵债时，由债权人或债务人诉请法院宣告破产并依破产程序偿还债务的一种法律制度。狭义的破产制度仅指破产清算制度，广义的破产制度还包括重整与和解制度。《中华人民共和国企业破产法》（主席令第54号）第二条、第七条规定：企业法人不能清偿到期债务，并且资产不足以清偿全部债务或者明显缺乏清偿能力可以向人民法院提出破产清算申请，或者由债权人向人民法院提出对债务人进行破产清算的申请。企业法人已解散但未清算或者未清算完毕，资产不足以清偿债务的，依法负有清算责任的人应当向人民法院申请破产清算。

（一）会计处理

《财政部关于印发〈企业破产清算有关会计处理规定〉的通知》（财会〔2016〕23号）规定：破产企业会计确认、计量和报告以非持续经营为前提。企业经法院宣告破产的，按法院或债权人会议要求的时点（包括破产宣告日、债权人会议确定的编报日、破产终结申请日等）编制清算财务报表，并由破产管理人签章。破产企业的财务报表包括清算资产负债表、清算损益表、清算现金流量表、债务清偿表及相关附注。破产企业被法院宣告破产，按破产资产清算净值对破产宣告日的资产进行初始确认计量；按照破产债务清偿价值对破产宣告日的负债进行初始确认计量；相关差额直接计入清算净值。

破产企业在破产清算期间的资产，按照破产资产清算净值进行后续计量，负债按照破产债务清偿价值进行后续计量。破产企业按照破产报表日的破产资产清算净值和破产债务清偿价值，对资产和负债的账面价值分别调整，差额计入清算损益。破产企业因盘盈、追回等方式在破产清算期间取得的资产，按取得时的破产资产清算净值进行初始确认计量，初始确认计量的账面价值与取得该资产的成本之间额计入清算损益。破产企业在破产清算期间新承担的债务，按照破产债务清偿价值进行初始确认计量，并计入清算损益。

破产清算期间发生资产处置，破产企业应终止确认相关被处置资产，并将处置所得金额与被处置资产的账面价值的差额扣除直接相关的处置费用后计入清算损益，记入"资产处置净损益"科目。破产清算期间发生债务清偿，破产企业按照偿付金额，终止确认相应部分的负债。在偿付义务完全解除时，破产企业终止确认该负债的剩余账面价值，同时确认清算损益，记入"债务清偿净损益"科目。

破产清算期间发生各项费用、取得各项收益直接计入清算损益，记入"破产费用""应付破产费用"等科目。破产企业按照税法规定须缴纳企业所得税，应计算所得税费用，并将其计入清算损益，记入"所得税费用"科目。所得税费用仅反映破产企业当期应交的所得税。

（二）企业所得税处理

《财政部 国家税务总局关于企业清算业务企业所得税处理若干问题的通知》（财税〔2009〕60号）第一条规定："企业清算的所得税处理，是指企业在不再持续经营，发生结束自身业务、处置资产、偿还债务以及向所有者分配剩余财产等经济行为时，对清算所得、清算所得税、股息分配等事项的处理。"《企业所得税法实施条例》第十一条第二款规定："投资方企业从被清算企业分得的剩余资产，其中相当于从被清算企业累计未分配利润和累计盈余公积中应当分得的部分，应当确认为股息所得；剩余资产减除上述股息所得后的余额，超过或者低于投资成本的部分，应当确认为投资资产转让所得或者损失。"企业一旦符合前文所述的清算条件，财税〔2009〕60号文第二条规定要进行企业所得税清算。企业清算的所得税处理步骤：

（1）全部资产均应按可变现价值或交易价格，确认资产转让所得或损失。被清算企业的股东从被清算企业分得的资产应按可变现价值或实际交易价格确定计税基础；

（2）确认债权清理、债务清偿的所得或损失；

（3）改变持续经营核算原则，对预提或待摊性质的费用进行处理；

（4）依法弥补亏损，确定清算所得。清算所得的计算，《企业所得税法实施条例》第十一条明确："清算所得是指企业的全部资产可变现价值或者交易价格减除资产净值、清算费用以及相关税费等后的余额"。财税〔2009〕60号文第四点规定："企业的全部资产可变现价值或交易价格，减除资产的计税基础、清算费用、相关税费，加上债务清偿损益等后的余额，为清算所得"。

（5）计算并缴纳清算所得税；

（6）确定可向股东分配的剩余财产、应付股息等。财税〔2009〕60号文第五点明确："企业全部资产的可变现价值或交易价格减除清算费用，职工的工资、社会保险费用和法定补偿金，结清清算所得税、以前年度欠税等税款，清偿企业债务，按规定计算可以向所有者分配的剩余资产"。

（三）案例分析

2018年4月，乙公司吸收合并了甲公司，甲公司的股东为A公司。合并时甲公司的资产账面价值3000万元，计税基础3200万元，可变现净值5000万元，负债账面价值2000万元，计税基础1900万元，最终清偿额1800万元。乙公司支付3200万元给A公司作为对价。假设甲公司资产和负债的账面价值与计税基础一致，清算费用、相关税费等合计200万元。被合并企业甲公司的所得税处理：

（1）根据合并时甲公司资产和负债的公允价值，乙公司据此确认合并资产和负债的计税基础分别为5000万元、1800万元。

（2）甲公司资产处置损益 = 5000 - 3200 = 1800（万元），负债清偿损益1900 - 1800 = 100（万元）。

（3）甲公司清算所得 = 1800 + 100 - 200 = 1700（万元）。

（4）应纳所得税额 = 1700 × 25% = 425（万元）。

（5）甲公司的剩余财产 = 5000 - 200 - 425 - 1800 = 2575（万元），归A公司所有。

第五节　企业所得税税收优惠

一、小型微利企业税收优惠的财税处理

（一）小型微利企业的标准：新标准

根据《财政部 国家税务总局关于扩大小型微利企业所得税优惠政策范围的通知》（财税〔2017〕43号）的规定，2017年1月1日至2019年12月31日，将小型微利企业的年应纳税所得额上限由30万元提高至50万元。所称小型微利企业，是指从事国家非限制和禁止行业，并符合下列条件的企业：

1. 工业企业，年应纳税所得额不超过50万元，从业人数不超过100人，资产总额不超过3000万元。

2. 其他企业，年应纳税所得额不超过50万元，从业人数不超过80人，资产总额不超过1000万元。

从业人数，包括与企业建立劳动关系的职工人数和企业接受的劳务派遣人数。从业人数和资产总额指标，应按企业的季度平均值确定，具体计算公式如下：

季度平均值 = （季初值 + 季末值）/2

全年季度平均值 = 全年各季度平均值之和/4

年度中间开业或者终止经营活动的，以其实际经营期作为一个纳税年度确定上述相关指标。

（二）小型微利企业所得税优惠政策

符合条件的小型微利企业减按20%的税率征收企业所得税。2017年1月1日至2019年12月31日，对年应纳税所得额低于50万元（含50万元）的小型微利企业，其所得减按50%计入应纳税所得额，按照20%的税率缴纳企业所得税。

（三）优惠政策的适用范围

自2014年1月1日起，无论采取查账征收还是核定征收企业所得税方式，凡符合小型微利企业规定条件的，均可以按照规定享受小型微利企业所得税优惠政策。

（四）享受优惠政策的方式

根据《国家税务总局关于贯彻落实扩大小型微利企业所得税优惠政策范围有关征管问题的公告》（国家税务总局公告2017年第23号）的规定，符合条件的小型微利企业，在预缴和年度汇算清缴企业所得税时，通过填写纳税申报表的相关内容，即可享受减半征收政策，无须进行专项备案。小型微利企业在预缴所得税时，按照以下规定执行：

1. 查账征收企业。上一纳税年度为符合条件的小型微利企业，分别按照以下规定处理：

（1）按照实际利润额预缴的，预缴时累计实际利润不超过50万元的，可以享受减半征收政策。

（2）按照上一纳税年度应纳税所得额平均额预缴的，预缴时可以享受减半征收政策。

2. 定额征收企业。根据减半征收政策规定需要调减定额的，由主管税务机关按照程序调整，依照原办法征收。

3. 定率征收企业。上一纳税年度为符合条件的小型微利企业，预缴时累计应纳税所得额不超过50万元的，可以享受减半征收政策。

4. 上一纳税年度为不符合小型微利企业条件的企业，预计本年度符合条件的，预缴时累计实际利润或者应纳税所得额不超过50万元的，可以享受减半征收政策。

5. 本年度新成立的企业，预计本年度符合小型微利企业条件的，预缴时累计实际利润或应纳税所得额不超过50万元的，可以享受减半征收政策。

企业预缴时享受了减半征收政策,年度汇算清缴时不符合小型微利条件的,应当按照规定补缴税款。

二、技术转让所得优惠的财税处理

(一)企业所得税优惠规定

符合条件的技术转让所得,可以免征、减征企业所得税。具体是指,在一个纳税年度内,居民企业技术转让所得不超过500万元的部分,免征企业所得税;超过500万元的部分,减半征收企业所得税。

(二)优惠范围

1. 转让技术的所有权或5年以上其全球独占许可使用权

根据《财政部 国家税务总局关于居民企业技术转让有关企业所得税政策问题的通知》(财税〔2010〕111号)的规定,减免企业所得税的技术转让的范围,包括居民企业转让专利技术、计算机软件著作权、集成电路布图设计权、植物新品种、生物医药新品种以及财政部和国家税务总局确定的其他技术的所有权或5年以上(含5年)全球独占许可使用权的行为,其中的专利技术,是指法律授予独占权的发明、实用新型和非简单改变产品图案的外观设计。

2. 转让技术的5年以上非独占许可使用权

自2015年10月1日起,全国范围内的居民企业转让5年(含)以上非独占许可使用权取得的技术转让所得,纳入享受企业所得税优惠的技术转让范围。居民企业的年度技术转让所得不超过500万元的部分,免征企业所得税;超过500万元的部分,减半征收企业所得税。技术包括专利(含国防专利)、计算机算机软件著作权、集成电路布图设计权、植物新品种、生物医药新品种以及财政部和国家税务总局确定的其他技术。企业转让符合条件的5年以上非独占许可使用权的技术,仅限于其用拥有所有权的技术。

(三)技术转让所得的计算方法

1. 转让技术的所有权或5年以上其全球独占许可使用权

根据《国家税务总局关于技术转让所得减免企业所得税有关问题的通知》(国税函〔2009〕212号)的规定,技术转让所得=技术所有权转让收入-技术转让成本-相关税费。

享受技术转让所得减免企业所得税优惠的企业,应单独计算技术转让所得,并合理分摊企业的期间费用;没有单独计算的,不得享受技术转让所得企业所得税优惠。

2. 转让技术的 5 年以上非独占许可使用权

根据《国家税务总局关于许可使用权技术转让所得企业所得税有关问题的公告》(国家税务总局公告 2015 年第 82 号)的规定。技术转让所得 = 技术许可使用权转让收入 - 无形资产摊销费用 - 相关税费 - 应分摊期间费用。

(四)技术转让所得会计与税法的差异

1. 技术转让所得优惠

对于技术转让行为,会计上区分的是技术所有权还是使用权,分别计入"资产处置损益"和"其他业务收入",最终结转"本年利润"。而按税法规定,符合条件的技术转让所得,可以免征、减半征收企业所得税。

2. 转让技术使用权的收入确定

会计上在满足"相关的经济利益很可能流入企业"及"收入的金额能够可靠地计量"的情况下,才能确认让渡资产使用权的收入。税法不考虑企业的经营风险,按照转让协定约定的许可使用权人应付许可使用权使用费的日期确认收入的实现。

3. 技术转让扣除的成本

由于会计和税法对无形资产计量及摊销规定的不同,会导致技术转让成本账面金额与计税基础的不同,进而会对技术转让所得的计算造成影响。

【例 2-9】甲公司为增值税一般纳税人,执行《企业会计准则》,有关经济业务如下:

2019 年 1 月 1 日,甲公司将其拥有的一项 A 专利技术的所有权出售给乙公司。合同约定当月履行完毕技术转让,甲公司一次性取得收入 770 万元。该项技术的账面价值为 40 万元(无形资产原值为 200 万元,累计摊销为 160 万元),计税基础为 100 万元(原值为 200 万元,税务上已摊销 100 万元)。另外,为帮助客户掌握该项技术,甲公司同时提供与该技术转让密不可分的技术咨询服务,收取咨询费 30 万元;甲公司还就该项技术转让发生律师费 40 万元,款项于当年 4 月支付。

甲公司 2019 年应税项目收入 1600 万元,成本 1200 万元,税金及附加 140 万元。甲公司 2019 年发生期间费用 90 万元(不含技术转让发生的律师费)。为简化计算,假设不考虑企业所得税以外的其他税费,无其他纳税调整事项,每年末均预计未来期间能够产生足够的应纳税所得额用来抵扣相应的递延所得税事项。

【解析】

(1)甲公司的会计处理。

①转让技术所有权并提供技术服务。

借：银行存款　　　　　　　　　　　　　　　8000000
　　累计摊销　　　　　　　　　　　　　　　1600000
　　贷：无形资产　　　　　　　　　　　　　　　2000000
　　　　资产处置损益　　　　　　　　　　　　　7200000
　　　　其他应付款　　　　　　　　　　　　　　 400000

②支付律师费用。

借：其他应付款　　　　　　　　　　　　　　　400000
　　贷：银行存款　　　　　　　　　　　　　　　 400000

③将以往年度因无形资产账面价值与计税基础不同而产生的递延所得税影响金额进行调整。该技术的账面价值为 40 万元，计税基础为 100 万元，暂时性差异为 60 万元，期初递延所得税资产科目余额 = 60 × 25% = 15（万元），应予以重回。

借：所得税费用——递延所得税费用　　　　　　150000
　　贷：递延所得税资产　　　　　　　　　　　　150000

(2) 甲公司的税务处理。

①分摊期间费用。按照税法的规定，甲公司技术转让应分摊的期间费用（不含无形资产摊销费用和相关税费）可按技术转让当年销售收入占比进行分摊。减免税项目应分摊期间费用 = 90 × 800/(800 + 1600) = 30（万元），应税项目应分摊期间费用 = 90 - 30 = 60（万元）。

②技术转让所得的分析计算。由于案例涉及企业所得税应税项目、免税项目的税收政策及申报表申报，计算较为复杂，为便于纳税申报表的填报，先将企业会计利润划分为应税项目会计利润和免税项目会计利润两部分（见表 2-4）。

表 2-4　　　　　　　　　　甲公司税务处理

行次	项目	应税项目利润计算（万元）	免税项目会计利润计算（万元）	利润总额计算（万元）
1	营业（外）收入	1600	800	2400
2	减：营业（外）成本	1200	80	1280
3	税金及附加	140		140
4	分摊的期间费用	60	30	90
5	会计利润	200	690	890

③纳税调整及申报表的填报。

第一,无形资产计税成本的调整及填报。该项技术的账面价值为40万元,技术基础为100万元,由此产生两者的转让成本差异,应调减应纳税所得额60万元。可以在《105000纳税调整项目明细表》第30行"扣除类调整项目(十七)——其他"中进行填报。

第二,免税项目所得的调整及填报。

技术转让所得=技术所有权转让收入－技术转让成本－相关税费－应分摊期间费用=770+30－100－40－30=630(万元)

应在《A107020所得税减免优惠明细表》中"四、符合条件的技术转让项目"填报的金额=500+(630－500)×50%=565(万元)。

④应纳税额的计算。

技术转让所得=770+30－100－40－30=630(万元)

技术转让减免税项目应交企业所得税=(630－500)×25%×50%=16.25(万元)

应税项目所得应交企业所得税=200×25%=50(万元)

甲公司2019年应交企业所得税=16.25+50=66.25(万元)

三、创投企业抵扣所得税的财税处理

(一)创投企业相关税收政策

1. 基本规定

创业投资企业采取股权投资方式投资于未上市的中小高新技术企业2年以上的,可以按照其投资额的70%在股权持有满2年的当年,抵扣该创业投资企业的应纳税所得额,当年不足抵扣的,可以在以后纳税年度结转抵扣。

2. 公司制创业投资企业

根据《国家税务总局关于实施创业投资企业所得税优惠问题的通知》(国税发〔2009〕87号)的规定,创业投资企业是指依照《创业投资企业管理暂行办法》(国家发展和改革委员会等10部委令2003年第2号,以下简称《暂行办法》),在中华人民共和国境内设立的专门从事创业投资活动的企业或其他经济组织。享受创业投资企业所得税优惠政策的应当符合以下条件:

(1)经营范围符合《暂行办法》规定,且工商登记为"创业投资有限责任公司""创业投资股份有限公司"等专业性法人创业投资企业。

(2)按照《暂行办法》规定的条件和程序完成备案,经备案管理部门年度检查核实,投资运作符合《暂行办法》的有关规定。

(3) 创业投资企业投资的中小高新技术企业，除应按照科技部、财政部、国家税务总局印发的《高新技术企业认定管理办法》和《高新技术企业认定管理工作指引》的规定，通过高新技术企业认定外，还应符合职工人数不超过500人，年销售（营业）额不超过2亿元，资产总额不超过2亿元的条件。

(4) 中小企业接受创业投资之后，经认定符合高新技术企业标准的，应自被认定为高新技术企业的年度起，计算创业投资企业的投资期限。该期限内中小企业接受创业投资后，企业规模超过中小企业标准，但仍符合高新技术企业标准的，不影响创业投资企业享受有关税收优惠。

3. 有限合伙制创投企业的法人合伙人

《财政部 国家税务总局关于将国家自主创新示范区有关税收试点政策推广到全国范围实施的通知》（财税〔2015〕116号）规定：

自2015年10月1日起，全国范围内的有限合伙制企业采取股权投资方式投资于未上市的中小高新技术企业满2年（24个月）的，该有限合伙制创业投资企业的法人合伙人可按照其对未上市中小高新技术企业投资额的70%抵扣该法人合伙人从该有限合伙制创业投资企业分得的应纳税所得额，当年不足抵扣的，可以在以后纳税年度结转抵扣。

有限合伙制创业投资企业的法人合伙人对未上市中小高新技术企业的投资额，按照有限合伙制创业投资企业对中小高新技术企业的投资额和合伙协议约定的法人合伙人占有限合伙制创业投资企业的出资比例计算确定。

(二) 创投企业抵扣所得额的财税处理分析

1. 税收优惠

对于公司制创业投资企业，会计上需要正常核算其对外股权投资的投资收益，并计入企业利润总额。但税法规定，创投企业采取股权投资方式投资于未上市的中小高新技术企业2年以上的，可以按照其投资额的70%在股权持有满2年的当年，抵扣该创业投资企业的应纳税所得额；有限合伙制企业采取股权投资方式投资于未上市的中小高新技术企业满2年（24个月）的，该有限合伙制创业投资企业的法人合伙人可按照其对未上市中小高新技术企业投资额的70%抵扣该法人合伙人从该有限合伙制创业投资企业分得的应纳税所得额。

2. 确认所得的金额

对于有限合伙制创业投资企业，会计上，法人合伙人通常按照实际取得分配的所得确认为收益。但税法将有限合伙企业作为"透明体"对待，合伙企业生产经营所得和其他所得采取"先分后税"的原则，包括合伙企业分配给所有合伙人的所得和企业当年留存的所得（利润），合伙人要按照相关应分配的比例确认所得并缴纳企业所得税。

3. 确认所得的时间

对于有限合伙制创业投资企业，法人合伙人在进行会计核算时，通常情况下，合伙企业有生产经营利润，在分配前不确认为投资收益，实际取得分配时再确认为收益。但税法规定，合伙企业生产经营所得和其他所得采取"先分后税"的原则，即合伙企业无论是否进行实际分配，合伙人都要按照相关应分配的比例确认所得并缴纳企业所得税，待实际取得分配时，通常不再确认为当期收益。

四、研发费用加计扣除的财税处理

（一）相关税收政策

企业开展研发活动中实际发生的研发费用，未形成无形资产计入当期损益的，再按规定据实扣除的基础上，按照本年度实际发生额的50%，从本年度应纳税所得额中扣除；形成无形资产的，按照无形资产成本的150%在税前摊销。对从事文化产业支撑技术等领域的文化企业，开发新技术、新产品、新工艺发生的研究开发费用，允许按照税收法律法规的规定，在计算应纳税所得额时加计扣除。

在2018年1月1日至2020年12月31日期间，企业开展研发活动中实际发生的研发费用，未形成无形资产计入当期损益的，在按照据实扣除的基础上，再按照实际发生额的75%在税前加计扣除；形成无形资产的，在上述期间按照无形资产成本的175%在税前摊销。

科技型中小企业开展研发活动中实际发生的研发费用，未形成无形资产计入当期损益的，在按规定据实扣除的基础上，在2017年1月1日至2019年12月31日期间，再按照实际发生额的75%在税前加计扣除；形成无形资产的，在上述期间按照无形资产成本的175%进行摊销。

（二）允许加计扣除的研发费用范围

研发活动是指企业为获得科学与技术新知识，创造性运用科学技术新知识，或实质性改进技术、产品（服务）、工艺而持续进行的具有明确目标的系统性活动。允许加计扣除的研发费用具体范围包括以下方面。

1. 人员人工费用

人员人工费用是指直接从事研发活动人员的工资薪金、基本养老保险费、基本医疗保险费、失业保险费、工伤保险费、生育保险费和住房公积金，以及外聘研发人员的劳务费用。

2. 直接投入费用

直接投入费用包括：（1）研发活动直接消耗的材料、燃料和动力费用；（2）用于中间试验和产品试制的模具、工艺装备开发及制造费，不构成固定资产的样品、样机及一般测试手段购置费，试制产品的检验费；（3）用于研发活动的仪器、设备的运行维护、调整、检验、维修等费用，以及通过经营租赁方式租入的用于研发活动的仪器、设备租赁费。

3. 折旧费用

折旧费用是指用于研发活动的仪器、设备的折旧费。

4. 无形资产摊销

无形资产摊销是指用于研发活动的软件、专利权、非专利技术（包括许可证、专有技术、设计和计算方法等）的摊销费用。

5. 新产品设计费、新工艺规程制定费、新药研制的临床试验费、勘探开发技术的现场试验费

6. 其他相关费用

与研发活动直接相关的其他费用，如技术图书资料费、资料翻译费、专家咨询费、高新科技研发保险费，研发成果的检索、分析、评议、论证、鉴定、评审、评估、验收费用，知识产权的申请费、注册费、代理费，差旅费、会议费等。此项费用总额不得超过可加计扣除研发费用总额的10%。

7. 财政部和国家税务总局规定的其他费用

自2018年1月1日起，委托境外进行研发活动所发生的费用，按照费用实际发生额的80%计入委托方的委托境外研发费用。委托境外研发费用不超过境内符合条件的研发费用2/3的部分，可以按规定在企业所得税前加计扣除。委托外部研究开发费用实际发生额应按照独立交易原则确定。委托方与受托方存在关联关系的，受托方应向委托方提供研发项目费用支出明细情况。

企业共同合作开发的项目，由合作各方就自身实际承担的研发费用分别计算加计扣除。

企业集团根据生产经营和科技开发的实际情况，对技术要求高、投资数额大、需要集中研发的项目，其实际发生的研发费用，可以按照权利和义务相一致、费用支出和收益分享相配比的原则，合理确定研发费用的分摊方法，在受益成员企业间进行分摊，由相关成员企业分别计算加计扣除。

（三）研发费用会计核算与加计扣除的差异

1. 研发活动及行业的差异

虽然会计和税法均对研发费用的范围进行了界定，但税法还明确列举了

不适用加计扣除的活动和行业,而会计准则对此并未做出具体规定,这就导致特定行业或特定研发活动在会计核算时作为研发费用处理,而在纳税申报时不得进行加计扣除情况的出现。

2. 研发费用具体口径的差异

(1) 人员人工方面。税法仅限于文件正列举的企业科技人员的工资薪金、基本养老保险费、基本医疗保险费、失业保险费、工伤保险费、生育保险费和住房公积金,以及外聘科技人员的劳务费用;将职工福利费、补充养老费、补充医疗保险费等作为其他研发支出。而会计上的人工费用,除上述列举的人工费用外,还包括其他的人工费用,如研发人员培训费、研发人员体检费、劳保费等。

对于研发人员股权激励的支出,税法虽然允许作为研发费用加计扣除,但由于股权激励支出会计核算与税前扣除的时点和金额不同,导致加计扣除与会计处理有所差异。

(2) 房屋等固定资产的折旧费或租赁费方面。会计政策规定,研发费用包括用于研发活动的仪器、设备、房屋等固定资产的折旧费或租赁费;而税法规定仅包含用于研发活动的仪器、设备的折旧费,将房屋等其他固定资产的折旧费和租赁费排除在外。另外,企业用于研发活动的仪器、设备,符合税法规定且选择加速折旧优惠政策的,在享受研发费用税前加计扣除政策时,就税前扣除的折旧部分计算加计扣除,而不是依据会计核算的金额计算研发费用加计扣除。

(3) 无形资产的摊销方面。会计政策规定,研发费用包括用于研发活动的软件、专利权、非专利技术等无形资产的摊销费用;而税法规定仅包含用于研发活动的软件、专利权、非专利技术(包括许可证、专有技术、设计和计算方法等)的摊销费用,将用于研发活动的土地使用权等其他无形资产的摊销费用排除在外,另外,对于符合税法规定且选择缩短摊销年限的无形资产,在享受研发费用税前加计扣除政策时,就税前扣除的摊销部分计算加计扣除,而不是依据会计核算的金额计算研发费用加计扣除。

(4) 其他研发费用方面。会计和税法对其他研发费用的列举范围大致相同,但税法将会计核算中作为人工费用的"职工福利费、补充养老保险费、补充医疗保险费"作为其他研发费用处理。同时税法还规定,其他研发费用总额不超过可加计扣除研发费用总额的 10%。

(5) 委托研发费用方面。会计上,企业通过外包、合作研发等方式,委托其他单位、个人或者与之合作进行研发而支付的费用属于研发费用的和核算范围；但税法规定，企业委托外部机构或个人进行研发活动所产生的费用，只能按照费用实际发生额的80%计入委托方研发费用并计算加计扣除。

（四）案例分析

2019年1月A公司董事会批准某项新技术。该技术在研究开发过程中发生材料费600万元、人工费300万元、使用其他无形资产的摊销费用50万元（假定会计摊销与税法扣除额一致）、其他费用200万元，总计1150万元，其中符合资本化的支出500万元。同年12月31日该技术达到预定用途。其会计分录为：

发生研发支出：

借：研发支出——费用化支出   6500000

　　　　　　——资本化支出   5000000

　　贷：原材料   6000000

　　　　应付职工薪酬   3000000

　　　　银行存款   2000000

　　　　累计摊销   500000

2019年12月31日，该技术达到预定用途。

借：管理费用   6500000

　　无形资产   5000000

　　贷：研发支出——费用化支出   6500000

　　　　　　　——资本化支出   5000000

费用化支出金额650万元允许据实扣除，同时加计扣除75%，金额487.5万元调减应纳税所得额，见表2-5。

表2-5　　　　　税法与会计研究开发费用对照表

序号	税法	会计	差异
1	（一）人员人工费用。包括直接从事研发活动人员的工资薪金、基本养老保险费、基本医疗保险费、失业保险费、工伤保险费、生育保险费和住房公积金，以及外聘研发人员的劳务费用	（二）企业在职研发人员的工资、奖金、津贴、补贴、社会保险费、住房公积金等人工费用以及外聘研发人员的劳务费用	

续表

序号	税法	会计	差异
2	（二）直接投入费用。包括研发活动直接消耗的材料、燃料和动力费用。用于中间试验和产品试制的模具、工艺装备开发及制造费，不构成固定资产的样品、样机及一般测试手段购置费，试制产品的检验费。用于研发活动的仪器、设备的运行维护、调整、检验、维修等费用，以及通过经营租赁方式租入的用于研发活动的仪器、设备租赁费	（一）研发活动直接消耗的材料、燃料和动力费用。（五）中间试验和产品试制的模具、工艺装备开发及制造费，设备调整及检验费，样品、样机及一般测试手段购置费，试制产品的检验费等	
3	（三）用于研发活动的仪器、设备、房屋等固定资产的折旧或租赁费，以及相关固定资产的运行维护、维修等费用	（三）折旧费用。用于研发活动的仪器、设备的折旧费	税法将房屋等固定资产的折旧费或租赁费排除在外
4	（四）无形资产摊销费用。用于研发活动的软件、专利权、非专利技术（包括许可证、专有技术、设计和计算方法等）的摊销费用	（四）研发活动的软件、专利权、非专利技术等无形资产的摊销费用	税法将用于研究开发活动的土地使用权等其他无形资产的摊销费用排除在外
5	（五）新产品设计费、新工艺规程制定费、新药研制的临床试验费、勘探开发技术的现场试验费	（七）通过外包、合作研发等方式，委托其他单位、个人或者之合作进行研发而支付的费用	税法有额度规定
6	（六）与研发活动直接相关的其他费用。如技术图书资料费、资料翻译费、专家咨询费、高新科技研发保险费、研发成果的检索、分析、评议、论证、鉴定、评审、评估、验收费用，知识产权的申请费、注册费、代理费，差旅费、会议费等	（六）研发成果的论证、评审、验收、评估以及知识产权的申请费、注册费、代理费等费用。（八）与研发活动直接相关的其他费用。包括技术图书资料费、资料翻译费、会议费、差旅费、办公费、外事费、研发人员培训费、培养费、专家咨询费、高新科技研发保险费用等	税法明确此项费用总额不得超过可加计扣除研发费用总额的10%

第二章 企业所得税

第六节 企业所得税的征收管理

一、纳税地点

除税收法律、行政法规另有规定外，居民企业以企业登记注册地为纳税地点；但登记注册地在境外的，以实际管理机构所在地为纳税地点。企业注册登记地是指，企业依照国家有关规定登记注册的住所地。

居民企业在中国境内设立不具有法人资格的营业机构的，应当汇总计算并缴纳企业所得税。企业汇总计算并缴纳企业所得税时，应当统一核算应纳税所得额，具体办法由国务院财政、税务主管部门另行制定。

非居民企业在中国境内设立机构、场所的，应当就其所设机构、场所取得的来源于中国境内的所得，以及发生在中国境外但与其所设机构、场所有实际联系的所得，以机构、场所所在地为纳税地点。非居民企业在中国境内设立两个或者两个以上机构、场所的，经税务机关审核批准，可以选择由其主要机构、场所汇总缴纳企业所得税。

非居民企业在中国境内未设立机构、场所，或者虽设立机构、场所但取得的所得与其所设机构、场所没有实际联系的，以扣缴义务人所在地为纳税地点。

除国务院另有规定外，企业之间不得合并缴纳企业所得税。

二、纳税申报时间和纳税期限

企业所得税按年计征，分月或者分季预缴，年终汇算清缴，多退少补。

企业所得税的纳税年度，自公历1月1日起至12月31日止。企业在一个纳税年度的中间开业，或者由于合并、关闭等原因终止经营活动，使该纳税年度的实际经营期不足12个月的，应当以其实际经营期为一个纳税年度。企业清算时，应当以清算期间作为一个纳税年度。

按月或按季预缴的，应当自月份或者季度终了之日起15日内，向税务机关报送预缴企业所得税纳税申报表，预缴税款。

正常情况下，企业自年度终了之日起5个月内，向税务机关报送年度企业所得税纳税申报表，并汇算清缴，结清应缴应退税款。企业在年度中间终止经营活动的，应当自实际经营终止之日起60日内，向税务机关办理当期企业所得税汇算清缴。企业清算的，应当自清算结束之日起15日内，向主管税务机关报送企业所得税纳税申报表，并结清税款。企业在报送企业所得税纳税申报表时，应当按照规定附送财务会计报告和其他有关资料。

依照《企业所得税法》缴纳的企业所得税，以人民币计算。所得以人民币以外的货币计算的，应当折合成人民币计算并缴纳税款。

三、跨地区经营汇总缴纳企业所得税征收管理办法

自2013年1月1日起，跨地区经营汇总缴纳企业所得税征收管理按以下规定执行。

（一）基本原则和适用范围

1. 居民企业在中国境内跨地区（指跨省、自治区、直辖市和计划单列市，下同）设立不具有法人资格分支机构的，该居民企业为跨地区经营汇总纳税企业（以下简称"汇总纳税企业"），除另有规定外，其企业所得税征收管理适用以下规定。

2. 汇总纳税企业实行"统一计算、分级管理、就地预缴、汇总清算、财政调库"的企业所得税征收管理办法。统一计算，是指总机构统一计算包括汇总纳税企业所属各个不具有法人资格分支机构在内的全部应纳税所得额、应纳税额。分级管理，是指总机构、分支机构所在地的主管税务机关都有对当地机构进行企业所得税管理的责任，总机构和分支机构应分别接受机构所在地主管税务机关的管理。就地预缴，是指总机构、分支机构应按有关规定，分月或分季分别向所在地主管税务机关申报预缴企业所得税。汇总清算，是指在年度终了后，总机构统一计算汇总纳税企业的年度应纳税所得额、应纳税额，抵减总机构、分支机构当年已就地分期预缴的企业所得税税款后，多退少补。财政调库，是指财政部定期将缴入中央国库的汇总纳税企业所得税待分配收入，按照核定的系数调整至地方国库。

3. 总机构和具有主体生产经营职能的二级分支机构，就地分摊缴纳企业所得税。二级分支机构，是指汇总纳税企业依法设立并领取非法人营业执照（登记证书），且总机构对其财务、业务、人员等直接进行统一核算和管理的分支机构。以下二级分支机构不就地分摊缴纳企业所得税：

（1）不具有主体生产经营职能，且在当地不缴纳增值税的产品售后服务、内部研发、仓储等汇总纳税企业内部辅助性的二级分支机构。

（2）上年度认定为小型微利企业的二级分支机构。

（3）新设立的二级分支机构，设立当年不就地分摊缴纳企业所得税。

(4) 当年撤销的二级分支机构,自办理注销税务登记之日所属企业所得税预缴期间起,不就地分摊缴纳企业所得税。

(5) 汇总纳税企业在中国境外设立的不具有法人资格的二级分支机构。

(二) 税款预缴和汇算清缴

1. 汇总纳税企业按照《企业所得税法》规定汇总计算的企业所得税,包括预缴税款和汇算清缴应缴应退税款,50%在各分支机构间分摊,各分支机构根据分摊税款就地办理缴库或退库;50%由总机构分摊缴纳,其中25%就地办理缴库或退库,25%就地全额缴入中央国库或退库。

2. 企业所得税分月或者分季预缴,由总机构所在地主管税务机关具体核定。汇总纳税企业应根据当期实际利润额,按照规定的预缴分摊方法计算总机构和分支机构的企业所得税预缴额,分别由总机构和分支机构就地预缴;在规定期限内按实际利润额预缴有困难的,也可以按照上年度应纳税所得额的1/12或1/4,按照规定的预缴分摊方法计算总机构和分支机构的企业所得税预缴额,分别由总机构和分支机构就地预缴。预缴方法一经确定,当年度不得变更。

3. 总机构应将本期企业应纳所得税额的50%部分,在每月或季度终了后15日内就地申报预缴。总机构应将本期企业应纳所得税额的另外50%部分,按照各分支机构应分摊的比例,在各分支机构之间进行分摊,并及时通知到各分支机构;各分支机构应在每月或季度终了之日起15日内,就其分摊的所得税额就地申报预缴。分支机构未按税款分配数额预缴所得税造成少缴税款的,主管税务机关应按照《税收征收管理法》的有关规定对其处罚,并将处罚结果通知总机构所在地主管税务机关。

4. 汇总纳税企业应当自年度终了之日起5个月内,由总机构汇总计算企业年度应纳所得税税额,扣除总机构和各分支机构已预缴的税款,计算出应缴应退税款,按照规定的税款分摊方法计算总机构和分支机构的企业所得税应缴应退税款,分别由总机构和分支机构就地办理税款缴库或退库。

(三) 总分机构分摊税款的计算

(1) 总机构按以下公式计算分摊税款:

总机构分摊税款 = 汇总纳税企业当期应纳所得税税额 × 50%

(2) 分支机构按以下公式计算分摊税款:

所有分支机构分摊税款总额 = 汇总纳税企业当期应纳所得税税额 × 50%

某分支机构分摊税款 = 所有分支机构分摊税款总额 × 该分支机构分摊比例

（3）总机构应按照上年度分支机构的营业收入、职工薪酬和资产总额三个因素计算各分支机构分摊所得税税款的比例；三级及以下分支机构，其营业收入、职工薪酬和资产总额统一计入二级分支机构；三因素的权重依次为0.35、0.35、0.30。其计算公式如下：

$$某分支机构分摊比例 = \frac{该分支机构营业收入}{各分支机构营业收入之和} \times 0.35$$

$$+ \frac{该分支机构职工薪酬}{各分支机构职工薪酬之和} \times 0.35$$

$$+ \frac{该分支机构资产总额}{各分支机构资产总额之和} \times 0.30$$

（四）日常管理

1. 汇总纳税企业总机构和分支机构应依法办理税务登记，接受所在地主管税务机关的监督和管理。

2. 总机构应将其所有二级及以下分支机构信息报其所在地主管税务机关备案，内容包括分支机构名称、层级、地址、邮编、纳税人识别号及企业所得税主管税务机关名称、地址和邮编。

分支机构应将其总机构、上级分支机构和下属分支机构信息报其所在地主管税务机关备案，内容包括总机构、上级机构和下属分支机构名称、层级、地址、邮编、纳税人识别号及企业所得税主管税务机关名称、地址和邮编。

3. 对于按照税收法律、法规和其他规定，由分支机构所在地主管税务机关管理的企业所得税优惠事项，分支机构所在地主管税务机关应加强审批（核）、备案管理，并通过评估、检查和台账管理等手段，加强后续管理。

4. 汇总纳税企业不得核定征收企业所得税。

第七节 企业所得税的纳税申报

一、企业所得税的预缴纳税申报

实行查账征收企业所得税的居民企业纳税人在月（季）度预缴企业所得税时，应当填报《中华人民共和国企业所得税月（季）度预缴纳税申报表（A类，2018年版）》（见表2-6）以及附表。实行核定征收管理办法缴纳企业所得税的纳税人在月（季）度预缴企业所得税时，需要填报《中华人民共和国企业所得税月（季）度和年度纳税申报表（B类，2018年版）》。

第二章 企业所得税

表 2-6 A200000 中华人民共和国企业所得税月（季）度预缴纳税申报表（A 类）

税款所属期间：　　年　月　日至　　年　月　日

纳税人识别号（统一社会信用代码）：□□□□□□□□□□□□□□□□□□

纳税人名称：　　　　　　　　　　　　　　　　　　　金额单位：人民币元（列至角分）

预缴方式	□ 按照实际利润额预缴	□ 按照上一纳税年度应纳税所得额平均额预缴	□ 按照税务机关确定的其他方法预缴
企业类型	□ 一般企业	□ 跨地区经营汇总纳税企业总机构	□ 跨地区经营汇总纳税企业分支机构

预缴税款计算			
行次	项　目		本年累计金额
1	营业收入		
2	营业成本		
3	利润总额		
4	加：特定业务计算的应纳税所得额		
5	减：不征税收入		
6	减：免税收入、减计收入、所得减免等优惠金额（填写 A201010）		
7	减：固定资产加速折旧（扣除）调减额（填写 A201020）		
8	减：弥补以前年度亏损		
9	实际利润额（3+4-5-6-7-8）/按照上一纳税年度应纳税所得额平均额确定的应纳税所得额		
10	税率（25%）		
11	应纳所得税额（9×10）		
12	减：减免所得税额（填写 A201030）		
13	减：实际已缴纳所得税额		
14	减：特定业务预缴（征）所得税额		
15	本期应补（退）所得税额（11-12-13-14）/税务机关确定的本期应纳所得税额		
汇总纳税企业总分机构税款计算			
16	总机构填报	总机构本期分摊应补（退）所得税额（17+18+19）	
17		其中：总机构分摊应补（退）所得税额（15×总机构分摊比例____%）	
18		财政集中分配应补（退）所得税额（15×财政集中分配比例____%）	
19		总机构具有主体生产经营职能的部门分摊所得税额（15×全部分支机构分摊比例____%×总机构具有主体生产经营职能部门分摊比例____%）	
20	分支机构填报	分支机构本期分摊比例	
21		分支机构本期分摊应补（退）所得税额	

续表

附报信息			
高新技术企业	□是 □否	科技型中小企业	□是 □否
技术入股递延纳税事项	□是 □否		
按季度填报信息			
季初从业人数		季末从业人数	
季初资产总额（万元）		季末资产总额（万元）	
国家限制或禁止行业	□是 □否	小型微利企业	□是 □否
谨声明：本纳税申报表是根据国家税收法律法规及相关规定填报的，是真实的、可靠的、完整的。 　　　　　　　　　　　　纳税人（签章）：　　　　　　年　月　日			
经办人： 经办人身份证号： 代理机构签章： 代理机构统一社会信用代码：		受理人： 受理税务机关（章）： 受理日期：　　年　月　日	

　　　　　　　　　　　　　　　　　　　　　　　国家税务总局监制

二、企业所得税的年度汇算清缴纳税申报

实行查账征收企业所得税的居民企业纳税人在年度企业所得税汇算清缴时，应当填报如下表格：

1. 《企业基础信息表》（A000000）。本表为必填表。主要反映纳税人的基本信息，包括纳税人基本信息、主要会计政策、股东结构和对外投资情况等。纳税人填报申报表时，首先填报此表，为后续申报提供指引。

2. 《中华人民共和国企业所得税年度纳税申报表（A类）》（A100000）。本表为必填表。是纳税人计算申报缴纳企业所得税的主表。

3. 《一般企业收入明细表》（A101010）。本表适用于除金融企业、事业单位和民间非营利组织外的企业填报，反映一般企业按照国家统一会计制度规定取得收入情况。

4. 《金融企业收入明细表》（A101020）。本表仅适用于金融企业（包括商业银行、保险公司、证券公司等金融企业）填报，反映金融企业按照企业会计准则规定取得收入情况。

5. 《一般企业成本支出明细表》（A102010）。本表适用于除金融企业、事业单位和民间非营利组织外的企业填报，反映一般企业按照国家统一会计

制度的规定发生成本费用支出情况。

6.《金融企业支出明细表》(A102020)。本表仅适用于金融企业(包括商业银行、保险公司、证券公司等金融企业)填报,反映金融企业按照企业会计准则规定发生成本支出情况。

7.《事业单位、民间非营利组织收入、支出明细表》(A103000)。本表适用于事业单位和民间非营利组织填报,反映事业单位、社会团体、民办非企业单位、非营利性组织等按照有关会计制度规定取得收入、发生成本费用支出情况。

8.《期间费用明细表》(A104000)。本表由纳税人根据国家统一会计制度规定,填报期间费用明细项目。

9.《纳税调整项目明细表》(A105000)。本表填报纳税人财务、会计处理办法(以下简称"会计处理")与税收法律、行政法规的规定(以下简称"税法规定")不一致,需要进行纳税调整的项目和金额。

10.《视同销售和房地产开发企业特定业务纳税调整明细表》(A105010)。本表填报纳税人发生视同销售行为、房地产企业销售未完工产品、未完工产品转完工产品特定业务,会计处理与税法规定不一致,需要进行纳税调整的项目和金额。

11.《未按权责发生制确认收入纳税调整明细表》(A105020)。本表填报纳税人发生会计上按照权责发生制确认收入,而税法规定不按照权责发生制确认收入,需要按照税法规定进行纳税调整的项目和金额。

12.《投资收益纳税调整明细表》(A105030)。本表填报纳税人发生投资收益,会计处理与税法规定不一致,需要进行纳税调整的项目和金额。

13.《专项用途财政性资金纳税调整明细表》(A105040)。本表填报纳税人发生符合不征税收入条件的专项用途财政性资金,会计处理与税法规定不一致,需要进行纳税调整的金额。

14.《职工薪酬纳税调整明细表》(A105050)。本表填报纳税人发生的职工薪酬(包括工资薪金、职工福利费、职工教育经费、工会经费、各类基本社会保障性缴款、住房公积金、补充养老保险、补充医疗保险等支出),会计处理与税法规定不一致,需要进行纳税调整的项目和金额。

15.《广告费和业务宣传费跨年度纳税调整明细表》(A105060)。本表填报纳税人本年发生的广告费和业务宣传费支出,会计处理与税法规定不一致,需要进行纳税调整的金额。

16.《捐赠支出纳税调整明细表》(A105070)。本表填报纳税人发生捐赠支出,会计处理与税法规定不一致,需要进行纳税调整的项目和金额。

17.《资产折旧、摊销情况及纳税调整明细表》(A105080)。本表填报纳税人资产折旧、摊销情况及会计处理与税法规定不一致,需要进行纳税调整的项目和金额。

18.《固定资产加速折旧、扣除明细表》(A105081)。本表填报纳税人符合《财政部 国家税务总局关于完善固定资产加速折旧税收政策有关问题的通知》(财税〔2014〕75号)规定,2014年及以后年度新增固定资产加速折旧及允许一次性计入当期成本费用税前扣除的项目和金额。

19.《资产损失税前扣除及纳税调整明细表》(A105090)。本表填报纳税人发生资产损失,以及由于会计处理与税法规定不一致,需要进行纳税调整的项目和金额。

20.《资产损失(专项申报)税前扣除及纳税调整明细表》(A105091)。本表填报纳税人发生的货币资产、非货币资产、投资、其他资产损失,以及由于会计处理与税法规定不一致,需要进行纳税调整的项目和金额。

21.《企业重组纳税调整明细表》(A105100)。本表填报纳税人发生企业重组所涉及的所得或损失,会计处理与税法规定不一致,需要进行纳税调整的项目和金额。

22.《政策性搬迁纳税调整明细表》(A105110)。本表填报纳税人发生政策性搬迁所涉及的所得或损失,由于会计处理与税法规定不一致,需要进行纳税调整的项目和金额。

23.《特殊行业准备金纳税调整明细表》(A105120)。本表填报保险公司、证券行业等特殊行业纳税人发生特殊行业准备金,会计处理与税法规定不一致,需要进行纳税调整的项目和金额。

24.《企业所得税弥补亏损明细表》(A106000)。本表填报纳税人以前年度发生的亏损,需要在本年度结转弥补的金额,本年度可弥补的金额以及可继续结转以后年度弥补的亏损额。

25.《免税、减计收入及加计扣除优惠明细表》(A107010)。本表填报纳税人本年度所享受免税收入、减计收入、加计扣除等优惠的项目和金额。

26.《符合条件的居民企业之间的股息、红利等权益性投资收益优惠明细表》(A107011)。本表填报纳税人本年度享受居民企业之间的股息、红利等权益性投资收益免税项目和金额。

27.《综合利用资源生产产品取得的收入优惠明细表》(A107012)。本表填报纳税人本年度发生的综合利用资源生产产品取得的收入减计收入的项目和金额。

28.《金融、保险等机构取得的涉农利息、保费收入优惠明细表》（A107013）。本表填报纳税人本年度发生的金融、保险等机构取得的涉农利息、保费收入减计收入项目和金额。

29.《研发费用加计扣除优惠明细表》（A107014）。本表填报纳税人本年度享受研发费加计扣除情况和金额。

30.《所得减免优惠明细表》（A107020）。本表填报纳税人本年度享受减免所得额（包括农、林、牧、渔项目和国家重点扶持的公共基础设施项目、环境保护、节能节水项目以及符合条件的技术转让项目等）的项目和金额。

31.《抵扣应纳税所得额明细表》（A107030）。本表填报纳税人本年度享受创业投资企业抵扣应纳税所得额优惠金额。

32.《减免所得税优惠明细表》（A107040）。本表填报纳税人本年度享受减免所得税（包括小微企业、高新技术企业、民族自治地方企业、其他专项优惠等）的项目和金额。

33.《高新技术企业优惠情况及明细表》（A107041）。本表填报纳税人本年度享受高新技术企业优惠的情况和金额。

34.《软件、集成电路企业优惠情况及明细表》（A107042）。本表填报纳税人本年度享受软件、集成电路企业优惠的情况和金额。

35.《税额抵免优惠明细表》（A107050）。本表填报纳税人本年度享受购买专用设备投资额抵免税额情况和金额。

36.《境外所得税收抵免明细表》（A108000）。本表填报纳税人本年度来源于或发生于不同国家、地区的所得，按照我国税法规定计算应缴纳和应抵免的企业所得税额。

37.《境外所得纳税调整后所得明细表》（A108010）。本表填报纳税人本年度来源于或发生于不同国家、地区的所得，按照我国税法规定计算调整后的所得。

38.《境外分支机构弥补亏损明细表》（A108020）。本表填报纳税人境外分支机构本年度及以前年度发生的税前尚未弥补的非实际亏损额和实际亏损额、结转以后年度弥补的非实际亏损额和实际亏损额。

39.《跨年度结转抵免境外所得税明细表》（A108030）。本表填报纳税人本年度发生的来源于不同国家或地区的境外所得按照我国税收法律、法规的规定可以抵免的所得税额。

40.《跨地区经营汇总纳税企业年度分摊企业所得税明细表》(A109000)。本表填报跨地区经营汇总纳税企业总机构,按规定计算总分机构每一纳税年度应缴的企业所得税,总、分机构应分摊的企业所得税。

41.《企业所得税汇总纳税分支机构所得税分配表》(A109010)。本表填报总机构所属年度实际应纳所得税额以及所属分支机构在所属年度应分摊的所得税额。

以下重点介绍中华人民共和国企业所得税年度纳税申报表(A类)的填报方法(见表2-7)。

表2-7 A100000 中华人民共和国企业所得税年度纳税申报表(A类)

行次	类别	项 目	金额
1	利润总额计算	一、营业收入(填写A101010\101020\103000)	
2		减:营业成本(填写A102010\102020\103000)	
3		减:税金及附加	
4		减:销售费用(填写A104000)	
5		减:管理费用(填写A104000)	
6		减:财务费用(填写A104000)	
7		减:资产减值损失	
8		加:公允价值变动收益	
9		加:投资收益	
10		二、营业利润(1-2-3-4-5-6-7+8+9)	
11		加:营业外收入(填写A101010\101020\103000)	
12		减:营业外支出(填写A102010\102020\103000)	
13		三、利润总额(10+11-12)	
14	应纳税所得额计算	减:境外所得(填写A108010)	
15		加:纳税调整增加额(填写A105000)	
16		减:纳税调整减少额(填写A105000)	
17		减:免税、减计收入及加计扣除(填写A107010)	
18		加:境外应税所得抵减境内亏损(填写A108000)	
19		四、纳税调整后所得(13-14+15-16-17+18)	
20		减:所得减免(填写A107020)	
21		减:弥补以前年度亏损(填写A106000)	
22		减:抵扣应纳税所得额(填写A107030)	
23		五、应纳税所得额(19-20-21-22)	

续表

行次	类别	项目	金额
24	应纳税额计算	税率（25%）	
25		六、应纳所得税额（23×24）	
26		减：减免所得税额（填写A107040）	
27		减：抵免所得税额（填写A107050）	
28		七、应纳税额（25－26－27）	
29		加：境外所得应纳所得税额（填写A108000）	
30		减：境外所得抵免所得税额（填写A108000）	
31		八、实际应纳所得税额（28＋29－30）	
32		减：本年累计实际已缴纳的所得税额	
33		九、本年应补（退）所得税额（31－32）	
34		其中：总机构分摊本年应补（退）所得税额（填写A109000）	
35		财政集中分配本年应补（退）所得税额（填写A109000）	
36		总机构主体生产经营部门分摊本年应补（退）所得税额（填写A109000）	

填报说明：第1～13行参照企业会计准则利润表的说明编写。

1. 第1行"营业收入"：填报纳税人主要经营业务和其他经营业务取得的收入总额，本行根据"主营业务收入"和"其他业务收入"的数额填报。一般企业纳税人根据《一般企业收入明细表》（A101010）填报；金融企业纳税人根据《金融企业收入明细表》（A101020）填报；事业单位、社会团体、民办非企业单位、非营利组织等纳税人根据《事业单位、民间非营利组织收入、支出明细表》（A103000）填报。

2. 第2行"营业成本"项目：填报纳税人主要经营业务和其他经营业务发生的成本总额，本行根据"主营业务成本"和"其他业务成本"的数额填报。一般企业纳税人根据《一般企业成本支出明细表》（A102010）填报；金融企业纳税人根据《金融企业支出明细表》（A102020）填报；事业单位、社会团体、民办非企业单位、非营利组织等纳税人，根据《事业单位、民间非营利组织收入、支出明细表》（A103000）填报。

3. 第3行"税金及附加"：填报纳税人经营活动发生的消费税、城市维护建设税、资源税、土地增值税和教育费附加等相关税费，本行根据纳税人相关会计科目填报。纳税人在其他会计科目核算的本行不得重复填报。

4. 第4行"销售费用"：填报纳税人在销售商品和材料、提供劳务的过程中发生的各种费用，本行根据《期间费用明细表》（A104000）中对应的"销售费用"填报。

5. 第5行"管理费用"：填报纳税人为组织和管理企业生产经营发生的管理费用，本行根据《期间费用明细表》（A104000）中对应的"管理费用"填报。

6. 第6行"财务费用"：填报纳税人为筹集生产经营所需资金等发生的筹资费用，本行根据《期间费用明细表》（A104000）中对应的"财务费用"填报。

7. 第7行"资产减值损失"：填报纳税人计提各项资产准备发生的减值损失，本行根据企业"资产减值损失"科目上的数额填报。实行其他会计准则等的比照填报。

8. 第8行"公允价值变动收益"：填报纳税人在初始确认时划分为以公允价值计量且其变动计入当期损益的金融资产或金融负债（包括交易性金融资产或负债，直接指定为以公允价值计量且其变动计入当期损益的金融资产或金融负债），以及采用公允价值模式计量的投资性房地产、衍生工具和套期业务中公允价值变动形成的应计入当期损益的利得或损失，本行根据企业"公允价值变动损益"科目的数额填报（损失以"－"号填列）。

9. 第9行"投资收益"：填报纳税人以各种方式对外投资确认所取得的收益或发生的损失，根据企业"投资收益"科目的数额计算填报；实行事业单位会计准则的纳税人根据"其他收入"科目中的投资收益金额分析填报（损失以"－"号填列）。实行其他会计准则等的比照填报。

10. 第10行"营业利润"：填报纳税人当期的营业利润，根据上述项目计算填列。已执行《财政部关于修订印发2018年度一般企业财务报表格式的通知》（财会〔2018〕15号）的纳税人，根据《利润表》对应项目填列。

11. 第11行"营业外收入"：填报纳税人取得的与其经营活动无直接关系的各项收入的金额，一般企业纳税人根据《一般企业收入明细表》（A101010）填报；金融企业纳税人根据《金融企业收入明细表》（A101020）填报；实行事业单位会计准则或民间非营利组织会计制度的纳税人根据《事业单位、民间非营利组织收入、支出明细表》（A103000）填报。

12. 第12行"营业外支出"：填报纳税人发生的与其经营活动无直接关系的各项支出的金额，一般企业纳税人根据《一般企业成本支出明细表》（A102010）填报；金融企业纳税人根据《金融企业支出明细表》（A102020）填报；实行事业单位会计准则或民间非营利组织会计制度的纳税人根据《事业单位、民间非营利组织收入、支出明细表》（A103000）填报。

13. 第13行"利润总额"：填报纳税人当期的利润总额，根据上述项目计算填列。

14. 第14行"境外所得":填报纳税人取得的境外所得且已计入利润总额的金额。本行根据《境外所得纳税调整后所得明细表》(A108010)填报。

15. 第15行"纳税调整增加额":填报纳税人会计处理与税收规定不一致,进行纳税调整增加的金额,本行根据《纳税调整项目明细表》(A105000)"调增金额"列填报。

16. 第16行"纳税调整减少额":填报纳税人会计处理与税收规定不一致,进行纳税调整减少的金额,本行根据《纳税调整项目明细表》(A105000)"调减金额"列填报。

17. 第17行"免税、减计收入及加计扣除":填报属于税法规定免税收入、减计收入、加计扣除金额,本行根据《免税、减计收入及加计扣除优惠明细表》(A107010)填报。

18. 第18行"境外应税所得抵减境内亏损":当纳税人选择不用境外所得抵减境内亏损时,填报0;当纳税人选择用境外所得抵减境内亏损时,填报境外所得抵减当年度境内亏损的金额。用境外所得弥补以前年度境内亏损的,还需填报《企业所得税弥补亏损明细表》(A106000)和《境外所得税收抵免明细表》(A108000)。

19. 第19行"纳税调整后所得":填报纳税人经过纳税调整、税收优惠、境外所得计算后的所得额。

20. 第20行"所得减免":填报属于税法规定所得减免金额,本行根据《所得减免优惠明细表》(A107020)填报,本行小于0时,填写负数。

21. 第21行"弥补以前年度亏损":填报纳税人按照税收规定可在税前弥补的以前年度亏损数额,本行根据《企业所得税弥补亏损明细表》(A106000)填报。

22. 第22行"抵扣应纳税所得额":填报根据税收规定应抵扣的应纳税所得额,本行根据《抵扣应纳税所得额明细表》(A107030)填报。

23. 第23行"应纳税所得额":金额等于本表第19-20-21-22行计算结果。本行不得为负数,如本表第19行或者按照上述行次顺序计算结果本行为负数,本行金额填0。

24. 第24行"税率":填报税法规定的税率25%。

25. 第25行"应纳所得税额":金额等于本表第23×24行。

26. 第26行"减免所得税额":填报纳税人按税法规定实际减免的企业所得税额,本行根据《减免所得税优惠明细表》(A107040)填报。

27. 第27行"抵免所得税额"：填报企业当年的应纳所得税额中抵免的金额，本行根据《税额抵免优惠明细表》（A107050）填报。

28. 第28行"应纳税额"：金额等于本表第25－26－27行。

29. 第29行"境外所得应纳所得税额"：填报纳税人来源于中国境外的所得，按照我国税法规定计算的应纳所得税额，本行根据《境外所得税收抵免明细表》（A108000）填报。

30. 第30行"境外所得抵免所得税额"：填报纳税人来源于中国境外所得依照中国境外税收法律以及相关规定应缴纳并实际缴纳（包括视同已实际缴纳）的企业所得税性质的税款（准予抵免税款），本行根据《境外所得税收抵免明细表》（A108000）填报。

31. 第31行"实际应纳所得税额"：填报纳税人当期的实际应纳所得税额，金额等于本表第28＋29－30行。

32. 第32行"本年累计实际已预缴的所得税额"：填报纳税人按照税法规定本纳税年度已在月（季）度累计预缴的所得税额，包括按照税法规定的特定业务已预缴（征）的所得税额，建筑企业总机构直接管理的跨地区设立的项目部按规定向项目所在地主管税务机关预缴的所得税额。

33. 第33行"本年应补（退）的所得税额"：填报纳税人当期应补（退）的所得税额，金额等于本表第31－32行。

34. 第34行"总机构分摊本年应补（退）所得税额"：填报汇总纳税的总机构按照税收规定在总机构所在地分摊本年应补（退）所得税款，本行根据《跨地区经营汇总纳税企业年度分摊企业所得税明细表》（A109000）填报。

35. 第35行"财政集中分配本年应补（退）所得税额"：填报汇总纳税的总机构按照税收规定财政集中分配本年应补（退）所得税款，本行根据《跨地区经营汇总纳税企业年度分摊企业所得税明细表》（A109000）填报。

36. 第36行"总机构主体生产经营部门分摊本年应补（退）所得税额"：填报汇总纳税的总机构所属的具有主体生产经营职能的部门按照税收规定应分摊的本年应补（退）所得税额，本行根据《跨地区经营汇总纳税企业年度分摊企业所得税明细表》（A109000）填报。

第三章　个人所得税法

第一节　个人所得税法的改革背景

2018年8月31日,第十三届全国人民代表大会常务委员会第五次会议表决通过关于修改个人所得税法的决定。至此,七次大修后的新个人所得税法正式亮相。

我国个人所得税可以追溯到清朝末年,1910年10月,清政府成立了资政院以后,当时的布政使司布政使(省长)就起草了一个所得税章程,提交给资政院来审议。但是还没有通过审议,清政府就被推翻了。1950年7月,政务院公布的《税政实施要则》中,就曾有对个人所得课税的税种,当时定名为"薪给报酬所得税",但却一直没有实施。

一、中国个人所得税的改革与发展

1. 1980年1月1日《中华人民共和国个人所得税法》正式实施。
2. 1985年出台《中华人民共和国工资薪金调节税暂行条例》。
3. 1986年出台《城乡个体工商业户所得税暂行条例》。
4. 根据1993年10月31日第八届全国人民代表大会常务委员会第四次会议,通过修改《中华人民共和国个人所得税法》的决定(第一次修正),1994年1月1日正式实施。
5. 1999年11月1日起,对居民存款利息征收20%的个人所得税。
6. 2006年1月1日起,工资薪金类个人所得税的必要费用扣除额提高到1600元。
7. 2007年8月15日起,对银行储蓄存款利息征收的个人所得税税率下调为5%。
8. 2008年3月1日起,工资薪金类个人所得税的必要费用扣除额上调为2000元。

9. 2008年10月9日起,暂停征收银行存款利息所得税。

10. 2011年个人所得税改革。

二、个人所得税的改革背景

1. 新一轮税收制度改革的政策背景

财政是国家治理的基础和重要支柱,十八届三中全会通过的《全面深化改革若干重大问题的决定》中,对深化财税体制改革要求下税收改革序列作出安排,指出了增值税、消费税、个人所得税、房地产税、资源税、环境保护税六大税种的改革方向,明确要"逐步建立综合与分类相结合的个人所得税制"。十九大报告指出,要加快建立现代财政制度,深化税收制度改革。2018年政府工作报告中进一步提出,要改革个人所得税,"提高个人所得税起征点,增加子女教育、大病医疗等专项费用扣除,合理减负,鼓励人民群众通过劳动增加收入、迈向富裕"。

2. 我国个税规模扩大,地位提高

我国于1980年9月10日通过《中华人民共和国个人所得税法》,正式确立个人所得税制度。2000年以来,我国个人所得税税收收入增长迅速,2017年达到11966亿元,占全国总税收收入比重的8.29%,并在GDP中占比达1.45%,表明随着我国经济发展,居民收入增加,个人所得税收入规模不断扩大。同时,个人所得税在我国税收体系中的地位也在提高。财政部公布的财政收支数据显示,2017年,国内增值税收入为56378亿元,同比增长8%;国内消费税收入为10225亿元,同比增长0.1%;企业所得税收入为32111亿元,同比增长11.3%;个人所得税收入为11966亿元,同比增长18.6%。个人所得税已成为中国仅次于增值税、企业所得税的第三大税种,且收入规模增长迅速。在此基础上,加快推进个税改革,能更有效地发挥个税功能,实现改革目标。

第二节 综合所得的计税方法

根据2018年8月31日,第十三届全国人民代表大会常务委员会第五次会议《关于修改〈中华人民共和国个人所得税法〉的决定》(第七次修正)的规定,2019年1月1日起,将劳务报酬、稿酬、特许权使用费等三项所得与工资薪金合并为综合所得计算纳税,并实行专项附加扣除政策。居民个人取得综合所得,按年计算个人所得税;有扣缴义务人的,由扣缴义务人按月或者按次预扣预缴税款；需要办理汇算清缴的，应当在取得所得的次年3月1日至6月30日内办理汇算清缴。非居民个人取得工资、薪金所得，劳务报酬所得，稿酬所得和特许权使用费所得，非居民个人取得综合所得，按月或者按次分项计算个人所得税，有扣缴义务人的，由扣缴义务人按月或者按次代扣代缴税款，不办理汇算清缴。

变化一：工资、薪金所得的预扣预缴

扣缴义务人向居民个人支付工资、薪金所得时，应当按照累计预扣法计算预扣税款，并按月办理全员全额扣缴申报。具体计算公式如下：

本期应预扣预缴税额＝（累计预扣预缴应纳税所得额×预扣率－速算扣除数）－累计减免税额－累计已预扣预缴税额

累计预扣预缴应纳税所得额＝累计收入－累计免税收入－累计减除费用－累计专项扣除－累计专项附加扣除－累计依法确定的其他扣除

其中：累计减除费用，按照5000元/月乘以纳税人当年截至本月在本单位的任职受雇月份数计算。

上述公式中，计算居民个人工资、薪金所得预扣预缴税额的预扣率、速算扣除数，按表3－1，个人所得税预扣率表（居民个人工资、薪金所得预扣预缴适用）执行。

变化二：劳务报酬、稿酬、特许权使用费所得的预扣预缴

扣缴义务人向居民个人支付劳务报酬所得、稿酬所得、特许权使用费所得时，按次或者按月预扣预缴个人所得税。具体预扣预缴税款计算方法为：

表3－1　　　　　　　　个人所得税预扣率表

（居民个人工资、薪金所得预扣预缴适用）

级数	累计预扣预缴应纳税所得额	预扣率（%）	速算扣除数
1	不超过36000元的部分	3	0
2	超过36000元至144000元的部分	10	2520
3	超过144000元至300000元的部分	20	16920
4	超过300000元至420000元的部分	25	31920
5	超过420000元至660000元的部分	30	52920
6	超过660000元至960000元的部分	35	85920
7	超过960000元的部分	45	181920

劳务报酬所得、稿酬所得、特许权使用费所得以每次收入减除费用后的余额为收入额，稿酬所得的收入额减按70%计算。

减除费用：劳务报酬所得、稿酬所得、特许权使用费所得预扣预缴税款时，每次收入不超过4000元的，减除费用按800元计算；每次收入4000元以上的，减除费用按20%计算。

应纳税所得额：劳务报酬所得、稿酬所得、特许权使用费所得，以每次收入额为预扣预缴应纳税所得额。劳务报酬所得适用20%至40%的超额累进预扣率，如表3-2个人所得税预扣率表所示，稿酬所得、特许权使用费所得适用20%的比例预扣率。

劳务报酬所得应预扣预缴税额＝预扣预缴应纳税所得额×预扣率－速算扣除数

稿酬所得、特许权使用费所得应预扣预缴税额＝预扣预缴应纳税所得额×20%

表3-2　　　　　　　　个人所得税预扣率表

（居民个人劳务报酬所得预扣预缴适用）

级数	预扣预缴应纳税所得额	预扣率（%）	速算扣除数
1	不超过20000元的	20	0
2	超过20000元至50000元的部分	30	2000
3	超过50000元的部分	40	7000

知识链接

累计预扣法主要是通过各月累计收入减去对应扣除，对照综合所得税率表计算累计应缴税额，再减去已缴税额，确定本期应缴税额的一种方法。这种方法，一方面，对于大部分只有一处工资薪金所得的纳税人，纳税年度终了时预扣预缴的税款基本上等于年度应纳税款，因此，无须再办理自行纳税申报、汇算清缴；另一方面，对需要补退税的纳税人，预扣预缴的税款与年度应纳税款差额相对较小，不会占用纳税人过多资金。

居民个人劳务报酬所得、稿酬所得、特许权使用费所得个人所得税的预扣预缴方法，基本平移了现行税法的扣缴方法，特别是平移了对每次收入不超过4000元、费用按800元计算的规定。这种预扣预缴方法对扣缴义务人和纳税人来讲既容易理解，也简便易行，方便扣缴义务人和纳税人操作。

变化三：居民个人汇算清缴计税方法

居民个人年度综合所得，在取得所得的次年 3 月 1 日至 6 月 30 日内办理汇算清缴。也就是把工资薪金、劳务报酬所得、稿酬所得、特许权使用费所得再来一次打包汇算清缴（仅取得一项收入或一次收入的可以不汇算清缴），清算后税款多还少补。按如下公式和税率表计算（见表 3-3）：

纳税年度应纳税所得额 = 年度收入额 - 准予扣除额

准予扣除额 = 基本扣除费用 60000 元 + 专项扣除 + 专项附加扣除 + 依法确定的其他扣除

表 3-3　　　　　　　　居民个人综合所得税率表

（居民个人综合所得汇算清缴适用）

级数	全年应纳税所得额	税率（%）	速算扣除数
1	不超过 36000 元的部分	3	0
2	超过 36000 元至 144000 元的部分	10	2520
3	超过 144000 元至 300000 元的部分	20	16920
4	超过 300000 元至 420000 元的部分	25	31920
5	超过 420000 元至 660000 元的部分	30	52920
6	超过 660000 元至 960000 元的部分	35	85920
7	超过 960000 元的部分	45	181920

【例 3-1】假如吴先生 1~3 月每月发工资 1 万元，3 月份另发绩效奖 5 万元，4 月生病请假，发放工资 3000 元，5~11 月份每月工资 1 万元，7 月份取得劳务报酬所得 35000 元，12 月份取得年终奖 3 万元，每月社保 1000 元，扣除赡养老人支出 2000 元、子女教育支出 1000 元、住房贷款利息支出 500 元、12 月取得继续教育资格证书，扣除继续教育支出 3600 元。计算吴先生每月应预缴多少个人所得税，以及次年汇算清缴的纳税情况。

【解析】

吴先生 1 月应预扣税额：

（10000 - 1000 - 5000 - 2000 - 1000 - 500）× 3% = 15（元）

2 月应预扣税额：

（10000 × 2 - 1000 × 2 - 5000 × 2 - 2000 × 2 - 1000 × 2 - 500 × 2）× 3% - 15 = 15（元）

3 月应预扣税额：

（10000 × 3 + 50000 - 1000 × 3 - 5000 × 3 - 2000 × 3 - 1000 × 3 - 500 × 3）×

$10\% - 2520 - 30 = 2600$（元）

4 月应预扣税额：

$(10000 \times 3 + 50000 + 3000 - 1000 \times 4 - 5000 \times 4 - 2000 \times 4 - 1000 \times 4 - 500 \times 4) \times 10\% - 2520 - 2630 = -650$（元），4 月份无须缴纳个人所得税

5 月应预扣税额：

$(10000 \times 3 + 50000 + 3000 + 10000 - 1000 \times 5 - 5000 \times 5 - 2000 \times 5 - 1000 \times 5 - 500 \times 5) \times 10\% - 2520 - 2630 = -600$（元），5 月份无须缴纳个人所得税

6 月应预扣税额：

$(10000 \times 3 + 50000 + 3000 + 10000 \times 2 - 1000 \times 6 - 5000 \times 6 - 2000 \times 6 - 1000 \times 6 - 500 \times 6) \times 10\% - 2520 - 2630 = -550$（元）

6 月份无须缴纳个人所得税。

7 月应预扣税额：

工资薪金所得：$(10000 \times 3 + 50000 + 3000 + 10000 \times 3 - 1000 \times 7 - 5000 \times 7 - 2000 \times 7 - 1000 \times 7 - 500 \times 7) \times 10\% - 2520 = 2130$（元）

劳务报酬所得：$35000 \times (1 - 20\%) \times 30\% - 2000 = 6400$（元）

7 月应预扣税额：$2130 + 6400 - 2630 = 5900$（元）

次年 3~6 月份汇算清缴应纳税额：

工资薪金所得：$10000 \times 3 + 50000 + 3000 + 10000 \times 8 - 1000 \times 12 - 5000 \times 12 - 2000 \times 12 - 1000 \times 12 - 500 \times 12 - 3600 = 45400$（元）

劳务报酬所得：35000（元）

综合所得：$45400 + 35000 \times (1 - 20\%) = 73400$（元）

应缴纳个人所得税：$73400 \times 10\% - 2520 = 4820$（元）

年终奖金所得：$30000 \times 3\% = 900$（元）

应缴纳个人所得税：$4820 + 900 - 8530 = -2810$（元）

次年汇算清缴应退个人所得税 2810 元。

知识链接

劳务报酬所得与工资薪金所得的区别：是否存在雇佣与被雇佣关系，是判断一种收入是属于劳务报酬所得，还是工资、薪金所得的重要标准。

劳务报酬所得是个人独立从事某种技艺，独立提供某种劳务而取得的所得；工资、薪金所得则是个人从事非独立劳动，从所在单位领取的报酬。后者存在雇佣与被雇佣关系，而前者则不存在这种关系。如果从事某项劳务活动取得的报酬是以工资、薪金形式体现的，如演员从剧团领取工资、教师从

学校领取工资，就属于工资、薪金所得项目，而不属于劳务报酬所得范围。如果从事某项劳务活动取得的报酬不是来自聘用、雇佣或工作的单位，如教师受聘为各类学习班、培训班授课取得的课酬收入，就属于劳务报酬所得的范围。

【例3-2】下列收入中，属于"劳务报酬所得"应合并到综合所得缴纳个人所得税的是（　　）。

A. 在其他单位兼职取得的收入

B. 退休后再受雇取得的收入

C. 在任职单位取得董事费收入

D. 个人购买彩票取得的中奖收入

【答案】A。

【解析】选项B，属于工资薪金所得；选项C，属于工资薪金所得，在非任职单位取得的董事费收入属于劳务报酬所得；选项D，个人购买彩票取得的中奖收入属于偶然所得。

变化四：外籍居民个人的计税方法变化

根据新个税法规定，外籍居民个人是指"在中国境内有住所，或者一个纳税年度内在中国境内居住累计满183天"的外籍个人。个人所得税法所称在中国境内有住所，是指因户籍、家庭、经济利益关系而在中国境内习惯性居住。同时，税务居民认定标准从原来的一年变为183天，与国际接轨。

1. 综合所得的纳税方式

对于外籍居民个人，取得工资薪金、劳务报酬、稿酬、特许权使用费等四项所得时，需要适用3%到45%的七级超额累计税率（同表3-3），按年综合纳税。

2. 专项附加扣除

个税法第七条规定，2019年1月1日至2021年12月31日期间，外籍个人符合居民个人条件的，可以选择享受个人所得税专项附加扣除，也可以选择按照财税〔1994〕20号、国税发〔1997〕54号和财税〔2004〕29号规定，享受住房补贴、语言训练费、子女教育费等津补贴免税优惠政策，但不得同时享受。外籍个人一经选择，在一个纳税年度内不得变更；

自2022年1月1日起，外籍个人不再享受住房补贴、语言训练费、子女教育费津补贴免税优惠政策，应按规定享受专项附加扣除。

3. 扣缴方式

外籍个人被判定为居民个人的，居民个人取得综合所得，按年计算个人所得税；有扣缴义务人的，由扣缴义务人按月或者按次预扣预缴税款；需要办理汇算清缴的，应当在取得所得的次年3月1日至6月30日内办理汇算清缴。预扣预缴办法由国务院税务主管部门制定。

变化五：非居民个人计税方法的变化

根据《个人所得税法》第一条，非居民个人是指在中国境内无住所又不居住，或者无住所而一个纳税年度内在中国境内居住累计不满183天的个人。

1. 扣除标准的变化

（1）新个税法规定，非居民个人的工资、薪金所得，以每月收入额减除费用5000元后的余额为应纳税所得额。

（2）非居民个人不适用六项专项附加扣除。

（3）如果是外籍非居民个人，在2021年12月31日前，可以按照财税〔1994〕20号、国税发〔1997〕54号和财税〔2004〕29号规定，享受住房补贴、语言训练费、子女教育费等津补贴免税优惠政策。

2. 无住所居民纳税义务判定规则的变化

（1）在一个纳税年度内在中国境内居住累计不超过90天的，其来源于中国境内的所得，由境外雇主支付并且不由该雇主在中国境内的机构、场所负担的部分，免予缴纳个人所得税。

（2）在中国境内居住累计满183天的年度连续不满六年的，经向主管税务机关备案，其来源于中国境外且由境外单位或者个人支付的所得，免予缴纳个人所得税。

（3）在中国境内居住累计满183天的任一年度中有一次离境超过30天的，其在中国境内居住累计满183天的年度的连续年限重新起算。

（4）在中国境内居住连续满六年及以上的，从第六年开始就其从中国境内和境外取得的所得依法缴纳个人所得税。见表3-4。

表3-4　居民纳税人与非居民纳税人的所得征税情况一览表

项目	来源于境外所得		来源于境内所得	
	境外单位支付	境内单位支付	境外单位支付	境内单位支付
居住未满90天	免征	免征	免征	征收
居住未满183天	免征	免征	征收	征收
居住满183天未满6年	免征	征收	征收	征收
居住连续满六年及以上	征收	征收	征收	征收

知识链接

居住天数：对在中国境内无住所的个人（指因户籍、家庭、经济利益关系而不在中国境内习惯性居住的个人），需要计算确定其在中国境内居住天数，以便依照税法、协定、安排的规定来判定其在华负有何种纳税义务时，均应以该个人实际在华逗留天数计算。上述个人入境、离境、往返或多次往返境内外的当日，均按一天计算其在华实际逗留天数。（国税发〔2004〕97号）

工作天数：在中国境内企业、机构中任职（包括兼职）、受雇的个人，其实际在中国境内工作期间，应包括在中国境内工作期间在境内、外享受的公休假日、个人休假日以及接受培训的天数；其在境外营业机构中任职并在境外履行该项职务或在境外营业场所中提供劳务的期间，包括该期间中的公休假日，为在中国境外的工作期间。不在中国境内企业、机构中任职、受雇的个人受派来华工作，其实际在中国境内工作期间应包括来华工作期间在中国境内所享受的公休假日。

对在中国境内、境外机构同时担任职务或仅在境外机构任职的境内无住所个人，对其入境、离境、往返或多次往返境内外的当日，均按半天计算为境内实际工作天数（国税发〔2004〕97号）。

3. 扣缴方式

外籍个人被判定为非居民个人的，非居民个人取得工资、薪金所得，劳务报酬所得，稿酬所得和特许权使用费所得，有扣缴义务人的，由扣缴义务人按月或者按次代扣代缴税款，不办理汇算清缴。

非居民个人的工资、薪金所得，以每月收入额减除费用5000元后的余额为应纳税所得额；劳务报酬所得、稿酬所得、特许权使用费所得，以每次收入额为应纳税所得额。其中，劳务报酬所得、稿酬所得、特许权使用费所得以收入减除20%的费用后的余额为收入额。稿酬所得的收入额减按70%计算。

上述四项所得的应纳税额＝应纳税所得额×税率－速算扣除数

税率表为按月换算后的综合所得税率表，如表3－5所示。

表3－5　　　　　非居民个人综合所得税率

（非居民个人工资、薪金所得，劳务报酬所得，稿酬所得，特许权使用费所得适用）

级数	应纳税所得额	税率（%）	速算扣除数
1	不超过3000元的	3	0
2	超过3000元至12000元的部分	10	210

续表

级数	应纳税所得额	税率（%）	速算扣除数
3	超过12000元至25000元的部分	20	1410
4	超过25000元至35000元的部分	25	2660
5	超过35000元至55000元的部分	30	4410
6	超过55000元至80000元的部分	35	7160
7	超过80000元的部分	45	15160

变化六：社保入税

国地税合并之后社保将由税务部门开始征收，这一项改革对于企业来说，是有很大的压力和影响的。社保税改以后，要求严格按照员工工资标准来购买社保的，很多企业如果之前没有给员工购买社保，或者是没有按照全额的标准给员工购买社保的话，那么一旦社保入税的情况下，势必会增加企业的用工成本压力，降低企业的经营利润。

知识链接

员工到手工资、个税和社保缴费基数的关系？

当月工资先扣除五险一金，再扣除个税，才是到手工资。一般职工工资计算公式：到手工资+个税（个人所得税）+五险一金缴费比例×个人缴费基数=当月工资。

以北京为例，个人和单位的缴费比例如表3-6所示：

表3-6　　　　　北京市个人和单位社保缴费比例表

社保险种及公积金		个人缴费比例	单位缴费比例
养老保险		8%	19%
失业保险	城镇户口	0.2%	0.8%
	农村户口	0	
工伤保险		0	0.3%
生育保险		0	0.8%
医疗保险		2%+3元（大病医疗险）	10%
公积金		12%	12%

【例3-3】假设小魏是在北京一家公司工作的老员工，2×18年的月平均工资性收入是8000元，2×19年1月的工资是1万元。那么2×19年1月小

魏的到手工资是多少钱？

【解析】

小魏缴纳的社保总费用 = 8000×8% + 8000×0.2% + 8000×2% + 3 = 819（元）

小魏到手工资 = 10000 - 819 - 8000×12% - (10000 - 5000 - 819 - 8000×12%)×3% = 8124.37（元）

【例3-4】某企业有职工300名。其中从事生产的人员为200名，从事制造的20名，总部管理人员为50名，销售人员为30名。该公司与劳动者原订立了全员劳动合同，未发生人员变动。假定该公司按当地人均薪金基数2946元计算缴纳职工养老保险费，按现行相关政策规定，假定应缴比例为26%，其中：单位缴费18%，个人缴费8%，其计算如下：

【解析】

（1）缴费的计算

①月度缴费基数：2946×300 = 883800.00（元）

②月度应缴金额：883800×26% = 229788.00（元）

其中：单位缴费共计：883800×18% = 159084.00（元）

个人缴费共计：883800×8% = 70704.00（元）

（2）个人账户清单

①月度缴费基数：2946.00（元）

②月度应缴金额：2946×26% = 765.96（元）

其中：单位缴费：2946×18% = 530.28（元）

个人缴费：2946×8% = 235.68（元）

变化七：全年一次性奖金

居民个人取得全年一次性奖金，即我们所熟悉的年终奖，在2021年12月31日前，不并入当年综合所得，以全年一次性奖金收入除以12个月得到的数额，按照综合所得税率表（按月）（表3-7）换算后的，确定适用税率和速算扣除数，单独计算纳税。计算公式为：

应纳税额 = 全年一次性奖金收入×适用税率 - 速算扣除数

居民个人取得全年一次性奖金，也可以选择并入当年综合所得计算纳税。

自2022年1月1日起，居民个人取得全年一次性奖金，应并入当年综合所得计算缴纳个人所得税。

【例3-5】企业职工小刘月工资6000元，2019年1月单位发放一次性年终奖2万元。那么，小刘年终奖应缴纳的个人所得税为多少元？

表 3-7　　　　　　　综合所得适用税率表（按月）

级数	全月应纳税所得额	税率（%）	速算扣除数
1	不超过 3000 元的	3	0
2	超过 3000 元至 12000 元的部分	10	210
3	超过 12000 元至 25000 元的部分	20	1410
4	超过 25000 元至 35000 元的部分	25	2660
5	超过 35000 元至 55000 元的部分	30	4410
6	超过 55000 元至 80000 元的部分	35	7160
7	超过 80000 元的部分	45	15160

【解析】先拿小刘的 2 万元年终奖除以 12 为 1666.7 元，根据按月换算后的综合所得税率表，适用税率为 3%，速算扣除数为 0，所以，小刘年终奖应缴纳的个人所得税为 20000×3% = 600（元）。

知识链接

年终奖税收陷阱

根据按月换算后的综合所得税率表，会产生新的年终奖临界点，发生"年终奖多发一元，到手收入少千元的"现象，这种税收陷阱是值得注意的，如表。比如，3.6 万元就是一个临界点，如果发放 3.6 万元年终奖，个税需要缴纳 36000×3% = 1080（元），到手 34920 元。如果多发 1 元，也就是发放 36001 元年终奖，个税需要缴纳 36001×10% – 210 = 3390.1（元），到手 32610.9 元。相比之下，多发 1 元年终奖，到手收入反而少了 2309.1 元。另外，14.4 万元，30 万元，42 万元，66 万元，96 万元也是临界点，见表 3-8。

表 3-8　　　　　　新税率表下年终奖税收陷阱（元）

年终奖	税率	速算扣除数	应纳税额	多发奖金数	增加税额	税后数额
36000	3%	0	1080			34920
36001	10%	210	3390.10	1	2310.10	32610.90
38566.67	10%	210	3646.67	2566.67	2566.67	34920
144000	10%	210	14190.00			129810.00
144001	20%	1410	27390.20	1	13200.20	116610.80
160500	20%	1410	30690	16500	16500	129810.00

续表

年终奖	税率	速算扣除数	应纳税额	多发奖金数	增加税额	税后数额
300000	20%	1410	58590			241410
300001	25%	2660	72340.25	1	13750.25	227660.75
318333.3	25%	2660	76923.33	18333.33	18333.33	241410
420000	25%	2660	102340			317660
420001	30%	4410	121590.30	1	19250.30	298410.70

变化八：关于解除劳动关系、提前退休、内部退养的一次性补偿收入的政策

个人与用人单位解除劳动关系取得一次性补偿收入（包括用人单位发放的经济补偿金、生活补助费和其他补助费），在当地上年职工平均工资3倍数额以内的部分，免征个人所得税；超过3倍数额的部分，不并入当年综合所得，单独适用综合所得税率表，计算纳税。会计账务处理为：

借：应付职工薪酬
　　贷：应交税费——应交个人所得税

【例3-6】2×19年3月，某单位因增效减员与在单位工作了18年的王强解除劳动关系，并支付王强一次性补偿200000元，当地上年职工平均工资20000元，则王强取得该项收入应缴纳的个人所得税为多少元？

【解析】

（1）免征额 = 20000 × 3 = 60000（元）

（2）按其工作年限平摊其应税收入，即其工作多少年，就将应税收入看作多少个月的工资，但最多不能超过12个月，最后再计算全部应纳税额：视同月应纳税所得额 = (200000 - 60000) ÷ 12 - 3500 = 8166.67（元）

（3）应纳税额 = (8166.67 × 20% - 555) × 12 = 12940.01（元）

个人办理提前退休手续而取得的一次性补贴收入，应按照办理提前退休手续至法定离退休年龄之间实际年度数平均分摊，确定适用税率和速算扣除数，单独适用综合所得税率表，计算纳税。计算公式：

应纳税额 = {[(一次性补贴收入 ÷ 办理提前退休手续至法定退休年龄的实际年度数) - 费用扣除标准] × 适用税率 - 速算扣除数} × 办理提前退休手续至法定退休年龄的实际年度数

个人办理内部退养手续而取得的一次性补贴收入，应按办理内部退养手续后至法定离退休年龄之间的所属月份进行平均，并与领取当月的"工资、薪金"所得合并后计入综合所得，按适用税率计征个人所得税。

变化九：个人获得股权激励

居民个人取得股票期权、股票增值权、限制性股票、股权奖励等股权激励（以下简称股权激励），在 2021 年 12 月 31 日前，不并入当年综合所得，全额单独适用综合所得税率表，计算纳税。计算公式为：

应纳税额 = 股权激励收入 × 适用税率 − 速算扣除数

居民个人一个纳税年度内取得两次以上（含两次）股权激励的，应合并按规定计算纳税。

2022 年 1 月 1 日之后的股权激励政策另行明确。

变化十：经营所得适用税率的变化

新个税法颁布前，个体工商户生产、经营所得，对企事业单位承包经营、承租经营所得，个人独资、合伙企业的生产、经营所得，适用 5% 至 35% 的五级超额累进税率。

新个税法颁布后，经营所得税率表沿用原生产经营所得项目 5% 至 35% 的 5 级税率不变，同时大幅度调整各档次税率级距，如最低税率 5% 对应的级距由原 1.5 万元提高到 3 万元，增长 1 倍，最高税率 35% 对应的级距上限由原 10 万元提高到 50 万元，增长 5 倍，切实减轻了纳税人税收负担，如表 3 − 9 所示。

表 3 − 9　　　　个税法变化前后经营所得适用税率对比

级数	全年应纳税所得额（变化前）	全年应纳税所得额（变化后）	税率（%）
1	不超过 15000 元的	不超过 30000 元的	5
2	超过 15000 元至 30000 元的部分	超过 30000 元至 90000 元的部分	10
3	超过 30000 元至 60000 元的部分	超过 90000 元至 300000 元的部分	20
4	超过 60000 至 100000 元的部分	超过 300000 至 500000 元的部分	30
5	超过 100000 元的部分	超过 500000 元的部分	35

【例 3 − 7】2019 年某个体工商户为其从业人员实际发放工资 105 万元，业主领取劳动报酬 20 万元，该个体工商户允许税前扣除的从业人员补充养老保险限额为（　　）万元。

A. 7.35　　　　　B. 5.25　　　　　C. 3.15　　　　　D. 1.05

【答案】B

【解析】允许扣除的从业人员的补充养老保险限额 = 105 × 5% = 5.25（万元）

【例3-8】李某2019年承包某加工厂,根据协议变更登记为个体工商户,2019年加工厂取得收入总额70万元,准予扣除的成本、费用及相关支出合计63万元(含李某每月从加工厂领取的工资2700元)。李某2019年个人所得税应纳税所得额为多少元?

【解析】个体工商户业主的工资不能在计算个体工商户生产经营所得应纳税所得额时扣除。

应纳税所得额为:70-63+0.27×12-0.5×12=4.24(万元)

应纳税额为:4.24×10%-0.15=0.274(万元)

【例3-9】2019年某个体工商户取得销售收入40万元,将不含税价格为5万元的商品用于家庭成员和亲友消费;当年取得银行利息收入1万元,转让股票取得转让所得10万元,取得基金分红1万元。该个体工商户允许税前扣除的广告费和业务宣传费限额为( )万元。

A. 6.00　　　　B. 6.75　　　　C. 7.50　　　　D. 8.25

【答案】B

【解析】个体工商户年销售收入=40+5=45(万元)

广告费的扣除限额=45×15%=45×15%=6.75(万元)

【例3-10】赵先生为一个体工商户,2019年销售收入80000元,销售成本及费用45000元,其中每月赵先生领取工资3800元、业务招待费3000元。计算赵先生2019年应缴纳的个人所得税。

【解析】该个体工商户会计利润=80000-45000=35000(元)

业务招待费税前扣除限额:3000×60%=1800(元)

80000×5‰=400(元)

税前扣除限额为400元,超过的2600(3000-400)元不得税前扣除。

该个体工商户应纳税所得额=80000-45000+3800×12-5000×12+2600=23200(元)

该个体工商户应纳税额=23200×5%=1160(元)

【例3-11】20×9年9月1日起,张某承包了一招待所,合同规定张某每月取得工资3500元,年终从企业所得税税后利润中上缴承包费50000元,其余经营成果归张某所有。20×9年该招待所税后利润95000元,当年张某共应缴纳多少个人所得税?

【解析】纳税年度收入总额=3500×4+(95000-50000)=59000(元)

年应纳税所得额=59000-5000×4=39000(元),适用税率为10%,速算扣除数为1500。

应纳个人所得税 = 39000 × 10% − 1500 = 2400（元）

【例 3−12】20×9 年 1 月 1 日，李某与其所在的事业单位签订承包经营合同经营招待所。20×9 年招待所实现承包经营利润 15 万元（含李某工资），按合同规定李某每年应上缴承包费 3 万元。请计算李某 20×9 年应纳个人所得税。

解析：李某应纳税所得额 = 150000 − 30000 − 5000 × 12 = 60000（元）

应纳个人所得税 = 60000 × 10% − 1500 = 4500（元）

知识链接

劳务报酬的税收筹划

新个税法将劳务报酬归入"综合所得"，按综合所得 7 级税率（3%~45%）征缴。若劳务所得超过 25000 元时综合所得的税率为 25%，相比旧税法将增加纳税人税负。对于有高额劳务报酬收入的人群，可考虑通过设立个体工商户或合伙企业，通过合伙企业对外提供劳务，在此基础上申报缴纳税收。合伙企业采用先分后税比照个人所得税法的"个体工商户的生产经营所得"应税项目，适用 5%~35% 的 5 级超额累进税率，计算征收个人所得税。

第三节 扣除项目

变化一：综合所得的基本减除费用

基本减除费用扣除亦称生计扣除，是指在征收个人所得税时从个人计税收入中予以减除的维持纳税人本人及其家庭成员所需的最低生活费用。一般情况下，国家征税不仅不能影响人民的最低生活需要，而且要随着生产力水平的提高和社会的进步，不断地增进人民的福利，提高人民的生活水平。目前，基本减除费用已由 3500 元提升至 5000 元，这是由于综合考虑到了个人所得税的功能定位、政府的财政需求和纳税人的实际情况等因素而确定的。

（一）新个税法颁布前

1. 改革前，工资、薪金所得费用扣除标准如下：

（1）工资、薪金所得：自 2011 年 9 月 1 日起，个人所得税费用扣除标准为每月3500元。

（2）附加费用扣除：自2011年9月1日起，在每月扣除3500元的基础上，再减除1300元，即扣除4800元。

适用于以下情况：①在中国境内的外商投资企业和外国企业中工作的外籍人员；②应聘在中国境内企业、事业单位、社会社团、国家机关中工作取得工薪所得的外籍专家；③在中国境内有住所而在中国境外任职或受雇取得工薪所得的个人。

附加减除费用也适用于华侨和香港、澳门、台湾同胞。

2. 改革前，劳务报酬所得费用扣除标准如下：

（1）每次收入不足4000元的；应纳税所得额＝每次收入额－800元

（2）每次收入4000元以上的；应纳税所得额＝每次收入额×（1－20%）

3. 改革前，稿酬所得费用扣除标准如下：

（1）每次收入不足4000元的；应纳税所得额＝每次收入额－800元

（2）每次收入4000元以上的；应纳税所得额＝每次收入额×（1－20%）

稿酬所得适用20%的比例税率，并按应纳税额减征30%，故其实际适用税率为14%（20%－20%×30%）。

4. 改革前，特许权使用费所得费用扣除标准如下：

（1）每次收入不足4000元的：应纳税额＝应纳税所得额×适用税率＝（每次收入额－800）×20%

（2）每次收入额在4000元以上的：应纳税额＝应纳税所得额×适用税率＝每次收入额×（1－20%）×20%

（二）新个税法颁布后

改革后，综合所得（工资、薪金所得，劳务报酬所得，稿酬所得和特许权使用费所得）费用扣除标准如下：

累计的个人基本减除费用是按照5000元/月的个税起征点进行扣除，累计个人基本减除费即为起征点（5000元）×当前月份数。

按照2019年个人所得税税率表，规定扣除了相关费用后用户的综合收入超过5000元的，才需要缴纳个税，这样也给很多用户减少了不少个税缴纳费用。

变化二：生产经营所得的基本减除费用

（一）新个税法颁布前

1. 改革前，个体工商户、个人独资企业和合伙企业生产经营所得费用扣除标准如下：

个体工商户实际支付给从业人员的、合理的工资薪金支出，准予扣除；个体工商户业主的工资在税前不允许扣除，业主费用扣除标准统一为3500/月，全年42000元/年。

个体工商户、个人独资企业和合伙企业因在纳税年度中间开业、合并、注销及其他原因，导致该纳税年度的实际经营期不足1年的，对个体工商户业主、个人独资企业投资者和合伙企业自然人合伙人的生产经营所得计算个人所得税时，以其实际经营期为1个纳税年度。投资者本人的费用扣除标准，应按照其实际经营月份数，以每月3500元的减除标准确定。

2. 改革前，对企事业单位承包、承租经营所得费用扣除标准如下：

对企事业单位的承包经营、承租经营所得，计算个人所得税时可扣除的必要费用自2011年9月1日起扣除标准统一为3500/月，全年42000元/年。

（二）新个税法颁布后

改革后，经营所得（个体工商户、个人独资企业和合伙企业生产经营所得，对企事业单位承包、承租经营所得）费用扣除标准如下：

取得经营所得的个人，没有综合所得的，计算其每一纳税年度的应纳税所得额时，应当减除费用6万元、专项扣除、专项附加扣除以及依法确定的其他扣除。专项附加扣除在办理汇算清缴时减除。从事生产、经营活动，未提供完整、准确的纳税资料，不能正确计算应纳税所得额的，由主管税务机关核定应纳税所得额或者应纳税额。

变化三：专项附加扣除——子女教育

子女教育这项专项附加扣除是指纳税人的子女接受全日制学历教育的相关支出，按照每个子女每月1000元的标准定额扣除。其中全日制学历教育包括义务教育（小学、初中教育）、高中阶段教育（普通高中、中等职业、技工教育）、高等教育（大学专科、大学本科、硕士研究生、博士研究生教育）。对于年满3岁至小学入学前处于学前教育阶段的子女，也属于扣除范围。扣除办法是父母可以选择由其中一方按扣除标准的100%扣除，也可以选择由双方分别按扣除标准的50%扣除，具体扣除方式在一个纳税年度内不能变更，见图3-1。

小贴士

子女满3周岁，但未入幼儿园的，仍需要填写就读学校或者就读国家（地区）。如果不填写，将可能导致此条信息之后信息采集失败，影响个人享受专项附加扣除。子女处于满3周岁至小学入学前的学前教育阶段，但确实未接受幼儿园教育的，仍可享受子女教育扣除，就读学校可以填写"无"。

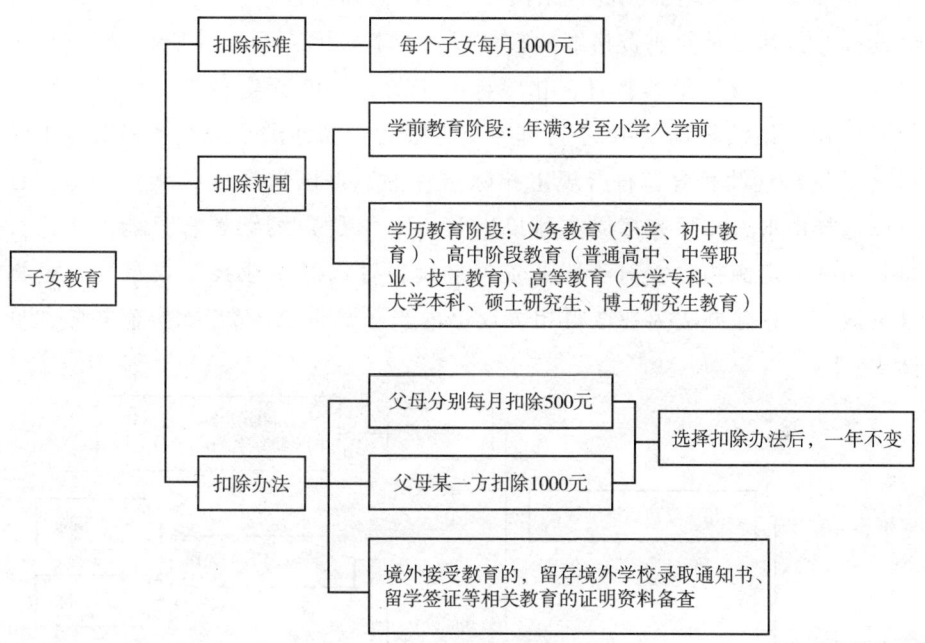

图3-1 子女教育专项附加扣除

子女教育这项专项扣除中的子女包括婚生子女、非婚生子女、养子女、继子女。也包括未成年但受到本人监护的非子女，也就是说该项扣除的主体是子女的法定监护人，包括生父母、继父母、养父母，父母之外的其他人担任未成年人的监护人的，比照执行。例如，小张和小李不是侄女小婷的亲生父母，但是他们是小婷的法定监护人，负有抚养和教育未成年的小婷的义务，因此，小张和小李也可以依法申报享受子女教育扣除。该项附加扣除的扣除标准为按照每个子女每个月1000元的定额进行扣除，并且对于每个子女的这项扣除，父母都可以选择由一人100%扣除，或者两人按50%分别扣除。例如，小刘和小王有一对儿女，大儿子上初中，小女儿上小学，均属于子女教育专项附加扣除的扣除范围。对于大儿子教育支出的附加扣除，小刘和小王商议由小刘一人100%扣除；对于小女儿教育支出的附加扣除，小刘和小王各扣50%，也就是说，小刘每月子女教育专项附加扣除金额为1500元；小王每月则可以扣除500元，且这种扣除方法一年内都不能改变，一年之后，两人也可以重新协商具体的扣除办法。

变化四：专项附加扣除——继续教育

继续教育这项附加扣除包括两种不同的继续教育，其一是学历（学位）继续教育，其二是职业资格继续教育以及专业技术人员职业资格继续教育。对于学历（学位）继续教育，扣除标准为每月400元定额扣除，同一项学历（学位）继续教育以48个月即4年为限。扣除办法是接受本科及以下学历（学位）继续教育，符合规定扣除条件的，可以选择由其父母扣除，也可以选择由本人扣除；接受本科以上学历（学位）继续教育只能由本人按每月400元定额扣除。对于职业资格继续教育以及专业技术人员职业资格继续教育，扣除办法为在取得相关证书的当年，按照3600元定额扣除，见图3-2。

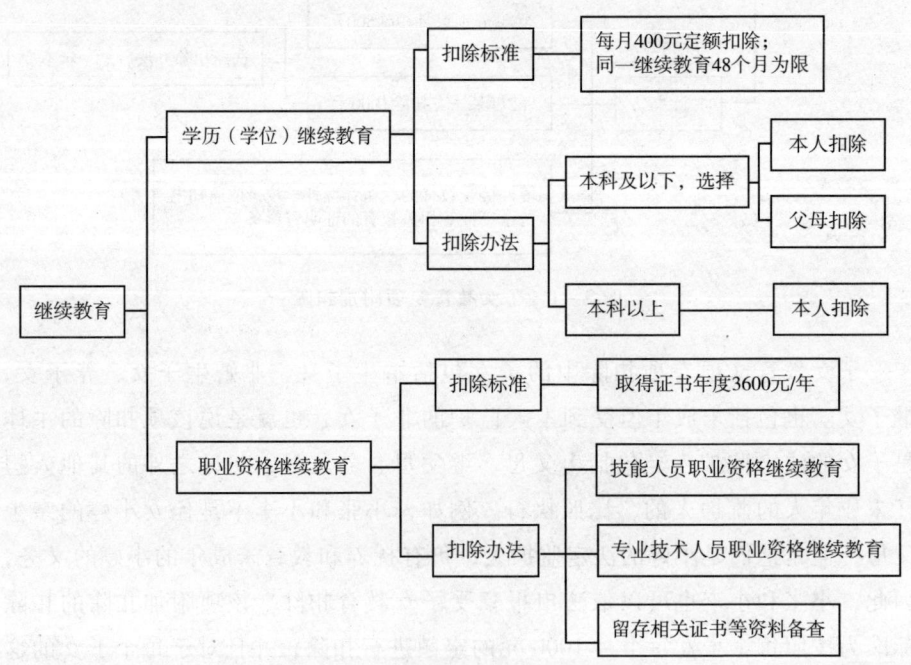

图3-2 继续教育专项附加扣除

> **小贴士**
>
> 继续教育专项附加扣除的范围限定学历继续教育、技能人员职业资格继续教育和专业技术人员职业资格继续教育的支出,上述培训之外的花艺等兴趣培训不在税前扣除范围内。

上述继续教育的专项附加扣除中的学历(学位)继续教育是指非全日制的学历(学位)继续教育,本科及以下,可以选择由父母或者由本人扣除;本科以上,只能由本人扣除。如果是全日制学历教育的本科生、硕士研究生、博士研究生,应当由其父母按照子女教育进行扣除。学历(学位)继续教育的扣除期限是在中国境内接受学历(学位)继续教育入学的当月至学历(学位)继续教育结束的当月,但同一学历(学位)继续教育的扣除期限最长不得超过48个月。需要注意的是这"48个月"包括纳税人因病、因故等原因休学且学籍继续保留的休学期间,以及施教机构按规定组织实施的寒暑假期连续计算。

例如,小王2×19年9月考上了某大学非全日制的税务硕士研究生,后因故休学一年但学籍继续保留,在计算小王的该学历(学位)继续教育的扣除期限时,应当包含小王休学的这一年12个月的时间。小王休学一年后于2×21年9月重新接受税务硕士的继续教育,经过了一年的学习之后,又因其他原因最终并未取得学历(学位)证书。虽然小王接受硕士研究生的继续教育并未取得学历(学位)证书,但是在小王接受学历(学位)继续教育的期间是可以享受不超过48个月为限的每月400元定额扣除的。这是因为纳税接受学历继续教育是按照学籍信息进行相关扣除,不考察最终是否取得证书,因此纳税人也不需保存相关资料。再比如,小明通过自己的努力学习完成了税务硕士研究生的学历(学位)继续教育,但他想要继续进修另一门专业的硕士研究生学位,小明可以继续重新按第二次参加学历(学位)继续教育扣除,并且扣除期限也应当重新计算,最长不得超过48个月。

上述继续教育的专项附加扣除中的职业资格继续教育以及专业技术人员职业资格继续教育,是在取得证书的当年,按3600元定额扣除。同时,纳税人接受技能人员职业资格继续教育、专业技术人员职业资格继续教育的,应当留存相关证书等资料备查。举个例子,小芳在工作之余,不仅在接受博士研究生的继续教育(在扣除期限范围内),同时还参加了两项专业技术人员职业资格继续教育,并且在20×9年获得了两个技能人员职业资格证书,那么小芳在20×9年可以按照学历(学位)继续教育每月扣除400元,全年也就是4800元;同时小芳还可以按照取得的专业技术人员资格证书在20×9年扣除3600元,需要注意的是,即使小芳20×9年取得了两项职业资格证书,但是只能按照3600元定额扣除。

> **小贴士**
>
> 学历(学位)继续教育与职业资格继续教育可以同时享受;但多个学历(学位)继续教育不可同时享受,多个职业资格继续教育不可同时享受。

变化五:专项附加扣除——大病医疗

大病医疗这项专项附加扣除是指在一个纳税年度内,纳税人发生的与基本医保相关的医药费用支出,扣除医保报销后个人负担(指医保目录范围内的自付部分)累计超过15000元的部分,可以由纳税人在办理年度汇算清缴时,在80000元限额内据实扣除。扣除办法是纳税人发生的医药费用支出可以选择由本人或者其配偶扣除;未成年子女发生的医药费用支出可以选择由其父母一方扣除。纳税人及其配偶、未成年子女发生的医药费用支出,应当按照规定分别计算扣除额。纳税人应当留存医药服务收费及医保报销相关票据原件(或者复印件)等资料备查。医疗保障部门应当向患者提供在医疗保障信息系统记录的本人年度医药费用信息查询服务。

> **小贴士**
>
> 纳税人日常看病时,应当注意留存医疗服务收费相关票据原件(或复印件)备查,同时,可以通过医疗保障部门的医疗保障管理信息系统查询本人上一年度医药费用情况。纳税人在年度汇算清缴时填报相关信息申请退税。纳税人需留存医疗服务收费相关票据复印件备查。

例如,小郭和小宋是一对夫妻,在2×19年两人同时有符合条件的大病医疗支出,夫妻俩可以选择上述的大病医疗支出在双方各自扣除,夫妻两人各自按扣除限额80000元为限据实扣除;或者选择均在男方扣除,但是选择均在男方扣除时,男方的大病医疗支出的最高扣除限额仍为80000元。扣除的时期是在次年3月1日至6月30日汇算清缴时扣除。

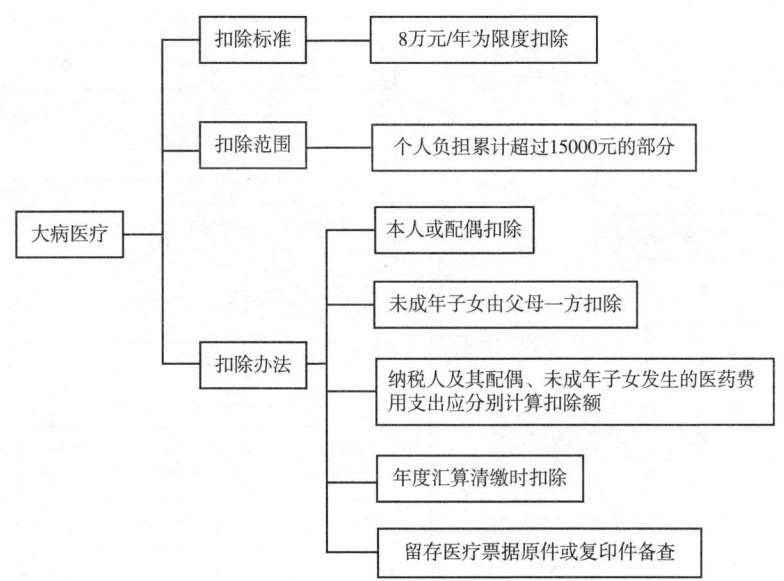

图 3-3　大病医疗专项附加扣除

同时在 2×19 年，小郭的父亲也发生了大病医疗支出，但是该项支出目前并未纳入大病医疗专项扣除的范围之中，也就是说目前未将纳税人的父母纳入大病医疗扣除范围。但是如果是小郭和小宋的未成年子女发生了大病医疗支出是可以选择由父母一方扣除。

变化六：专项附加扣除——住房贷款利息

住房贷款利息这项专项附加扣除是指纳税人本人或者配偶单独或者共同使用商业银行或者住房公积金个人住房贷款为本人或者其配偶购买中国境内住房，发生的首套住房贷款利息支出，在实际发生贷款利息的年度，按照每月 1000 元的标准定额扣除，扣除期限最长不超过 240 个月。并且纳税人只能享受一次首套住房贷款的利息扣除。上述首套住房贷款是指购买住房享受首套住房贷款利率的住房贷款。经夫妻双方约定，可以选择由其中一方扣除，具体扣除方式在一个纳税年度内不能变更。

夫妻双方婚前分别购买住房发生的首套住房贷款，其贷款利息支出，婚后可以选择其中一套购买的住房，由购买方按扣除标准的 100% 扣除，也可以由夫妻双方对各自购买的住房分别按扣除标准的 50% 扣除，具体扣除方式在一个纳税年度内不能变更，见图 3-4。

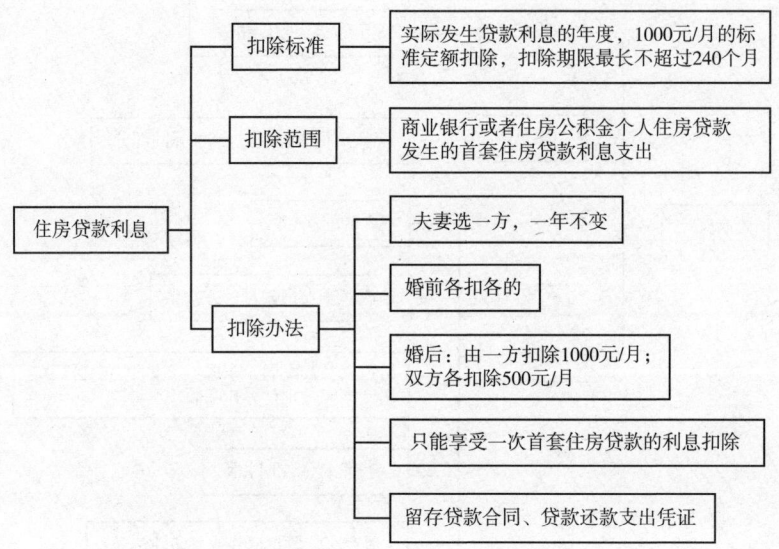

图3-4 住房贷款利息专项附加扣除

举例说明,在2×19年,小张和小李是一对情侣,两人在上海工作,并且两人分别购买了住房且发生了首套住房贷款,则小张发生的首套住房贷款利息可以按照每月1000元的标准定额扣除,小李发生的首套住房贷款利息也可以按照每月1000元的标准定额扣除。过了两年,2×21年,小张和小李成为一对夫妻,他们两人应当选择其中一套购买的住房,由购买方按扣除标准的100%扣除,也可以由夫妻双方对各自购买的住房分别按扣除标准的50%扣除,也就是说,可以选择小李(或小张)在婚前购买的住房由小李(或小张)一人扣除每月1000元的住房贷款利息支出,也可以选择小张和小李每人每月扣除500元,具体扣除方式在选择后一个纳税年度内不能变更。

如果小张和小李为了工作便利,又在工作单位附近租了一间房,发生了住房租金支出,此时,两人只能选择扣住房贷款利息支出或者住房租金支出中的一项扣除。

知识链接

**关于做好个人所得税住房贷款利息专项附加
扣除相关信息归集工作的通知**

银办发〔2019〕71号

为配合做好个人所得税专项附加扣除工作,现就个人所得税住房贷款利息专项附加扣除相关信息归集（以下简称"信息归集"）有关事项通知如下：

一、信息归集范围

信息归集的住房贷款为1989年1月1日（含）之后发放的商业性个人住房贷款，不包括个人商用房（含商住两用房）贷款。

信息归集的数据项包括"借款人姓名""证件类型及号码""贷款银行""贷款合同编号""是否为首套住房贷款""贷款类型""开户日期""到期日期""首次还款日期""是否已结清"和"结清日期"。

二、信息归集方式

依托人民银行征信系统（以下简称"征信系统"），在目前已采集的商业性个人住房贷款信息基础上，增加采集"贷款合同编号"和"是否为首套住房贷款"两个数据项。

（一）"是否为首套住房贷款"填报规则

"是否为首套住房贷款"的判断以差别化住房信贷政策的发布时间为分界点。贷款发放日期在2003年6月6日（含）之后的，根据当时发放贷款的历史时间的差别化住房信贷政策以及所在地区在该历史时点发布的相关住房信贷政策执行标准判断"是否为首套住房贷款"。具体填报规则如下：

报"01－是"：商业银行在发放贷款的历史时点认定是首套住房贷款。

报"02－否"：商业银行在发放贷款的历史时点认定不是首套住房贷款。

贷款发放日期在2003年6月5日（含）之前的，报"04－未发布差别化住房信贷政策"。

（二）"贷款合同编号"填报规则

"贷款合同编号"须填报行内能唯一定位一笔贷款业务的账号，原则上优先填报商业银行和借款人签订的纸质贷款合同编号。若商业银行填报纸质贷款合同编号确实有困难的，或者纸质贷款合同编号不能唯一定位一笔贷款业务的，可报送行内能唯一定位一笔业务的其他账号；无论该账号与已经报送征信系统的"业务号"是否相同，均须通过职业段的"工资账号"字段报送。

三、向借款人提供咨询服务

商业银行应向借款人提供关于"是否为首套住房贷款"和"贷款合同编号"信息的咨询服务。

（一）咨询"是否为首套住房贷款"

对于1989年1月1日（含）至2003年6月5日（含）之间发放的商业性个人住房贷款，商业银行可告知借款人该期间未发布差别化住房信贷政策，没有首套住房贷款的概念，由借款人自己按照是否是家庭的首次住房贷款进行判断。借款人可查看本人及配偶手中的商业性个人住房贷款合同和个人公积金住房贷款合同，比对贷款的发放日期，发放日期最早的那笔贷款若在2018年12月31日仍未结清，就是首次个人住房贷款，可参照首套住房贷款，依法享受个人所得税专项附加扣除政策。

对于2003年6月6日（含）之后发放的商业性个人住房贷款，商业银行无法实时答复借款人的，应做好解释工作，并在查询相关住房贷款档案后给予回复。

商业银行在信息归集中确实无法填报住房贷款相关数据，但能确认住房贷款真实存在的，应向借款人提供相关信息。信息内容包括但不限于借款人姓名、证件类型及号码、贷款余额、贷款期限、剩余还款时间、是否结清等信息，须加盖公章，提供给借款人留存备查。

（二）咨询"贷款合同编号"

商业银行应及时通过短信、电话、网银、APP、官方网站等多种形式告知借款人获取"贷款合同编码"的途径和填写方式。

变化七：专项附加扣除——住房租金

住房租金这项专项附加扣除是指纳税人在主要工作城市没有自有住房而发生的住房租金支出，可以按照以下标准定额扣除：（1）直辖市、省会（首府）城市、计划单列市以及国务院确定的其他城市，扣除标准为每月1500元；（2）除第一项所列城市以外，市辖区户籍人口超过100万的城市，扣除标准为每月1100元；市辖区户籍人口不超过100万的城市，扣除标准为每月800元。市辖区户籍人口，以国家统计局公布的数据为准。

纳税人的配偶在纳税人的主要工作城市有自有住房的，视同纳税人在主要工作城市有自有住房。那么在该城市再发生的住房租金不能享受住房租金专项附加扣除。上述的主要工作城市是指纳税人任职受雇的直辖市、计划单列市、副省级城市、地级市（地区、州、盟）全部行政区域范围；纳税人无任职受雇单位的，为受理其综合所得汇算清缴的税务机关所在城市。

以石家庄市为例，纳税人在石家庄郊县有房，在石家庄市区工作，视为当地有房，不可以扣除租金。如果夫妻双方主要工作城市相同的，只能由一方扣除住房租金支出；如果夫妻双方主要工作城市不同，则可以由双方各自扣除。住房租金支出由签订租赁住房合同的承租人扣除。纳税人应当留存住房租赁合同、协议等有关资料备查，见图3-5。

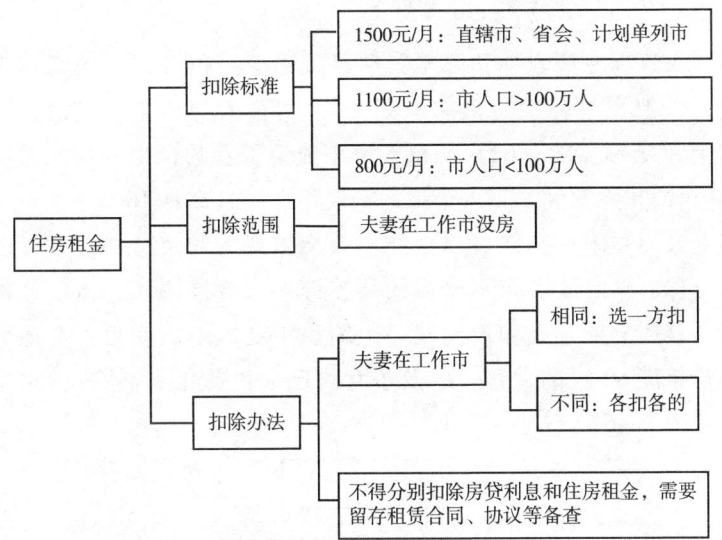

图3-5　住房租金专项附加扣除

对于住房租金支出的专项附加扣除，扣除条件总结为以下三点：第一，本人及配偶在主要工作城市无自有住房；第二，本人及配偶扣除年度未扣除住房贷款利息支出；第三，本人及配偶主要工作城市相同的，该扣除年度配偶未享受过住房租金支出扣除。

> **小贴士**
> 如果此前已经填报过住房租赁信息的，只能填写新增租赁信息，且必须晚于上次已填报的住房租赁期止所属月份。确需修改已填报信息的，需联系扣缴义务人在扣缴客户端修改。

举例说明，小黄和同事小罗在北京工作，由于两人都没有自有住房，所以只能在工作单位就近合租了一间公寓，两人分别与出租方签署了规范的租房合同，所以小黄和小罗都可以按照每月1500元的定额在税前扣除住房租金支出。后来，小黄由于不适应当前的租处，就重新在附近找了别的公寓，但是由于之前的租住的公寓期限并未到期，所以由于换租住造成中间有重叠租赁月份，小黄在就住房租金填报专项扣除的时候，虽然出现了一个月同时租住两处住房，但是只能填写其中一处；中间月份更换租赁住房的，不能填写两处租赁日期有交叉的租赁住房信息。

变化八：专项附加扣除——赡养老人

赡养老人这项专项附加扣除是指纳税人赡养一位及以上被赡养人的赡养支出，统一按照以下标准定额扣除：（1）纳税人为独生子女的，按照每月2000元的标准定额扣除；（2）纳税人为非独生子女的，由其与兄弟姐妹分摊每月2000元的扣除额度，每人分摊的额度不能超过每月1000元。

赡养老人专项附加扣除可以由赡养人均摊或者约定分摊，也可以由被赡养人指定分摊。约定或者指定分摊的须签订书面分摊协议，指定分摊优先于约定分摊。具体分摊方式和额度在一个纳税年度内不能变更。上述所称的被赡养人是指年满60岁的父母，以及子女均已去世的年满60岁的祖父母、外祖父母，见图3-6。

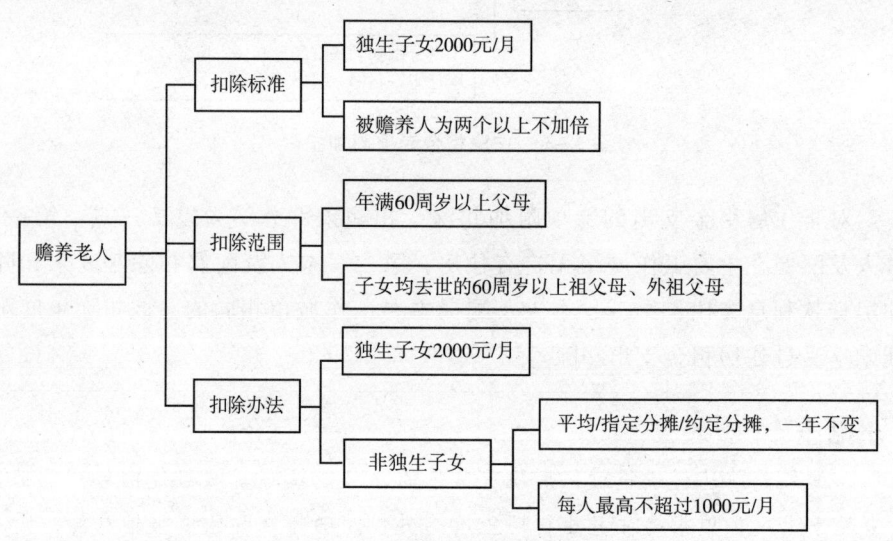

图3-6 赡养老人专项附加扣除

符合赡养老人专项附加扣除的条件如下：（1）纳税人是独生子女，且父母中有一方年满60周岁的，纳税人可以按照规定标准扣除。（2）纳税人为非独生子女的，且父母中有一方年满60周岁的，纳税人可以与其兄弟姐妹按照规定标准分摊扣除。（3）具体分摊方式包括兄弟姐妹按人数均摊、兄弟姐妹约定分摊以及由其父母指定分摊。在约定分摊和指定分摊方式下，每个纳税人的扣除金额不能超过规定扣除标准的50%，且指定分摊方式优先。（4）被赡养老人的子女都去世的，可以由孙子女、外孙子女按照上述规定扣除。需要注意以下两点问题：（1）纳税人赡养2个及以上老人的，不按老人人数加倍扣除。(2) 祖父母、外祖父母的子女已经去世，实际承担对祖父母、外祖父母赡养义务的孙子女、外孙子女可以扣除相关支出。

根据赡养老人专项附加扣除的规定可知，被赡养人只能是年满60岁的父母（父母其中一方年满60岁即可）以及子女均已去世的年满60岁的祖父母、外祖父母（同理只需一方年满60岁即可），如果是赡养岳父岳母或公婆的费用则不属于上述被赡养人的范围。同时值得注意的是，对于独生子女来说，赡养老人的扣除标准为每月2000元，对于非独生子女而言，无论采用由被赡养人制定分摊，还是均摊或约定分摊的方法，非独生子女的扣除限额都为每月1000元。

举个例子，在2×19年，小红的父母均年满60岁，小红不是独生子女，她有一个丧失了劳动力且并未工作的哥哥，以及一位未成年的弟弟也未参加工作，也就是说在小红家中只有小红一个人在工作，但是对于小红而言赡养老人的扣除限额仍然为每月1000元。等到小红的弟弟成年并且开始工作之后，小红和她的弟弟可以选择均摊的方式两人分别每月扣除1000元，采取均摊方式只需向税务机关填报相应的信息即可，不需要留存资料。如果小红有两个弟弟都参加工作，那么他们三人可以均摊，也可以选择采取约定分摊或者由其父母指定分摊的方式，此时则须签订书面分摊协议并由自己留存备查。

第四节　个人所得税纳税申报与管理

变化一：远程办税端——APP端

个人所得税手机APP功能主要包括：子女教育支出、继续教育支出、住房贷款利息支出、住房租金支出、赡养老人支出等专项附加扣除信息采集。

手机APP安装使用步骤：

(1) 安装及注册。①扫描二维码，下载安装。点击微信右上角【扫一扫】，根据提示下载安装。②通过以下方式注册。

方式一：人脸识别认证注册（仅限居民身份证）。打开APP，点击【注册】，选择【人脸识别认证注册】，阅读并同意用户注册协议，点击【确认授权】，填写证件号码、姓名，点击【开始人脸识别】后进行拍摄识别。识别后，根据提示设置登录名、密码、手机号（短信校验）完成注册。

方式二：大厅注册码注册。纳税人携带个人身份证件到办税服务大厅获取注册码(注册码有效期为7天)。打开APP,点击【注册】,选择【大厅注册码注册】,阅读并同意用户注册协议,点击【确认授权】,填写注册码、证件类型、证件号码、姓名、国籍。验证通过后,根据提示设置登录名、密码、手机号(短信校验)完成注册。

之前已安装注册的纳税人,2018年12月31日12:00起,打开手机APP,根据系统提示升级即可。

(2)信息采集。纳税人完成注册后,可根据个人实际情况,进行基础信息采集和专项附加扣除信息采集。

变化二:远程办税端——WEB端

(1)注册(已在手机APP注册的可省略此步骤)。纳税人携带个人身份证件到办税服务大厅获取注册码(注册码有效期为7天)。登录自然人办税服务平台(网址:https://its.etax-gd.gov.cn),点击网页上的【立即注册】或右上角【注册】,阅读并同意自然人办税服务平台注册协议,点击【同意并继续】,选择【大厅注册码注册】,填写注册码、姓名、证件类型、证件号码、国籍(地区),验证通过后,设置登录名、密码、手机号(需短信验证)、户籍所在地完成注册。

(2)登录方式:①通过密码登录方式。②已在手机APP注册的可以使用扫码登录。

(3)信息采集。纳税人完成登录后,可根据个人实际情况,进行基础信息采集和专项附加扣除信息采集。

变化三:远程办税端—纸质模板与电子表模板

根据个人所得税法第十一条规定,"居民个人向扣缴义务人提供专项附加扣除信息的,扣缴义务人按月预扣预缴税款时应当按照规定予以扣除,不得拒绝"。个人所得税法实施条例进一步明确,对员工报送的专项附加扣除信息,扣缴单位应当接收并在工资、薪金所得预扣税款时按照规定如实扣除。具体办理时:

员工以纸质表方式报送的,单位应当将员工报送信息如实录入扣缴端软件,在发薪次月办理扣缴申报时通过扣缴端软件提交给税务机关,同时将纸质表留存备查。

扣缴单位可以在"专项附加扣除信息采集"模块,选择需要录入的专项扣除项目(以子女教育支出为例),点击【新增】,见图3-7至图3-11。

第三章　个人所得税法

图 3-7

（1）根据员工报送的纸质报表填写相关扣除信息。员工以电子模板方式报送的，单位应当将电子模板信息导入扣缴端软件，在次月办理扣缴申报时通过扣缴端软件提交给税务机关，同时将电子模板内容打印，经员工签字、单位盖章后留存备查。

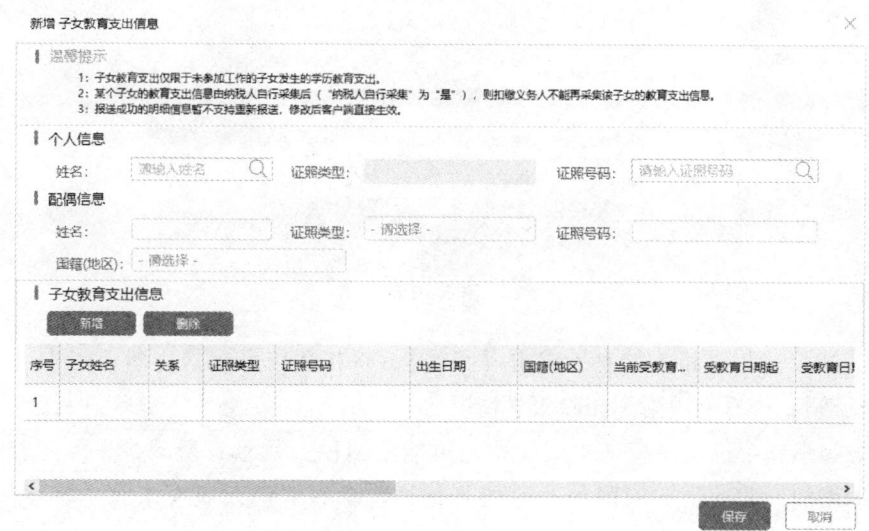

图 3-8

（2）选择需要录入的扣除项目，点击【导入】→【导入文件】。

135

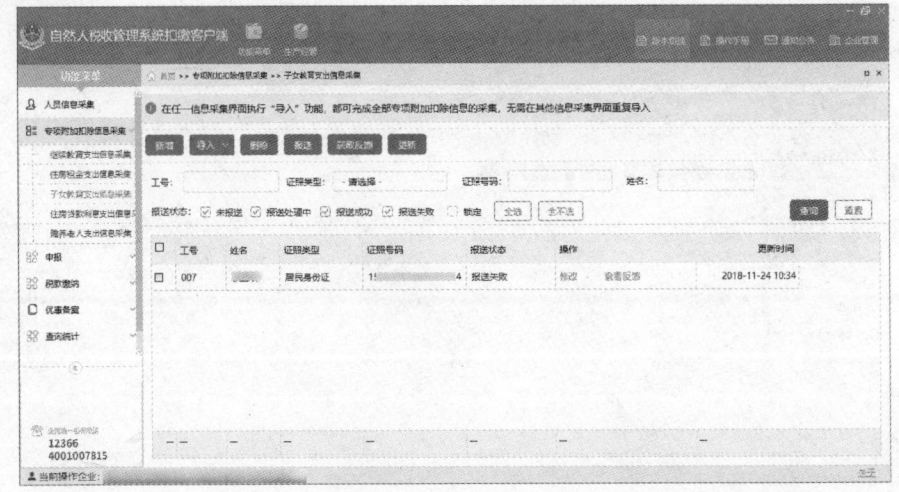

图 3-9

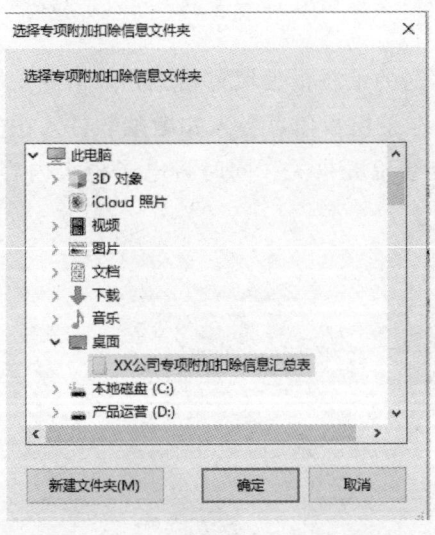

图 3-10

(3) 采集完相关信息，点击【报送】，将相关信息报送，然后点击【获取反馈】，查看专项附加扣除报送情况。

虽然新个税法提高基本减除费用可能使纳税人数量有所减少，但随着收入的增加，尤其是专项附加扣除的施行，涉及的纳税人规模未来仍将增加。随着综合与分类相结合的改革步伐持续深入，涉税专业服务行业的市场发展空间将更广阔。可以说，以个税改革为契机，开启了为自然人提供涉税专业服务的新时代。

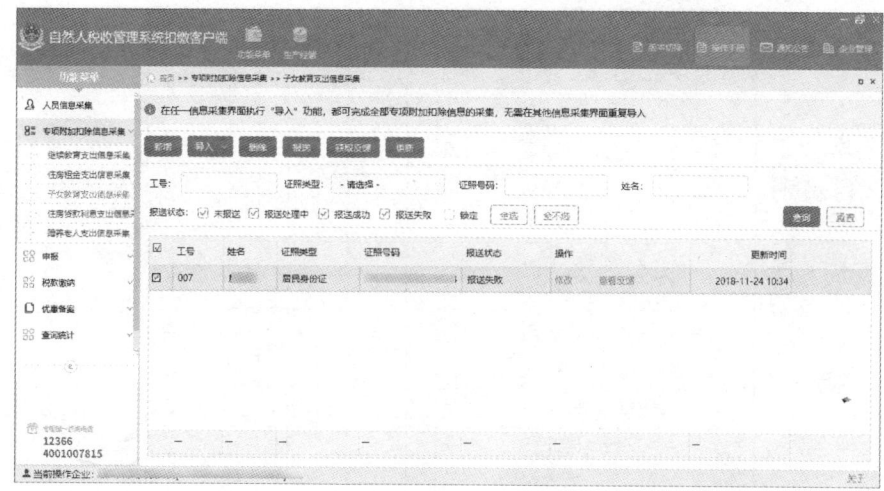

图 3-11

个税改革对涉税服务行业的职业水平提出更高要求。由于改革从根本上改变了税制结构，除了建立综合与分类相结合的个人所得税制，也引入了新的征管模式，纳税人、扣缴义务人在未来履行纳税义务或扣缴义务时计缴税款的方式方法、申报要求以及税务机关在个人所得税方面的征管都将发生变化。无论是个人，还是单位扣缴义务人，都需要更加专业化、精细化的服务，对涉税专业服务的要求更高。

变化四：扣缴申报表填写

（一）适用范围

个人所得税扣缴申报表适用于扣缴义务人向居民个人支付工资、薪金所得，劳务报酬所得，稿酬所得和特许权使用费所得的个人所得税全员全额预扣预缴申报；向非居民个人支付工资、薪金所得，劳务报酬所得，稿酬所得和特许权使用费所得的个人所得税全员全额扣缴申报；以及向纳税人（居民个人和非居民个人）支付利息、股息、红利所得，财产租赁所得，财产转让所得和偶然所得的个人所得税全员全额扣缴申报。

（二）申报期限

扣缴义务人应当在每月或者每次预扣、代扣税款的次月 15 日内，将已扣税款缴入国库，并向税务机关报送个人所得税扣缴申报表，见表 3-10。

表3-10 个人所得税扣缴申报表

税款所属期：年 月 日至 年 月 日　　　　　　　　　　　　　　　金额单位：人民币元（列至角分）

扣缴义务人名称：

扣缴义务人纳税人识别号（统一社会信用代码）：□□□□□□□□□□□□□□□□□□

序号	姓名	身份证件类型	身份证件号码	纳税人识别号	是否为非居民个人	所得项目	本月（次）情况										累计情况（工资、薪金）										税款计算						备注
							收入额计算			专项扣除				其他扣除				累计收入额	累计减除费用	累计专项扣除	累计专项附加扣除					减按计税比例	准予扣除的捐赠额	应纳税所得额	税率/预扣率	速算扣除数	应纳税额	减免税额	已缴税额	应补（退）税额	
							收入	费用	免税收入	基本养老保险费	基本医疗保险费	失业保险费	住房公积金	年金	商业健康保险	税延养老保险	财产原值	允许扣除的税费	其他				子女教育	赡养老人	住房贷款利息	住房租金	继续教育	累计其他扣除									
1	2	3	4	5	6	7	8	9	10	11	12	13	14	15	16	17	18	19	20	21	22	23	24	25	26	27	28	29	30	31	32	33	34	35	36	37	38	39	40
合计																																							

谨声明：本扣缴申报表是根据国家税收法律法规及相关规定填报的，是真实的、可靠的、完整的。

扣缴义务人（签章）：　　　　　　　　　　　　　　　　　　　　　年 月 日

代理机构签章：

代理机构统一社会信用代码：

经办人签字：

经办人身份证件号码：

受理人：

受理税务机关（章）：

受理日期：　　　年 月 日

第三章 个人所得税法

附各栏次填写说明：

（一）表头项目

1. "税款所属期"：填写扣缴义务人代扣税款当月的第一日至最后一日。如：2019年3月20日发放工资时代扣的税款，税款所属期填写"2019年3月1日至2019年3月31日"。

2. "扣缴义务人名称"：填写扣缴义务人的法定名称全称。

3. "扣缴义务人纳税人识别号（统一社会信用代码）"：填写扣缴义务人的纳税人识别号或统一社会信用代码。

（二）表内各栏

1. 第2列"姓名"：填写纳税人姓名。

2. 第3列"身份证件类型"：填写纳税人有效的身份证件名称。中国公民有中华人民共和国居民身份证的，填写居民身份证；没有居民身份证的，填写港澳居民来往内地通行证或港澳居民居住证、台湾居民通行证或台湾居民居住证、外国人永久居留身份证、外国人工作许可证或护照等。

3. 第4列"身份证件号码"：填写纳税人有效身份证件上载明的证件号码。

4. 第5列"纳税人识别号"：有中国公民身份号码的，填写中华人民共和国居民身份证上载明的"公民身份号码"；没有中国公民身份号码的，填写税务机关赋予的纳税人识别号。

5. 第6列"是否为非居民个人"：纳税人为非居民个人的填"是"，为居民个人的填"否"。不填默认为"否"。

6. 第7列"所得项目"：填写纳税人取得的个人所得税法第二条规定的应税所得项目名称。同一纳税人取得多项或多次所得的，应分行填写。

7. 第8～21列"本月（次）情况"：填写扣缴义务人当月（次）支付给纳税人的所得，以及按规定各所得项目当月（次）可扣除的减除费用、专项扣除、其他扣除等。其中，工资、薪金所得预扣预缴个人所得税时扣除的专项附加扣除，按照纳税年度内纳税人在该任职受雇单位截至当月可享受的各专项附加扣除项目的扣除总额，填写至"累计情况（工资薪金）"中第25～29列相应栏，本月情况中则无须填写。

（1）"收入额计算"：包含"收入""费用""免税收入"。

具体计算公式为：收入额＝收入－费用－免税收入。

①第8列"收入"：填写当月（次）扣缴义务人支付给纳税人所得的总额。

139

②第9列"费用"：仅限支付劳务报酬、稿酬、特许权使用费三项所得时填写，支付其他各项所得时无须填写本列。预扣预缴居民个人上述三项所得个人所得税时，每次收入不超过4000元的，费用填写"800元"；每次收入4000元以上的，费用按收入的20%填写。扣缴非居民个人上述三项所得的个人所得税时，费用按收入的20%填写。

③第10列"免税收入"：填写纳税人各所得项目收入总额中，包含的税法规定的免税收入金额。其中，税法规定"稿酬所得的收入额减按70%计算"，对稿酬所得的收入额减计的30%部分，填入本列。

（2）第11列"减除费用"：仅限支付工资、薪金所得时填写。具体按税法规定的减除费用标准填写。例如，2019年为5000元/月。

（3）第12~15列"专项扣除"：分别填写按规定允许扣除的基本养老保险费、基本医疗保险费、失业保险费、住房公积金的金额。

（4）第16~21列"其他扣除"：分别填写按规定允许扣除的项目金额。

8. 第22~30列"累计情况（工资、薪金）"：本栏仅适用于居民个人取得工资、薪金所得预扣预缴的情形，工资、薪金所得以外的项目无须填写。具体各列，按照纳税年度内居民个人在该任职受雇单位截至当前月份累计情况填报。

（1）第22列"累计收入额"：填写本纳税年度截至当前月份，扣缴义务人支付给纳税人的工资、薪金所得的累计收入额。

（2）第23列"累计减除费用"：按照5000元/月乘以纳税人当年在本单位的任职受雇月份数计算。

（3）第24列"累计专项扣除"：填写本年度截至当前月份，按规定允许扣除的"三险一金"的累计金额。

（4）第25~29列"累计专项附加扣除"：分别填写截至当前月份，纳税人按规定可享受的子女教育、赡养老人、住房贷款利息或住房租金、继续教育扣除的累计金额。大病医疗扣除由纳税人在年度汇算清缴时办理，此处无须填报。

（5）第30列"累计其他扣除"：填写本年度截至当前月份，按规定允许扣除的年金（包括企业年金、职业年金）、商业健康保险、税延养老保险及其他扣除项目的累计金额。

9. 第31列"减按计税比例"：填写按规定实行应纳税所得额减计税收优惠的减计比例。无减计规定的，可不填，系统默认为100%。如，某项税收政策实行减按60%计入应纳税所得额，则本列填60%。

10. 第32列"准予扣除的捐赠额":是指按照税法及相关法规、政策规定,可以在税前扣除的捐赠额。

11. 第33~39列"税款计算":填写扣缴义务人当月扣缴个人所得税款的计算情况。

(1)第33列"应纳税所得额":根据相关列次计算填报。

①居民个人取得工资、薪金所得,填写累计收入额减除累计减除费用、累计专项扣除、累计专项附加扣除、累计其他扣除、准予扣除的捐赠额后的余额。

②非居民个人取得工资、薪金所得,填写收入额减去减除费用、准予扣除的捐赠额后的余额。

③居民个人或非居民个人取得劳务报酬所得、稿酬所得、特许权使用费所得,填写本月(次)收入额减除可以扣除的税费、准予扣除的捐赠额后的余额。

④居民个人或非居民个人取得利息、股息、红利所得和偶然所得,填写本月(次)收入额减除准予扣除的捐赠额后的余额。

⑤居民个人或非居民个人取得财产租赁所得,填写本月(次)收入额减除允许扣除的税费、准予扣除的捐赠额后的余额。

⑥居民个人或非居民个人取得财产转让所得,填写本月(次)收入额减除财产原值、允许扣除的税费、准予扣除的捐赠额后的余额。

其中,适用"减按计税比例"的所得项目,其应纳税所得额按上述方法计算后乘以减按计税比例的金额填报。

(2)第34~35列"税率/预扣率"和"速算扣除数":填写各所得项目按规定适用的税率(或预扣率)和速算扣除数。没有速算扣除数的,则不填。

(3)第36列"应纳税额":根据相关列次计算填报。

具体计算公式为:应纳税额=应纳税所得额×税率(预扣率)-速算扣除数。

(4)第37列"减免税额":填写符合税法规定可减免的税额。居民个人工资、薪金所得,填写本年度累计减免税额;居民个人取得工资、薪金以外的所得或非居民个人取得各项所得,填写本月(次)减免税额。

(5)第38列"已扣缴税额":填写本年或本月(次)纳税人同一所得项目,已由扣缴义务人实际扣缴的税款金额。

(6)第39列"应补(退)税额":根据相关列次计算填报。

具体计算公式为:应补(退)税额=应纳税额-减免税额-已扣缴税额。

（三）其他栏次

1. "声明"：需由扣缴义务人签字或签章。

2. "经办人"：由办理扣缴申报的经办人签字，并填写经办人身份证件号码。

3. "代理机构"：代理机构代为办理扣缴申报的，应当填写代理机构统一社会信用代码，并加盖代理机构签章。

本表一式两份，扣缴义务人、税务机关各留存一份。

第五节 个人所得税实操

一、境外缴纳税额抵免的计税方法

纳税义务人从中国境外取得的所得，准予其在应纳税额中扣除已在境外缴纳的个人所得税税额。但扣除额不得超过该纳税义务人境外所得依照我国税法规定计算的应纳税额。

1. 个人所得税境外所得能计算的限额采用的是"分国又分项"计算的方法，不同于企业所得税的分国不分项。

2. 境外个人所得税的抵免，采用"分国不分项"抵免。

【例3-13】江女士 2×19 年取得新加坡一家公司支付的劳务报酬金额 10000 元（折合成人民币），被扣缴个人所得税 1000 元；在新加坡出版一部小说，获得稿酬 20000 元，被扣缴个人所得税 2000 元。同月还从美国取得利息收入 1000 元，被扣缴个人所得税 300 元；提供咨询劳务，获得报酬 20000 元，被扣缴个人所得税 1500 元。经核查，境外完税凭证无误。计算其境外所得在我国境内应补缴的个人所得税。

【解析】计算限额分国又分项：

A：来自新加坡的综合所得按我国税法计算应纳税额 =（10000 + 20000 - 5000）× 20% - 1410 = 3590（元）

B：美国的所得计算：

（1）来自美国的偶然所得按我国税法计算应纳税额 = 20000 × 20% = 4000（元）

（2）来自美国的利息收入按我国税法计算应纳税额 = 1000 × 20% = 200（元）

我国个人所得税的抵免限额采用分国分项限额抵免法。

境外已纳税额＞抵免限额：不退国外多交税款；

境外已纳税额＜抵免限额：补交差额部分税额。

见表3－11。

表3－11　　　　　　　　　　抵免限额计算表

国别	所得项目	境外已纳税额	计算限额（分国又分项）	抵免限额（分国不分项加总）
新加坡	综合所得	30000	3590	3590
美国	利息1000	300	200	4200
	偶然所得20000	1500	4000	

【例3－14】中国作家王某在A国出版作品集，取得稿酬收入折合人民币90000元，已经按该国的税法缴纳了个人所得税8000元。该作家通过我国民政部门向国内某受灾地区捐款20000元，分析计算该作家应就此项收入在我国境内应缴纳个人所得税为多少元？

【解析】公益救济性捐赠扣除限额＝90000×（1－20%）×30%＝21600（元），实际捐赠额20000元，可以按照20000元全额扣除。

稿酬所得应缴纳个人所得税在我国抵免限额＝［90000×（1－20%）－20000］×20%×（1－30%）＝7280（元），境外缴纳税额8000元，在我国境内不需要补缴个人所得税（7280＜8000）。

二、个人转让限售股征收个人所得税方法

1. 自2010年1月1日起，个人转让限售股取得所得，按照"财产转让所得"，适用20%的比例税率征收个人所得税。

应纳税所得额＝限售股转让收入－（限售股原值＋合理税费）

应纳税额＝应纳税所得额×20%

2. 如果纳税人未能提供完整、真实的限售股原值凭证的，不能准确计算限售股原值的，主管税务机关一律按限售股转让收入的15%核定限售股原值及合理税费。

3. 纳税人同时持有限售股及该股流通股的，其股票转让所得，按照限售股优先原则，即：转让股票视同为先转让限售股，按规定计算缴纳个人所得税。

【例3－15】王五是北方吉祥股份有限公司（以下简称"吉祥公司"）的

股东，在吉祥公司2014年3月1日上市之前持有该公司的股权，上市之后持有吉祥公司的限售股股票5000万股，初始购入价为1.00元/股，限售期3年，2019年取得股息红利8000万元，其中限售期内取得股息红利6000万元。2019年9月转让600万股，转让价16.00元/股。问王五转让限售股如何缴纳个人所得税？

【解析】王五转让限售股股票应按规定缴纳个人所得税，假如指转让过程中发生的印花税、佣金、过户费等与交易相关的税费忽略，应缴纳个人所得税1800万元。

应纳个人所得税额＝（600×16.00－600×1.00）×20%＝9000×20%＝1800（万元）

王五转让转让限售股股票应缴纳个人所得税1800万元，以王五开户的证券机构为扣缴义务人，在王五开户的证券机构所在地主管税务机关纳税。

【例3-16】张某在某上市公司任职，任职期间该公司授予张某限售股3万股，该批限售股已于20×8年年初解禁，张某在8月份之前陆续买进该公司股票2万股，股票平均买价为5.4元/股，但限售股授予价格不明确。20×8年8月张某以8元/股的价格卖出公司股票4万股。在不考虑股票买卖过程中其他相关税费的情况下，张某转让4万股股票应缴纳个人所得税为（　　）万元。

A. 2.72　　　　B. 3.24　　　　C. 3.76　　　　D. 4.08

【答案】D

【解析】其股票转让所得，按照限售股有限原则。张某转让的4万股股票中，有3万股是限售股，1万股是上市公司流通股股票。个人转让境内上市公司普通股票暂不征收个人所得税。

应纳税所得额＝8×3×（1－15%）＝20.4（万元）

应纳税额＝20.4×20%＝4.08（万元）

三、单位低价向职工售房的个人所得税计税方法

单位按低于购置或建造成本价格出售住房给职工，职工因此而少支出的差价部分，不并入当年综合所得，以差价收入除以12个月得到的数额，按照月度税率表确定适用税率和速算扣除数，单独计算纳税。计算公式为：

应纳税额＝职工实际支付的购房价款低于该房屋的购置或建造成本价格的差额×适用税率－速算扣除数

【例3-17】A公司是一般纳税人，2019年5月将年前购置的一批住房作

为福利出售给职工。办法规定:公司 5 年以上工龄的公司员工以每平方米 7000 元的价格购买了 1000 平方米,5 年以下工龄的员工以每平方米 9000 元的价格购买了 3000 平方米。该公司团购这批房产时购置价格为每平方米均价 8500 元,2019 年 5 月,该房产市场售价为 10000 元/平方米。该公司这项福利政策中,员工该如何纳个人所得税?

【解析】对于公司五年以下的员工,其购房单价高于公司购置价格,依照财税〔2018〕164 号规定,无所得,不计税。

对于公司五年以上的员工,其购房单价低于公司购置价格,依照财税〔2018〕164 号规定应按人确定所得,单独计税。假定老李系公司五年以上员工,购入一套 110 平方米的房产,其应纳税所得额为:110 × (8500 - 7000) = 165000(元)。

165000/12 = 13750(元),查找可得税率为 20%,速算扣除数 1410。

应纳税额 = 165000 × 20% - 1410 = 31590(元)

四、个人取得拍卖收入征收个人所得税的计税方法

表 3 - 12　　　　　　个人拍卖收入征收个人所得税政策

拍卖物品	适用税目	应纳税所得额	税率
1. 作者将自己的文字作品手稿原件或复印件拍卖("王羲之卖字")	"特许权使用费所得"	转让收入额减除 800 元或者 20% 后的余额	20%
2. 作者将他人的文字作品手稿原件或复印件拍卖("卖王羲之的字")	"财产转让所得"	转让收入额减除财产原值和合理费用后的余额	20%
3. 个人拍卖除文字作品原稿及复印件外的其他财产	"财产转让所得"	转让收入额减除财产原值和合理费用后的余额	20%

1. 作者将自己的文字作品手稿原件或复印件拍卖("王羲之卖字")"特许权使用费所得"转让收入额减除 800 元或者 20% 后的余额 20%。

2. 作者将他人的文字作品手稿原件或复印件拍卖("卖王羲之的字")"财产转让所得"转让收入额减除财产原值和合理费用后的余额 20%。

3. 个人拍卖除文字作品原稿及复印件外的其他财产"财产转让所得"转让收入额减除财产原值和合理费用后的余额 20%。

对个人财产拍卖所得征收个人所得税时,以该项财产最终拍卖成交价格为其转让收入额。

如表 3-12 所示，个人财产拍卖所得适用"财产转让所得"项目计算应纳税所得额时，纳税人凭合法有效凭证（税务机关监制的正式发票、相关境外交易单据或海关报关单据、完税证明等），从其转让收入额中减除相应的财产原值、拍卖财产过程中缴纳的税金及有关合理费用。

纳税人如不能提供合法、完整、准确的财产原值凭证，不能正确计算财产原值的，按转让收入额的 3% 征收率计算缴纳个人所得税；拍卖品为经文物部门认定是海外回流文物的，按转让收入额的 2% 征收率计算缴纳个人所得税。

纳税人的财产原值凭证内容填写不规范，或者一份财产原值凭证包括多件拍卖品且无法确认每件拍卖品一一对应的原值的，不得将其作为扣除财产原值的计算依据，应视为不能提供合法、完整、准确的财产原值凭证，并按规定的征收率计算缴纳个人所得税。

纳税人虽然能够提供合法、完整、准确的财产原值凭证，但不能提供有关税费凭证的，不得按征收率计算纳税，应当就财产原值凭证上注明的金额据实扣除，并按照税法规定计算缴纳个人所得税。

个人财产拍卖所得应纳的个人所得税税款，应由拍卖单位负责代扣代缴，并按规定向拍卖单位所在地主管税务机关办理纳税申报。

【例 3-18】某市居民李某委托某拍卖行拍卖其 2×19 年以 21000 元的价格从民间购买的一件瓷器（能提供有效发票），最终拍卖取得的收入是 500000 元，转让过程中缴纳可以在税前扣除的税费为 1500 元，则李某应缴纳个人所得税多少元？

【解析】应纳税所得额 = 500000 - 21000 - 1500 = 477500（元）

应纳税额 = 477500 × 20% = 95500（元）

【例 3-19】某市居民王某 2019 年委托某拍卖行拍卖其 2013 年以 201000 元价格从民间购买的一件瓷器，最终拍卖取得的收入是 601000 元，王某无法提供购买瓷器的原值凭证。

【解析】需要按转让收入额的 3% 缴纳个人所得税：

个人所得税 = 601000 × 3% = 18030（元）

【例 3-20】王某 20×8 年从国外购回几件明朝时期藏品，已经文物部门认定为海外回流文物。近日，他委托某拍卖行以 1001000 元的价格拍卖了其中一件，所提供财产原值凭证上的原值是几件拍卖品原值的合计数。

【解析】王某要按转让收入额的 2% 计算缴纳个人所得税：

个人所得税 = 1001000 × 2% = 20020（元）

五、个人境外投资的个税事项

居民除了在国内市场投资也可在境外投资，直接投资或将资金交给机构进行投资都可以。以投融资为目的设立公司也可以，银行外币理财产品、外国股市、海外基金、国外房地产都是不错的选择，根据方式选择是否需要跨境转账或操作资金出海。要注意大额交易和转账达到一定额度是需要报告的，个人银行购汇也审核也比以前更加严格。

按照《国家外汇管理局关于境内居民通过特殊目的公司境外投融资及返程投资外汇管理有关问题的通知》（汇发〔2014〕37 号，以下简称"37 号文"）规定，境内居民个人可以投融资为目的，以其合法持有的境内企业资产或权益，或者以其合法持有的境外资产或权益，在境外直接设立或间接控制特殊目的公司。除此以外，境内居民个人不能进行境外直接投资。

境内居民个人可以投融资为目的，以其合法持有的境外资产或权益出资在境外直接设立或间接控制特殊目的公司。境内居民个人以境外合法资产或权益向特殊目的公司出资的，应根据《国家外汇管理局关于进一步简化和改进直接投资外汇管理政策的通知》（汇发〔2015〕13 号，以下简称"13 号文"）的规定，向户籍所在地银行申请办理境内居民个人特殊目的公司外汇登记。具体材料可参考 13 号文所附操作指引"2.5 境内居民个人特殊目的公司外汇（补）登记"的相关内容。

【例 3-21】A 公司欲并购一家境外企业 100% 股权，但该企业于 2019 年由内地居民在境外设立，经了解，尚未在外汇局办理手续。请问 A 公司是否可以并购该企业？

如果该企业属于 37 号文规定的特殊目的公司，那么该企业境内实际控制人应到外汇局办理特殊目的公司外汇补登记手续，随后到银行办理特殊目的公司外汇注销登记。然后，A 公司可凭相关部门批准文件，到 A 公司注册地银行办理境外直接投资外汇登记手续。

【例 3-22】境内居民 B 在境外设立了一家特殊目的公司，并已在外汇局登记。现有一家境内企业欲购买该境外特殊目的公司 50% 股份，请问股权转让对价可否在境内直接支付？

可以。根据 13 号文的规定，境内个人应在特殊目的公司登记地银行办理特殊目的公司变更登记手续。境内主体间的股权转让款应该以人民币进行支付。

【例 3-23】境内居民 C 在境外设立了一家特殊目的公司，现在准备按照

37号文办理登记,出资资产是C在境内企业的60%的股权,请问是否可以在外汇局办理登记?

根据37号文规定,境内居民个人可以境内企业资产或权益向特殊目的公司出资。同时,根据13号文规定,境内居民个人可直接到境内企业资产或权益注册地银行办理特殊目的公司登记手续。但在办理登记之前,除支付(含境外支付)特殊目的公司注册费用外,若境内居民个人对该特殊目的公司已发生其他出资(含境外出资)行为,应按特殊目的公司外汇补登记程序,至外汇局办理补登记手续。

【例3-24】某境外公司股东是大陆居民,但当时没有办理境外投资备案,现在因业务需要,要在境内设立一家外资公司,请问需要办理什么手续?

如果该境外公司属于37号文规定的特殊目的公司,那么其境内股东应办理特殊目的公司外汇(补)登记手续。在办理补登记后,该公司可按13号文的规定,凭相关主管部门的批准或备案文件,至拟设立的境内企业注册地银行办理外商直接投资外汇登记手续。

第六节 个人所得税筹划

一、个人综合所得的税收筹划典型案例

张先生一家位于某市,张先生已结婚生子,育有两个孩子,均已就读于两所全日制本科大学,张先生还有一位姐姐,姐弟两人均在工作,张先生父母均健在,老人已经年满70周岁,且都在老家安享晚年,最新个人所得税法实施后,张先生想通过学习相关税法的内容进行一定空间的筹划来降低一些家庭负担。张先生现主业为一家公司的财务经理,年薪25万元,张先生家中拥有一辆代步车,因张先生业余时间爱好山水画,经常自己在空闲时间自己创作,也有出售一些定制精品画作赚取劳务报酬的情况存在,张先生妻子因以前专心教育孩子,待两个孩子读大学后空闲之时才开始工作,因此月薪4000元。

2019年张先生因为工作表现突出,公司给予年终奖4万元,当年因为定制精品山水画取得的劳务报酬金额总计4.2万元,当地租车市场以张先生的代步车为例一年租金需要5万元,张先生一家除上述收入外无其他相关收入来源,请问张先生一家应该怎样筹划才能使他们所缴纳的个人所得税尽量少呢?

筹划思路：如果张先生不做任何筹划进行年终申报纳税，则张先生的劳务报酬所得应与工资薪金合并一并按综合所得进行申报纳税，张先生的年终奖单独计税，子女教育专项附加扣除和妻子平均分摊扣除，赡养老人的专项附加扣除和姐姐平摊扣除，则张先生会多交很多没有必要的税款，对于张先生一家的筹划可以分为以下几点：

张先生年薪25万元，根据个人所得税法最新规定，张先生扣除每年基本减除费用6万元和赡养老人专项附加扣除1.2万元和子女教育专项附加扣除1.2万元之后，加上当年的劳务报酬所得所适用的个人所得税税率为20%，故此张先生如果不进行任何筹划将面临高额税负。

首先，对于工资薪金的筹划。张先生年薪25万元，扣除基本费用和专项附加扣除后依旧适用20%的个人所得税税率，税负相对较高，因此，张先生可以利用自己家中的代步车将其转租给公司，然后公司分配给张先生使用，使得张先生的5万元工资薪金转化为租车收入，适用比例税率，这样一来，张先生的工资薪金收入降低，但是并不足以使得张先生的工资薪金适用于更低一层级的税率。

其次，对于年终奖的筹划。张先生收到4万元年终奖，根据前面所说的年终奖陷阱我们可以了解到，年终奖在2019年和2020年这两年纳税人可以自行选择是否并入综合所得征收，此案例中，显然不应该并入综合所得征收，但是在年终奖超过3.6万元时税率从3%提升到10%，会大大增加张先生税负，因此，张先生可以通过和公司协商，将剩下的4000元延迟到明年再进行发放，这样，张先生的年终奖只需要按照3%的税率进行缴纳个人所得税。

再次，对于专项附加扣除的筹划。因为张先生姐姐也在工作，自然也会对赡养老人申请专项附加扣除，因此，张先生只能和姐姐平均分摊赡养老人费用，但是在子女教育的专项附加扣除上，因张先生的妻子工资薪金并未达到5000元，因此，张先生妻子并不需要缴纳个人所得税，因此也不需要专项附加扣除费用，所以可以将两个孩子的子女教育专项附加扣除全部由张先生一个人来进行申报，以此来减少张先生的应纳税所得额。

最后，对于劳务报酬的筹划。如果将张先生的劳务报酬与工资薪金合并征收，无论张先生对于工资薪金怎样筹划，都无法将张先生适用的20%税率降低到10%的税率，因此，对于劳务报酬的筹划至关重要，在此我们提供两个思路，第一，因为张先生的妻子月薪4000元，并未达到我国规定的基本扣除费用的上限，即全年张先生的妻子还有高达1.2万元的免税额度，因此，张先生可以在签订劳务报酬时，将妻子和他一起领取此项劳务报酬收入，并且计算好妻子正好获得1.2万元劳务报酬收入，在年终汇算清缴时，张先生的妻子依旧不会交税，并且会退还之前的个税预缴税额，张先生扣除掉1.2万元老欧无报酬之后，再加上之前的工资薪金筹划和专项附加扣除筹划可以将综合所得适用的20%税率降低为10%，从而达到减轻生活负担的效果；第二，张先生可以通过变换收入项目的形式，将劳务报酬所得变成经营所得收入，避免其加入综合所得，提升综合所得税率，所以张先生可以建立一个山水画工作室，将劳务报酬所得转化为经营所得收入，从而降低综合所得的适用税率，并且这部分劳务报酬所得的收入适用的经营所得税率也较低，但是适用的是10%，因为张先生的劳务报酬所得已经超过3万元，因此，如果想要进一步降低经营所得的税负，可以按照第一种方法所说的，将劳务报酬合同变成张先生的工作室和张先生的妻子签订，将1.2万元变为妻子劳务报酬所得，剩下3万元为张先生工作室收入，适用3%税率，这样可以最大化减少张先生一家人的税收负担，提高张先生一家生活水平。

二、工资薪金所得的筹划

在日常生活中，常常听到有人抱怨说拿到了一笔外快，但在扣税后，就感觉少了一大笔钱。因此，如何对个人所得税进行税收筹划，怎样合理避税、节税就成了不少市民关心的话题之一。

2018年我国个人所得税法实行了重大改革调整，此次改革切实关系到每个人的利益。工资薪金所得税涉及面广、占税收比例大，如何根据税法的要求，选择最佳的节税方案，特别是在减税降费的大环境下是广大企业和市民尤其是工薪族最关心的事情。

（一）收入福利化

企业一味地增加员工的现金收入，从税收的角度来看并不完全可取。企业可以通过提高员工的福利水平，降低其名义工资，通过减少员工的税金支出，达到增加实际收入的目的。常用的方法有以下几种：

（1）为员工提供交通设施。员工上下班一般都要花费一定的交通费，企业可以通过提供免费的接送服务，或者将单位的车租给员工使用，再相应地从员工的工资中扣除部分予以调整。对企业来讲，当职工支付的税金影响其消费水平时，就要考虑采取加薪措施，增薪必然会引起税收变化，反而会导致企业支付量的扩大。因此，由企业承担部分费用的做法，往往会使职工、企业双方受益。

（2）为员工提供免费工作餐。企业为员工提供免费的工作餐，必须具有不可变现性,即不可转让,不能兑换现金。

(3) 为员工提供培训机会。随着知识更新速度的加快,参加各种培训已经成为个人获取知识的重要途径。如果企业每年给予员工一定费用额度的培训机会,职工在考虑个人的报酬总额时,一般也会把这些考虑进去。这样职工也可以在一定程度上减少税收负担。

(4) 为职工提供旅游机会。随着人民生活水平的提高,旅游开支已经成为许多家庭必不可少的支出项目。个人支付的旅游支出同样不能抵减个人所得税。但是企业在制定年度员工福利计划时,可以给部分员工及其家属提供一次旅游机会,而把相应的费用从原打算支付给职工的货币工资及奖励中扣除。在员工维持同等消费水平的基础上,减少了个人所得税的税金支出。当然,企业支付的职工旅游费用不能在税前扣除,可以考虑从工会会费、公益金中支出。

【例 3 - 25】小李在一家公司工作,因为生活水平的逐渐提高,小李每年经常会固定一次去一些历史古城游玩,如果你是一名税务筹划人员,你会怎样给小李作出合理的税收筹划呢?

解析:让小李跟公司沟通,将小李的每次旅游支出全部到公司报销,签订公司每年承诺小李一次旅游的福利以及报销范围和额度,这些费用作为公司给小李的福利,并从小李的工资中加以扣除,这样小李的工资则变为原先收入减去旅游后剩余的部分,适用的税率以及缴纳的税收自然会得到相应的减少。

【例 3 - 26】王先生在一家会计师事务所工作,因为工作的特殊性,员工一般不在公司办公,通常在企业办公,所以公司一般不提供工作餐,但因为特殊原因,王先生近两年不需要外出办公,只需在公司办公即可,请问王先生自己怎么筹划才能减少自己应该缴纳的税收?

解析:王先生跟公司协商,让公司每天中午以公司的名义给王先生提供工作餐,此部分支出从王先生的工资薪金中扣除,这样一来,王先生既可以和以前一样正常工作,工资薪金所属的综合所得缴纳的税收也会相应地减少。

(二) 变换应税项目

1. 住房公积金

根据《财政部 国家税务总局关于基本养老保险费基本医疗保险费失业保险费住房公积金有关个人所得税政策的通知》(财税〔2006〕10 号)的规定,单位和个人分别在不超过职工本人上一年度月平均工资 12% 的幅度内,其实际缴存的住房公积金,允许在个人应纳税所得额中扣除。单位和职工个人缴存住房公积金的月平均工资不得超过在岗职工月平均工资的三倍。单位和个人超过上述规定比例和标准缴交的住房公积金，应将超过部分并入个人当期的工资、薪金收入，计征个人所得税。

【例3-27】某公司所在市在2×18年度在岗职工年平均工资为81034元，折算为在岗职工月平均工资为6753元，也即：A公司提高张某住房公积金缴费基数至20259元，则全年可以税前扣除金额为29173（20259×12%×12）元。

解析：即若张某每月公司为其交的住房公积金为2000元，而住房公积金的免税限额标准为29173/12=2431（元），则张某可以追加补交431元住房公积金，则此431元是不需要缴纳个人所得税的，并且很有可能会降低自己原先薪资所适用的个人所得税税率，从而达到良好的避税效果。

2. 企业年金

企业年金、职业年金递延纳税，也属于一种税收优惠。递延纳税是指在年金缴费环节和年金基金投资收益环节暂不征收个人所得税，将纳税义务递延到个人实际领取年金的环节。根据《财政部 人力资源社会保障部 国家税务总局关于企业年金、职业年金个人所得税有关问题的通知》（财税〔2013〕103号）规定，在年金缴费环节，对单位根据国家有关政策规定为职工支付的企业年金或职业年金缴费，在计入个人账户时，个人暂不缴纳个人所得税；个人根据国家有关政策规定缴付的年金个人缴费部分，在不超过本人缴费工资计税基数的4%标准内的部分，暂从个人当期的应纳税所得额中扣除；在年金基金投资环节，企业年金或职业年金基金投资运营收益分配计入个人账户时，暂不征收个人所得税；在年金领取环节，个人达到国家规定的退休年龄领取的企业年金或职业年金，按照"工资、薪金所得"项目适用的税率，计征个人所得税。

【例3-28】福州市2×18年度在岗职工年平均工资48089元，某公司员工林某2×19年1月工资10000元，若按2%缴付企业年金200元，则只能扣除200元；若按4%缴付企业年金400元，均可税前扣除；若按5%缴付企业年金500元，则只允许扣除400元（根据财税〔2013〕103号规定，个人根据国家有关政策规定缴付的年金个人缴费部分，在不超过本人缴费工资计税基数的4%标准内的部分，暂从个人当期的应纳税所得额中扣除），超出的100元须并入当年综合所得缴税。林某2×19年2月工资15000元，若其按2%缴付年金300元，均可税前扣除；若按4%缴付年金600元，由于允许扣除金额最高为480.89元，超出的119.11元须并入全年工资薪金所得缴税。

因此，在此种情况下，最好按照年金免税限额缴付年金，就能达到年金递延纳税效果最大化。

【例3-29】某市2×18年度在岗职工年平均工资59010元，年金个人缴费的税前扣除限额为590（59010÷12×3倍×4%）元，市税务局将根据市统计公报数据每年调整扣除限额标准。

（1）A先生2×19年5月工资8000元，假设企业年金缴费工资计税基数为8000元，若其按4%缴付年金320元，均可税前扣除；若按3%缴付年金240元，则只能扣除240元；若按5%缴付年金400元，仍只允许扣除320元，超出的80元须并入当年综合所得缴税。

（2）B先生2×19年5月工资2万元，若其按4%缴付800元年金，由于允许扣除金额最高为590元，超出的210元须并入当年综合所得缴税。

3. 商业养老保险递延纳税

2018年4月2日，财政部、税务总局、人力资源社会保障部、中国银行保险监督管理委员会、证监会等五部委联合下发《关于开展个人税收递延型商业养老保险试点的通知》（财税〔2018〕22号），决定自2018年5月1日起，在上海市、福建省（含厦门市）和苏州工业园区实施个人税收递延型商业养老保险试点。试点期限暂定一年。

试点政策主要内容为：对试点地区个人通过个人商业养老资金账户购买符合规定的商业养老保险产品的支出，允许在一定标准内税前扣除；计入个人商业养老资金账户的投资收益，暂不征收个人所得税；个人领取商业养老金时再征收个人所得税。

对取得工资薪金、连续性劳务报酬所得的个人，其缴纳的保费准予在申报扣除当月计算应纳税所得额时予以限额据实扣除，扣除限额按照当月工资薪金、连续性劳务报酬收入的6%和1000元孰低办法确定。取得连续性劳务报酬所得，是指纳税人连续6个月以上（含6个月）为同一单位提供劳务而取得的所得。

其主要筹划空间与缴纳年金类似，缴纳时暂不征收个人所得征税，领取时再缴纳个人所得税，税收筹划效果主要是递延纳税，即获得货币的时间价值。

4. 变工资为房租收入、租车收入等

随着生活水平的提高，汽车基本成了每个家庭的标配，养车的费用更是必不可少；对于高收入阶层而言，将车子租给公司使用，采取私车公用的方法就可以将工资转化为租金收入，达到降低个税负担的目的。

私车公用的具体操作方案：员工与公司签订租车协议，将自己的汽车租给公司，公司按月向员工支付租金；同时在协议中约定因公务发生的相关车辆的非固定费用（如汽油费、过桥费、停车费等）由公司承担。这样就可以实现汽车相关费用由公司承担，实现税前合法列支。

【例3-30】李某为一家非租车公司员工，今年年底劳动合同到期，准备重新签订劳动合同，之前李某的月薪为31000元，租车的市场价格为每月3000元，包含（个人自负各种费用）。若李某仍旧按照之前签订劳动合同，则李某每月应该预缴的个人所得税为：

$(31000-5000)\times 25\% - 2660 = 3840$（元）

若李某与公司签订协议，公司租用李某的汽车，并且租用后把汽车分配给李某使用，李某的工资改为25000元，另外获得每月租车收入3000元。则李某应该缴纳的个人所得税为：

李某工资薪金应缴纳的个人所得税 = $(28000-5000)\times 20\% - 1410 = 3190$（元）

李某租车收入缴纳的个人所得税 = $(3000-800)\times 20\% = 440$（元）

李某总共缴纳个人所得税3630元，相比较于之前每月可少缴纳个人所得税210元，此种避税方法对于收入越高的纳税人，避税效果就越明显，特别在于跨越边际税率的薪水范围内尤为有效。

租车方案注意以下要点：

（1）租车的租金必须按照市场的价格设定；

（2）员工需要携带租车协议和身份证到税局代开租车发票，公司才能在税前列支该项费用；

（3）汽车的固定费用（如保险费、车船税、折旧费等）不能由公司承担；

（4）在公司报销的车辆费用必须取得发票（依据：财税〔2016〕36号、个人所得税法第六条）。

5. "工资收入"转化为"房屋租金收入"

住房是员工生存必要的场所，为住房而支付的费用是必需的开支，利用税前的收入支付这部分必要的开支能够达到很好的节税效果。

具体操作：

（1）若员工拥有自有房产，可以与公司签订房屋租赁协议，将房屋租给公司，公司按月向员工支付租赁，同时约定每月的水电费、物业管理费等固定费用由公司承担；

（2）若员工现居住的房屋为租赁的，可以与公司签订转租协议，由公司承担房屋的租金和水电费、物业管理费等固定费用。

筹划成本：个人出租住宅、转租住宅只需要按照个人所得税中出租财产项目征收个人所得税，若为居民唯一自用住房，则税率更低，且采用的为比例税率并非综合所得的累进税率。但值得注意的是，若自身没有房产通过与公司签订合同说明公司福利包括提供员工住房，用以支付员工较少的工资薪金以适用较低税率，但会存在纳税人失去个人所得税法中的住房租金的专项附加扣除，因此，在实际操作中需要衡量两者之间的优劣关系。

筹划效果：个人出租住宅的个税税率在高净值人群中远低于综合所得的累进税率，以租金收入代替工资收入节税效果明显；同时由公司承担房屋的水电费、物业管理费等固定费用，相当于利用员工的税前收入支付这部分必要费用。

（三）专项附加扣除费用

根据新《个人所得税法》规定，我国个人在进行年总汇算清缴时，不仅可以拥有基本的减除费用，还可以拥有专项附加扣除，对于税收筹划无外乎通过减少收入和增加费用扣除进行操作。最新规定的六大专项附加扣除有房屋租金、住房贷款利息、子女教育、继续教育、大病医疗保险和赡养老人，纳税人可以据此根据自身家庭状况选择自身扣除专项扣除标准还是分摊扣除。

【例3-31】赵先生夫妻育有两个孩子，且都已均上大学，还未毕业，赵先生妻子每月5000元薪水，赵先生每个月7000元工资，赵先生在新个税申报中选择夫妻二人平均分摊两个孩子子女教育的专项附加扣除。

此时赵先生妻子因收入未超过5000元，无须缴税，但赵先生扣除基本减除费用5000元和专项附加扣除1000元后，仍要对其剩下的1000元征收个人所得税。

筹划方法：将两个孩子的子女教育专项附加扣除在申报时全部由赵先生进行申报扣除，采用此种方法，赵先生的妻子本身工资薪金不超过5000元无须再进行专项附加扣除，赵先生专项附加扣除2000元，这样一来赵先生扣除基本减除费用之后，再扣除2000元子女教育支出，则赵先生的个人所得税应纳税所得额为0，则赵先生也无须缴纳个人所得税了。

第四章 环境保护税

环境保护税作为一个新的税种，于2018年1月1日正式实施。一方面，开征环保税，使企业在成本和利润的压力下，主动调整企业产品结构，加大节能减排力度，推进产品升级转型，从而减少税收成本。鼓励企业的资本向环保产业转移，形成环境保护的良性循环。另一方面，开征环保税还会对产业链的其他企业造成影响，改变了上下游企业之间原有的紧密的相互依存关系。环境保护税将提高产品的成本，上下游的企业为了维持原有的利润水平，将会不断进行技术创新，寻求新的替代产品，因此上下游企业互相的依存感便会下降。随着环境保护税的开征，对纳税人的会计处理会带来一定的影响，因此以下先介绍环境保护税的开征及基本情况，然后针对环境保护税的产生所带来改变的地方以及对会计处理造成的影响进行分析和研究，并找出环境保护税在实际操作中可以进行的筹划点，使环境保护税的实操工作更易进行。

第一节 环境保护税的开征

变化一：由排污费的设立完善到环境保护税的开征

我国环境保护方面调控手段的建立，由排污费的设立到完善，再到排污费改为环境保护税大致经历了以下四个阶段：

1. 试点阶段（1978~1981年）。1978年《环境保护工作汇报要点》中首次提出了"排放污染物收费制度"。1979年试行的《环境保护法》，其中规定"超过国家规定的标准排放污染物，要按照排放污染物的数量和浓度，根据规定收取排污费"，这也为我国排污制度的建立提供了法律依据。

2. 建立完善阶段（1982~2000年）。1982年开始实施排污收费制度，并颁布了《征收排污费暂行办法》。1988年又颁布了《污染源治理专项基金有偿使用暂行办法》，这两个文件的颁布标志着我国排污费制度基本建立。1991

年我国又公布了《关于调整超标污水和统一超标噪声排污费征收标准的通知》,调整了污水超标收费,并制定了噪声收费的标准。1993年公布了《关于开展征收工业燃煤二氧化硫排污费试点工作的通知》和《关于征收污水排污费的通知》,开展了二氧化硫排污费的试点工作,并对所有向水体排放污水的企事业单位、个体经营者征收排污费。此后,1995年实施的《中华人民共和国固体废物污染环境防治法》、1996年实施的《中华人民共和国环境噪声污染防治法》、2000年实施的《中华人民共和国大气污染防治法》都对排污收费制度作出了相应调整,促进了排污收费制度的完善。

3. 改革发展阶段(2000~2015年)。2002年颁布了《排污费征收使用管理条例》,确立了排污费的总量收费标准制度,进一步完善了征收范围和征管方式。2007年颁布了《排污费征收工作稽查办法》,对排污费的征收管理模式、程序、手段做出了明确规定。至此,我国排污收费制度已经比较完善,拥有坚实的法律体系支撑和明确的法律条文依据。

4. 费改税阶段(2015年至今)。2015年6月,国务院发布了《中华人民共和国环境保护税法(征求意见稿)》,形成了初步的"费改税"方案。2016年12月25日,第十二届全国人民代表大会常务委员会通过了《中华人民共和国环境保护税法》,并规定于2018年1月1日实施。2017年12月25日,国务院发布《中华人民共和国环境保护税法实施条例》,自2018年1月1日起实施。

第二节 环境保护税的税制要素

变化一:环境保护税的概念

关于环境保护税的概念,大致分为三个层次:第一,广义的环境保护税,不单指专门用于环境保护的税种,还包括其他与环境保护相关的税种和其他税种中有利于促进环境保护的部分,是一系列的税种体系。第二,中义的环境保护税,是指对一切利用自然资源和向环境排放污染的单位和个人征收的一种税,它可以实现上述两个环境保护的目的。第三,狭义的环境保护税,是指对向环境排放污染的单位和个人征收的一种税,它主要为了实现保护环境的第二个目的,即控制污染。我国现阶段的环境保护税是一种狭义的环境保护税。也就是说,我国主要是为了控制环境污染而开征的环境保护税,主要就是向环境排放污染的单位和个人征收。

变化二：环境保护税的纳税人、征税对象和税额

1. 纳税人

在中华人民共和国领域和中华人民共和国管辖的其他海域，直接向环境排放应税污染物的企业事业单位和其他生产经营者为环境保护税的纳税人。

2. 征税对象

环境保护税的征税对象是应税污染物，包括大气污染物、水污染物、固体废物和噪声四类。

（1）大气污染物包括颗粒物、硫氧化物、碳氧化物、氮氧化物、碳氢化合物等。具体见《应税污染物和当量值表》。

（2）水污染物包括第一类水污染物，第二类水污染物，pH值、色度、大肠菌群数、余氯量污染，禽畜养殖业、小型企业和第三产业污染。具体见《应税污染物和当量值表》。

（3）固体废弃物包括煤矸石、尾矿、危险废物、冶炼渣、粉煤灰、炉渣、其他固体废物（含半固态、液态废物）。

（4）噪声为工业噪声。

（5）有下列情形之一的，不属于直接向环境排放污染物，不缴纳相应污染物的环境保护税：①企业事业单位和其他生产经营者向依法设立的污水集中处理、生活垃圾集中处理场所排放应税污染物的；②企业事业单位和其他生产经营者在符合国家和地方环境保护标准的设施、场所贮存或者处置固体废物的；③达到省级人民政府确定的规模标准并且有污染物排放口的畜禽养殖场，应当依法缴纳环境保护税，但依法对畜禽养殖废弃物进行综合利用和无害化处理的，不属于直接向环境排放污染物，不缴纳环境保护税。

3. 税额，见表 4-1

表 4-1　　　　　　　　　环境保护税税额表

税目		计税单位	税额
大气污染物		每污染当量	1.2元至12元
水污染物		每污染当量	1.4元至14元
固体废物	煤矸石	每吨	5元
	尾矿	每吨	15元
	危险废物	每吨	1000元
	冶炼渣、粉煤灰、炉渣、其他固体废物（含半固态、液态废物）	每吨	25元

续表

税目		计税单位	税额
噪声	工业噪声	超标1~3分贝	每月350元
		超标4~6分贝	每月700元
		超标7~9分贝	每月1400元
		超标10~12分贝	每月2800元
		超标13~15分贝	每月5600元
		超标16分贝以上	每月11200元

变化三：环境保护税的计算方法

环境保护税的计算与其他税种的计算有很大的不同，由于其征税对象是应税污染物，所以在计算时需要先确定应税污染物的计税依据，然后再与具体的适用税额相乘得出应纳环境保护税额。

1. 应税污染物的计税依据，按照下列方法确定：

（1）应税大气污染物按照污染物排放量折合的污染当量数确定。

①应纳大气污染物的污染当量数＝排放量÷污染当量值

应税大气污染物的具体污染当量值，依照《应税污染物和当量值表》执行。

②每一排放口或者没有排放口的应税大气污染物，按照污染当量数从大到小排序，对前三项污染物征收环境保护税。

（2）应税水污染物按照污染物排放量折合的污染当量数确定。

①应纳大气污染物的污染当量数＝排放量÷污染当量值

应税水污染物的具体污染当量值，依照《应税污染物和当量值表》执行。

②每一排放口的应税水污染物，按照本法所附《应税污染物和当量值表》，区分第一类水污染物和其他类水污染物，按照污染当量数从大到小排序，对第一类水污染物按照前五项征收环境保护税，对其他类水污染物按照前三项征收环境保护税。

（3）应税固体废物按照固体废物的排放量确定。

（4）应税噪声按照超过国家规定标准的分贝数确定。

①一个单位边界上有多处噪声超标，根据最高一处超标升级计算应纳税额；当沿边界长度超过100米有两处以上噪声超标，按照两个单位计算应纳税额。

②一个单位有不同地点作业场所的,应当分别计算应纳税额,合并计征。

③昼、夜均超标的环境噪声,昼、夜分别计算应纳税额,累计计征。

④声源一个月内超标不足15天的,减半计算应纳税额。

⑤夜间频繁突发和夜间偶然突发厂界超标噪声,按等效声级和峰值噪声两种指标中超标分贝值高的一项计算应纳税额。

2. 应税大气污染物、水污染物、固体废物的排放量和噪声的分贝数,按照下列方法和顺序计算:

(1) 纳税人安装使用符合国家规定和监测规范的污染物自动监测设备的,按照污染物自动监测数据计算;

(2) 纳税人未安装使用污染物自动监测设备的,按照监测机构出具的符合国家有关规定和监测规范的监测数据计算;

(3) 因排放污染物种类多等原因不具备监测条件的,按照国务院环境保护主管部门规定的排污系数、物料衡算方法计算;

(4) 不能按照本条第(1)~(3)项规定的方法计算的,按照省、自治区、直辖市人民政府环境保护主管部门规定的抽样测算的方法核定计算。

3. 环境保护税应纳税额的计算应当按照不同的污染物分类划分,即按照下列方法计算:

(1) 应税大气污染物的应纳税额=污染当量数×具体适用税额。

(2) 应税水污染物的应纳税额=污染当量数×具体适用税额。

(3) 应税固体废物的应纳税额=固体废物排放量×具体适用税额。

(4) 应税噪声的应纳税额为超过国家规定标准的分贝数对应的具体适用税额。

变化四:环境保护税的税收优惠

企业应当关注环境保护税的税收优惠政策,从而将自身的业务尽可能地向税收优惠政策靠拢,环境保护税的税收优惠包括暂免征收项目和减征税额项目。

1. 暂免征税项目

(1) 农业生产(不包括规模化养殖)排放应税污染物的;

(2) 机动车、铁路机车、非道路移动机械、船舶和航空器等流动污染源排放应税污染物的;

(3) 依法设立的城乡污水集中处理、生活垃圾集中处理场所排放相应应税污染物，不超过国家和地方规定的排放标准的；

（4）纳税人综合利用的固体废物，符合国家和地方环境保护标准的；

（5）国务院批准免税的其他情形。由国务院报全国人民代表大会常务委员会备案。

暂予免征环境保护税的含义是在当前暂时对上述的向环境排放污染物的情形免予征收环境保护税，但是之后仍然可能会对上述的情形也不予免征，因此企业应结合自身情况，准确认识到企业的业务范围和业务处理是否符合上述暂免征税项目的情况。

2. 减征税额项目

（1）纳税人排放应税大气污染物或者水污染物的浓度值低于国家和地方规定的污染物排放标准30%的，减按75%征收环境保护税。

（2）纳税人排放应税大气污染物或者水污染物的浓度值低于国家和地方规定的污染物排放标准50%的，减按50%征收环境保护税。

根据《环境保护税法实施条例》的解释：应税大气污染物或者水污染物的浓度值，是指纳税人安装使用的污染物自动监测设备当月自动监测的应税大气污染物浓度值的小时平均值再平均所得数值，或者应税水污染物浓度值的日平均值再平均所得数值，或者监测机构当月监测的应税大气污染物、水污染物浓度值的平均值。

对纳税人的大气污染物和水污染物减征环境保护税的，其应税大气污染物浓度值的小时平均值或者应税水污染物浓度值的日平均值，以及监测机构当月每次监测的应税大气污染物、水污染物的浓度值，均不得超过国家和地方规定的污染物排放标准。规定减征环境保护税的，应当对每一排放口排放的不同应税污染物分别计算。

第三节 环境保护税的会计处理

按照上述的相关规定，需要缴纳环境保护税的企业可以计算出环境保护税应纳税额。对于计算出的应纳税额将会影响企业生产成本，进而使得企业利润空间变小。因此企业应当充分考虑自身的情况，将上述的环境保护税的税收优惠政策完全地掌握并利用，应严格控制与监管污染物的浓度，把企业的业务范围和业务处理合法的向税收优惠靠拢，当从而实现合理避税的目的。

企业计算出环境保护税时，借记"税金及附加"，贷记"应交税费-应交环境保护税",实际缴纳税款时,借记"应交税费-应交环境保护税",贷记"银行存款"。环境保护税不定期计算申报的会计处理,环境保护税按次申报缴纳时直接借记"税金及附加",贷记"银行存款"。例如,某企业本月按照有关规定计算出应缴纳的环境保护税税额为10000元,那么该企业应做以下的会计处理:

(1) 计算出应交环境保护税款时:

借:税金及附加　　　　　　　　　　　　　　10000
　　贷:应交税费——应交环境保护税　　　　　　10000

(2) 实际缴纳税款时:

借:应交税费——应交环境保护税　　　　　　　10000
　　贷:银行存款　　　　　　　　　　　　　　10000

企业实际缴纳的环境保护税可以在企业计算缴纳企业所得税前予以扣除,从而会相应地影响企业缴纳的企业所得税税额,同时也会影响企业的利润。

第四节　环境保护税的征收管理

变化一：征收机关

环境保护税的征管采用"税务征收、环保协作"的方式,税务机关负责对税款的征收管理,环境保护主管部门负责对污染物的监测管理。这一征收方式与环境保护税计税依据确定的特殊性有关。

1. 环境保护主管部门和税务机关应当建立涉税信息共享平台和工作配合机制。环境保护主管部门应当将排污单位的排污许可、污染物排放数据、环境违法和受行政处罚情况等环境保护相关信息,定期交送税务机关。税务机关应当将纳税人的纳税申报、税款入库、减免税额、欠缴税款以及风险疑点等环境保护税涉税信息,定期交送环境保护主管部门。

2. 税务机关应当将纳税人的纳税申报数据资料与环境保护主管部门交送的相关数据资料进行比对。税务机关发现纳税人的纳税申报数据资料异常或者纳税人未按照规定期限办理纳税申报的,可以提请环境保护主管部门进行复核,环境保护主管部门应当自收到税务机关的数据资料之日起十五日内向税务机关出具复核意见。税务机关应当按照环境保护主管部门复核的数据资料调整纳税人的应纳税额。

3. 核定计算污染物排放量的,由税务机关会同环境保护主管部门核定污染物排放种类、数量和应纳税额。

企业应当严格按照规定对企业的应税污染物的排放种类、数量、浓度等进行真实地申报,严格遵守环境保护税的税收征管规定,避免出现纳税申报资料异常以及未按规定期限纳税申报的情况,减少企业自身的税收征管风险。

变化二:纳税义务发生时间

纳税义务发生时间为纳税人排放应税污染物的当日。

变化三:纳税地点

纳税人应当向应税污染物排放地的税务机关申报缴纳环境保护税。

变化四:纳税期限

环境保护税按月计算,按季申报缴纳。不能按固定期限计算缴纳的,可以按次申报缴纳。

变化五:纳税申报

企业需要严格遵从税收征收规定申报纳税,自行申报应税污染物的排放种类、数量、浓度等,并对申报的真实性承担更为明确的法律责任。

纳税人按季申报缴纳的,应当自季度终了之日起十五日内,向税务机关办理纳税申报并缴纳税款。纳税人按次申报缴纳的,应当自纳税义务发生之日起十五日内,向税务机关办理纳税申报并缴纳税款。

纳税人应当依法如实办理纳税申报,对申报的真实性和完整性承担责任。

纳税人申报缴纳时,应当向税务机关报送所排放应税污染物的种类、数量,大气污染物、水污染物的浓度值,以及税务机关根据实际需要要求纳税人报送的其他纳税资料。

《环境保护税纳税申报表》如表4-2所示。

表4-2　　环境保护税纳税申报表（A表）

税款所属期：自　年　月　日至　年　月　日　填表日期：　年　月　日

金额单位：元角分

纳税人名称：			统一社会信用代码（纳税人识别号）：							
纳税人名称		（公章）	法定代表人姓名		生产经营地址					
开户银行及账号			登记注册类型		电话号码					
税源编号	排放口名称/噪声源名称	税目	污染物名称	计税单位	计税依据	单位税额	本期应纳税额	本期减免税额	本期已缴税额	本期应补（退）税额
(1)	(2)	(3)	(4)	(5)	(6)	(7)	(8)=(6)×(7)	(9)	(10)	(11)=(8)-(9)-(10)
合计					—	—				

授权声明	如果你已委托代理人申报，请填写下列资料： 为代理一切税务事宜，现授权　　　　　（地址） 为本纳税人的代理申报人，任何与本申报表有关的来往文件，都可寄予此人。 授权人签字或盖章：	填报人声明	本纳税申报表是根据国家税收法律法规及相关规定填写的，我确定它是真实的、可靠的、完整的。 填报人签字或盖章：

经办人：	主管税务机关：	接收人：	接收日期：　年　月　日

本表一式两份，一份纳税人留存，一份税务机关留存。

第四章　环境保护税

第五节　企业如何应对

国家为了控制环境污染的情况而开征的环境保护税，对于某些污染企业而言，这将会使企业的境地十分不利，环境保护税不仅会增加企业的生产成本，使得企业的利润空间变窄，同时还可能导致污染企业的产业规模整体的萎缩。这正是国家开征环境保护税的政策导向，引导企业在成本和利润的压力之下，主动地调整企业的产品结构，不断进行技术创新，推进产品的升级转型，更多地生产环保的产品，达到节能减排、改善环境的目的。

一、制定合理的税收筹划

根据上述对我国环境保护税的介绍可知，我国的环境保护税是在污染物达到一定浓度才开始征收的，因此，企业应当严格控制与监管污染物的浓度，再结合我国环境保护税减少污染物排放的政策，把企业的业务范围和业务处理合法的向税收优惠靠拢，当从而实现合理避税。在实践工作中，企业应按照自身的生产流程进行分析，并找出可以实现减少污染物排放的筹划切入点，充分结合企业的实际需要，从而做出合理合法的税收筹划。比如，企业可以在材料选择上下功夫，为了减少污染物的排放量，应当尽可能选用对环境不会造成污染或者很少污染的材料，注重新科技新技术的运用，使得环保材料可以循环使用，这样不仅可以减少材料采购成本，而且减少了环境保护税的缴纳。同时，企业在税收征管方面，应当了解并加强这方面的管理能力，按照税务机关的规定，在指定的期限内申报纳税，不仅可以避免额外的滞纳金和罚款支出，还可以使企业保持良好的形象。

二、加强沟通协调与学习

环境保护税出台之后，企业的相关财务人员应当第一时间熟悉新税种的相关政策，学会自我提高和完善，积极参加税务部门和环保部门组织的税法知识培训会等，提高对本公司相关环保数据的处理能力以及纳税申报能力，从而提高企业的会计处理以及纳税申报的效率。同时，在企业内部也应当更好地沟通和宣传有关环保政策以及税收政策，使得整个企业树立起良好的环保意识，制定合理的管理制度，提高企业的管理效率。此外，企业应当增加与税务机关的沟通交流，积极响应税收政策的导向指引，必要时可以向第三方咨询机构进行咨询环境保护税的纳税申报情况，遵从环境保护税的税收政策，有效落实企业的税收工作。

三、采用节能环保设备和先进生产工艺

环境保护税的开征就是为了控制污染改善环境。也就是说企业想要达到节税的目的，就应当减少排放污染，节能减排就能相应地少缴纳税收。因此，企业应当从自身的生产流程入手，逐步排查排放污染物的来源。首先是企业的生产设备是否符合企业的预期，因为污染物的排放量与企业的生产设备有着紧密的联系，若企业能够引进先进的节能环保生产设备，那么企业的清洁生产水平将有所提高。其次是生产材料的选择方面，企业应当尽量地选择环保清洁的原材料，从而实现减少排污的目的。最后就是是对现有生产工艺的技术改造，不仅可以提高原材料的利用率，还可以减少应税污染物的排放，从"源头"上严格控制，从而实现少缴纳环境保护税和减轻企业税收负担的目标。因此，企业应当将自身的精力和投资注入节能环保的生产设备以及改良现有的生产工艺和优化产业结构方面，从"源头"上严格控制，便能自然地减少缴纳环境保护税并减轻企业负担了。

【例4-1】某一外国全资企业，在中国设立机构，20×9年2月的业务如下：业务一为A市城乡污水集中处理业务，该月排放污水50000吨，其中含生化需氧量20毫升/升，未超过规定的排放标准；业务二为设在B市的分支机构负责的生产化肥业务，该分支机构在C市设立工厂，企业有一排放口，其废水排放量为100000吨，污染物监测浓度分别为悬浮物、化学需氧量、生化需氧量、氨氮、总砷监测浓度分别为100毫克/升、90毫克/升、80毫克/升、35毫克/升、0.1毫克/升。已知该企业所在省份的水污染每当量的计费标准为4元，计算当月环境保护税，说明企业应于何时何地申报纳税并指出相应的会计处理。

【解析】

（1）环境保护税的纳税人为：在中华人民共和国领域和中华人民共和国管辖的其他海域，直接向环境排放应税污染物的企业事业单位和其他生产经营者为环境保护税的纳税人。虽然该企业属于外国企业，但是在中国从事生产活动并直接向环境排放污染物，因此应该在我国缴纳环境保护税。

（2）税法规定，依法设立的城乡污水集中处理、生活垃圾集中处理场所排放相应应税污染物，不超过国家和地方规定的排放标准的，可以免税。因此该企业的城乡污水集中处理业务免缴税款。

（3）计算应纳税额。

①计算排放量。

A. 悬浮物排放量 = 污水排放量（吨/月）× 悬浮物排放浓度（毫克/升）÷

$1000 = 100000 \times 100 \div 1000 = 10000$（千克/月）

B. 化学需氧量排放量 = 污水排放量（吨/月）× 化学需氧量排放浓度（毫克/升）÷ $1000 = 100000 \times 90 \div 1000 = 9000$（千克/月）

C. 生化需氧量排放量 = 污水排放量（吨/月）× 生化需氧量排放浓度（毫克/升）÷ $1000 = 100000 \times 80 \div 1000 = 8000$（千克/月）

D. 氨氮排放量 = 污水排放量（吨/月）× 氨氮排放浓度（毫克/升）÷ $1000 = 100000 \times 35 \div 1000 = 3500$（千克/月）

E. 总砷排放量 = 污水排放量（吨/月）× 总砷排放浓度（毫克/升）÷ $1000 = 100000 \times 0.1 \div 1000 = 10$（千克/月）

②计算污染当量数。

A. 悬浮物的污染当量数 = 悬浮物排放量（千克/月）÷ 污染当量值 = $10000 \div 4 = 2500$

B. 化学需氧量的污染当量数 = 化学需氧量排放量（千克/月）÷ 污染当量值 = $9000 \div 1 = 9000$

C. 生化需氧量的污染当量数 = 生化需氧量排放量（千克/月）÷ 污染当量值 = $8000 \div 0.5 = 16000$

D. 氨氮的污染当量数 = 氨氮排放量（千克/月）÷ 污染当量值
$= 3500 \div 0.8 = 4375$

E. 总砷的污染当量数 = 总砷排放量（千克/月）÷ 污染当量值
$= 9000 \div 1 = 9000$

③确定应纳税额。

应税水污染物的应纳税额 = 污染当量数 × 具体适用税额 = $(9000 + 16000 + 9000 + 4375) \times 4 = 38375$（元）

（4）申报时间：环境保护税按月计算，按季申报缴纳。纳税人按季申报缴纳的，应当自季度终了之日起十五日内，向税务机关办理纳税申报并缴纳税款。因此，该企业2月的环境保护税应于本季度终了后，于4月15日前向税务机关申报纳税。

（5）申报地点：纳税人应当向应税污染物排放地的税务机关申报缴纳环境保护税。因此，该企业应该向C市申报纳税。

（6）会计处理：

借：税金及附加　　　　　　　　　　　　　　　　　38375
　　贷：应交税费——应交环境保护税　　　　　　　　38375
借：应交税费——应交环境保护税　　　　　　　　　38375
　　贷：银行存款　　　　　　　　　　　　　　　　　38375

第五章　社保费及非税收入

第一节　社保费及非税收入的概念

1. 非税收入的概念

非税收入是指除税收以外，由各级政府、国家机关、事业单位、代行政府职能的社会团体及其他组织依法利用政府权力、政府信誉、国家资源、国有资产或提供特定公共服务、准公共服务取得的财政性资金，是政府财政收入的重要组成部分。按照《政府非税收入管理办法》的规定，政府非税收入分为12种，具体包括行政事业性收费、政府性基金、罚没收入、国有资源（资产）有偿使用收入、国有资本收益、彩票公益金、特许经营收入、中央银行收入、以政府名义接受的捐赠收入、主管部门集中收入、政府收入的利息收入、其他非税收入等。根据其性质和征收目的、依据，归为"费、类税、租、利、罚、捐"六大类。

2. 非税收入的征收

根据我国当前非税收入征收管理的实际，除对已形成独立运行体系的住房公积金、社会保障基金和福利、体育彩票收入外，所有其他非税收入征收采取直接缴款和集中汇缴两种征收方式。即：对于那些征收程序明了、对缴款义务人约束性强且相对稳定的非税收入，实行直接缴款，由缴款义务人直接将款项缴入财政专户，收缴分离。对于零星分散、必须现场征收的收费项目，经同级财政部门批准可采取集中汇缴的征管方式，即执收单位将所收款项定期汇总后缴入财政。

3. 非税收入的管理

票据是监管非税收入来源的关键环节。非税收入票据是征收非税收入的法定凭证和会计核算的原始凭证，是财政、审计等部门进行监督检查的重要依据。加强票据管理是治理乱收费和监督执收单位是否认真执行"收支两条线管理"规定的关键环节，为此必须构建规范的票据管理体系。将票据管理权限集中在财政部门的非税收入征管机构,由其负责票据的印制、发放、缴验、核销和稽查;针对当前非税收入票据种类繁多的现状,要对票据种类进行归并清理,设计统一的非税收入缴款书。

非税收入票据种类包括非税收入通用票据、非税收入专用票据和非税收入一般缴款书。具体适用下列范围:

(1)非税收入通用票据,是指执收单位征收非税收入时开具的通用凭证。

(2)非税收入专用票据,是指特定执收单位征收特定的非税收入时开具的专用凭证,主要包括行政事业性收费票据、政府性基金票据、国有资源(资产)收入票据、罚没票据等。

(3)非税收入一般缴款书,是指实施非税收入收缴管理制度改革的执收单位收缴非税收入时开具的通用凭证。

4. 社会保险费的概念

社会保险费是在社会保险基金的筹集过程当中,雇员和雇主按照规定的数额和期限向社会保险管理机构缴纳的费用,它是社会保险基金的最主要来源。包括按国家规定交纳的各项社会保障费、职工住房公积金以及尚未划转的离退休人员费用等。也称为"社保"。社会保险费包括基本养老保险、失业保险费、基本医疗保险费、工伤保险费、生育保险费。

5. 社会保险参保登记

(1)注册登记。从事生产经营的缴费单位自领取营业执照之日起 30 日内、非生产经营性单位自成立之日起 30 日内,应当向当地社会保险经办机构申请办理社会保险登记。

缴费单位具有异地分支机构的,分支机构一般应当作为独立的缴费单位,向其所在地的社会保险经办机构单独申请办理社会保险登记。

跨地区的缴费单位,其社会保险登记地由相关地区协商确定。意见不一致时,由上一级社会保险经办机构确定登记地。

缴费单位申请办理社会保险登记时,应当填写社会保险登记表,并出示以下证件和资料:

(1)营业执照、批准成立证件或其他核准执业证件;

(2)国家质量技术监督部门颁发的组织机构统一代码证书;

(3)省、自治区、直辖市社会保险经办机构规定的其他有关证件、资料。

知识链接

表 5-1　　　　　　　　用人单位新参保登记（北京市）

服务对象	用户个人单位
业务分类	社会保险登记
事项名称（必填）	用人单位社会保险登记
事项内容	
事项类型	
办事主体	社会保险经办机构
设定依据（必填）	1. 中华人民共和国社会保险法（2010 年 10 月 28 日　中华人民共和国主席令第 35 号） 2. 社会保险登记管理暂行办法（1999 年 3 月 19 日　劳动和社会保障部令第 1 号）
申请条件（必填）	本市行政区域内的用人单位，应自批准 30 日内办理社会保险登记
办理材料（必填）	1. 营业执照或成立证照原件及复印件一份 2. 《北京市社会保险费银行缴费协议》一式两份并加盖公章 3. 《北京市社会保险单位信息登记表》一式两份并加盖公章 4. 与银行签订的缴费协议
申请方式	
办事流程（必填）	签订银行缴费协议：新成立的用人单位，持营业执照到任意一家北京市社会保险 16 家合作银行签订银行缴费协议一式两份并复印一份 方式一：社会保险网上服务平台（推荐） 用人单位登录北京市社会保险网上服务平台，进入新参保网上登记，按要求录入相关信息，录入完成后保存提交，打印《北京市社会保险单位信息登记表》《北京市社会保险费银行缴费协议》各一式两份并加盖公章，并持办理材料到社会保险经办机构办理 方式二：北京市社会保险信息系统企业管理子系统 用人单位通过企业版软件录入单位基本信息并保存，打印《北京市社会保险单位信息登记表》《北京市社会保险费银行缴费协议》各一式两份并加盖公章，并持办理材料到社会保险经办机构办理
前继业务	
后继业务	
办理地点（必填）	营业执照注册地社会保险经（代）机构
办理时间（必填）	网上申报提交时间为 5 日至 22 日；社会保险经办机构办理时间为 1 日至月末，周六、日休息，法定节假日不顺延。
联系电话（必填）	详见"北京市社会保险经办机构联系表"

续表

收费标准	
温馨提示	
证件名称及有效期	
表格/软件下载	
标准规范	1. 公章盖印请端正盖在单位名称处，不能歪斜、模糊。 2. 签名字体工整，不能歪斜、模糊。

（2）变更登记。缴费单位的以下社会保险登记事项之一发生变更时，应当依法向原社会保险登记机构申请办理变更社会保险登记：①单位名称；②住所或地址；③法定代表人或负责人；④单位类型；⑤组织机构统一代码；⑥主管部门；⑦隶属关系；⑧开户银行账号；⑨省、自治区、直辖市社会保险经办机构规定的其他事项。

缴费单位应当自工商行政管理机关办理变更登记或有关机关批准或变更之日起30日内，持下列证件和资料到原社会保险登记机构办理变更社会保险登记：①变更社会保险登记申请书；②工商变更登记表和工商执照或有关机关批准或宣布变更证明；③社会保险登记证；④省、自治区、直辖市社会保险经办机构规定的其他资料。

（3）注销登记。缴费单位发生解散、破产、撤销、合并以及其他情形，依法终止社会保险缴费义务时，应当及时向原社会保险登记机构申请办理注销社会保险登记。

缴费单位应当自工商行政管理机关办理注销登记之日起30日内，向原社会保险登记机构申请办理注销社会保险登记；按照规定不需要在工商行政管理机关办理注销登记的缴费单位，应当自有关机关批准或者宣布终止之日起30日内，向原社会保险登记机构申请办理注销社会保险登记。

缴费单位被工商行政管理机关吊销营业执照的，应当自营业执照被吊销之日起30日内，向原社会保险登记机构申请办理注销登记。

缴费单位因住所变动或生产、经营地址变动而涉及改变社会保险登记机构的，应当自上述变动发生之日起30日内，向原社会保险登记机构办理注销社会保险登记，并向迁达地社会保险经办机构办理社会保险登记。

缴费单位在办理注销社会保险登记前，应当结清应缴纳的社会保险费、滞纳金、罚款。

缴费单位办理注销社会保险登记时，应当提交注销社会保险登记申请、法律文书或其他有关注销文件，经社会保险经办机构核准，办理注销社会保险登记手续，缴销社会保险登记证件。

案例分析

【案情简介】2014年10月，某单位与高某解除劳动合同关系。高某2014年9月向劳动人事争议仲裁委员会申请劳动仲裁，要求单位补缴2002年3月到2014年6月的养老、失业、工伤、生育保险金。劳动人事争议仲裁委员会以超过仲裁时效为由裁定不予受理。

【法院处理】一审裁定不予受理，二审维持原裁定。高某向最高人民法院申请再审。

【最高人民法院民一庭意见】劳动者与用人单位之间因社会保险发生的争议属于劳动争议，此类纠纷是否属于人民法院受案范围，应当依据《最高人民法院关于审理劳动争议案件适用法律若干问题的解释（三）》第一条的规定予以确定。

注：1. 最高人民法院相关法官在文章中明确倾向性认为本案不属于人民法院受理范围：（1）用人单位已经办理了社会保险手续，但是用人单位欠缴、拒缴社会保险费或者劳动者对缴费年限、缴费基数等发生的争议，不属于人民法院受案范围，应当由社会保险管理部门解决。（2）用人单位没有为劳动者办理社会保险手续，且社会保险经办机构不能补办导致劳动者不能享受社会保险待遇，要求用人单位赔偿损失的，属于人民法院受案范围。

2. 最高人民法院在（2017）最高法民申1125号民事裁定书中，认为劳动者请求补缴社会保险金、住房公积金不属于人民法院受案范围。

再审申请人（一审原告、二审上诉人）：严某

被申请人（一审被告、二审被上诉人）：红梅×××责任公司。

最高人民法院的司法观点：

1. 关于严某请求补缴社会保险金是否属于人民法院受案范围的问题。依据《中华人民共和国劳动争议调解仲裁法》第二条第四项的规定，因社会保险发生的争议属于劳动争议，但并非所有的社会保险争议都属于劳动争议的受案范围，主要区分两种情形：

《社会保险征缴暂行条例》（中华人民共和国国务院令第259号）、《劳动保障监察条例》（中华人民共和国国务院令第423号）等行政法规赋

予了劳动行政部门对用人单位为劳动者办理社会保险的专属管理权、监察权和处罚权，用人单位、劳动者和社保机构就欠费发生争议，是征收与缴纳之间的纠纷，属于行政管理的范畴，带有社会管理的性质，不是单一的劳动者与用人单位之间的社保争议。故用人单位已为劳动者办理了社保手续，但对用人单位欠缴、拒缴社会保险费或者劳动者对缴费年限、缴费基数等事由产生争议的，应由社保管理部门解决处理，不属于人民法院的受案范围；

用人单位没有为劳动者办理社会保险手续，且社会保险经办机构不能补办导致劳动者不能享受社会保险待遇，要求用人单位赔偿损失的，人民法院应予以受理。

《最高人民法院关于审理劳动争议案件适用法律若干问题的解释（三）》第一条所规定的人民法院应予受理的社会保险争议包括上述第二种情形。

本案中，严某诉请红梅×××责任公司补缴养老、失业、工伤、生育保险等四种社会保险，并非关于用人单位是否已为严某办理了养老、失业、工伤、生育保险的社保账户产生的争议，且用人单位已缴纳部分社保金。严某关于补缴社会保险金的诉讼请求不符合《最高人民法院关于审理劳动争议案件适用法律若干问题的解释（三）》第一条所规定的情形，一、二审法院认定严某的该项诉讼请求不属于人民法院受案范围并无不当。

2. 关于补缴住房公积金是否属于人民法院受案范围的问题。根据国务院《住房公积金管理条例》第三十七条规定："违反本条例的规定，单位不办理住房公积金缴存登记或者不为本单位职工办理住房公积金账户设立手续的，由住房公积金管理中心责令限期办理；逾期不办理的，处1万元以上5万元以下的罚款。"第三十八条规定："违反本条例的规定，单位逾期不缴或者少缴住房公积金的，由住房公积金管理中心责令限期缴存；逾期仍不缴存的，可以申请人民法院强制执行。"

依据上述规定，劳动者与用人单位因住房公积金发生争议，应由住房公积金管理中心负责催缴，严某要求红梅×××责任公司补缴住房公积金不属于人民法院审理劳动争议案件的受案范围。

第二节 社保入税

根据《政府非税收入管理办法》(财税〔2016〕33号)的规定,各级财政部门是非税收入的主管部门。财政部负责制定全国非税收入管理制度和政策,按管理权限审批设立非税收入,征缴、管理和监督中央非税收入,指导地方非税收入管理工作。非税收入可以由财政部门直接征收,也可以由财政部门委托的部门和单位征收。未经财政部门批准,不得改变非税收入执收单位。相比税收执收主体的唯一性,非税收入除少数由财政部门直接执收外,其余大部分均由部门执收,使得非税收入的执收缺乏统一性和权威性。

2018年3月21日,我国在新一轮的深化征税体制改革方案中明确提出:改革国地税征管体制,将省级和省级以下国地税机构合并,具体承担所辖区内各项税收、非税收入征管等职能。即社会保险费改为由税务机关统一征收。根据预算法的规定,完整的政府预算体系包括一般公共预算、政府性基金预算、国有资本经营预算、社会保险基金预算。这四本预算应当保持完整、独立。政府性基金预算、国有资本经营预算、社会保险基金预算应当与一般公共预算相衔接。非税收入将根据不同性质,分别纳入一般公共预算、政府性基金预算和国有资本经营预算管理。

在社保费划归税务征收前,根据《社会保险费征缴暂行条例》,由省、自治区、直辖市人民政府规定,其征收主体分为两种模式。一类是社保征收模式,由劳动保障行政部门按照国务院规定设立的社会保险经办机构负责征收社会保险费。另一类是税务征收模式,其又可以分为两种:税务代征,即社会保险经办机构负责核定缴费数额,税务部门负责征收;税务全责征收,即税务部门负责包括缴费数额核定、征收在内的全部征收环节。在划归后,社保费则全部由税务局全责征收。

社会保险费划归到税务局征收从2018年3月21日提出到7月20日公布,前后仅经历了3个月。从国地税合并到社保划归税务局,可以看出国家规范社会保险的决心。

社保入税前后的变化主要体现在以下几个方面:

变化一:征收主体、稽查力度、社保收入的变化

在征收主体方面,社保入税之前,社会保险费的征收主体是劳动保障行政部门。其作为一种目的税,目前全国只有二十多个省是由税务部门征收,

第五章 社保费及非税收入

而且多数省还只是停留在税务代征或部分征收阶段，离全责征收还有一定的差距；社保入税之后，其征收主体是各地税务机关。鉴于征收主体的变化，以往征收社保时要求全员、足额、按时征收，现在更加强调征收的强制性、时效性和便捷性。通过金税三期和金保二期联动，我国正在建立健全国家信用体系、司法体系和惠民体系。除了体现国家"放管服"的举措，本质上也大大提高了稽查管理力度。

在稽查力度方面，社保入税之前，社保的审查工作无外乎为社保稽查、社保审计、劳动监察，其中社保审计与社保稽查要求准备的财务资料和人事资料更加齐全，但两者仅有检察权，要求企业整改，真正有处罚权的是劳动监察部门；社保入税之后，首先税务部门有专业的征收队伍，这其中就包括税（费）源分析、纳税评估、税务稽查等专业人员，这些人员有丰富的实战经验，完全能胜任非税收入的征收工作；其次税务部门的征收手段先进，金税工程三期早已上线，税务与工商、公安、海关、社保等部门已经或即将联网，通过大数据、云计算等科技手段，可以大大提高非税收入的征管效率；最后税务部门对缴费单位的基本情况非常了解，比如社会保险费的缴费基数是职工工资总额，而税务部门在征收企业所得税和个人所得税时都已经掌握这个数据，这样在征收社会保险费时就稽查将更为严格，处罚力度也将相应加大。

在社保收入方面，社保入税之前，社保入税之后，统一由税务局管理，避免多头管理，可以提高社保征收效率，减少征收成本。同时，稽查力度的加大和信用体系的健全可以确保企业全员、足额、按时、强制、高效缴纳社保，提高社保的现时收入，社保基金将更加充足，见表5-2。

表5-2　　　　　社保局和税务局对于社保征收模式的对比

模式分类	社保局征收模式	税务局征收模式
申报模式	主动申报	主动申报+数据对比
审查模式	社保审计+社保稽查	税务稽查
数据来源	企业提供	金税三期数据库
员工收入	不联网	全国联网
法律责任	补缴+罚款+滞纳金	补缴+罚款+滞纳金
项目责任	无专人负责	税务专管员
银行数据	银行数据：查询困难	查询方便，并建立接口，随时查询

变化二：企业成本与风险的变化

在企业用工成本方面，社保入税之前，企业依托于劳动关系法定义务缴纳社保，劳务关系或非全日制员工不缴纳，甚至出现有的企业按照最低标准缴纳或不缴纳社保；社保入税以后，税务按照申报工资薪金和纳税所得额对比，今后社保基数和工资总额画等号，企业不得不按照实际工资缴纳社保，人工成本相应增加。此外，企业不仅需要对税收进行筹划，对于社保等非税收入也要进行筹划，管理成本势必增加。但需要注意的是，由于减少了多头管理，企业社保缴纳将变得更加高效，这部分成本将有所下降。

在企业风险方面，社保入税之前，企业可能对社保存在认知误区，认为个人所得税是税收收入，具有强制性，是必须缴纳的，而对于社保则存在侥幸心理，个人所得税数据与社保数据不作强制比对。而社保入税后，金税三期和金保二期系统是税收征管以及健全我国信用体系的重要工具，企业如果故意少缴或不缴社保，相关部门会对企业的违法行为追缴追责，不仅企业信用扫地，相关责任人也将被纳入黑名单，企业风险增加。

【例5-1】小刘2019年就职于A公司，该公司每月发放给他的工资、薪金为10000元，请列举社保入税后A公司不能继续采用的几种税收筹划方式：

【解析】

（1）不可取方式一，A公司的会计人员通过公司账面给小刘发放4000元工资，另外6000元工资通过一些收入不入账的私人账户资金来支付。该方式不可行原因是对于收入不入账的频繁交易的私人账户早已经纳入了大数据监控。

（2）不可取方式二，A公司的会计人员通过公司账面给小刘发放4000元，另外6000元工资通过让小刘寻找一些费用发票或帮小刘等员工统一买发票来顶抵工资，从而少缴个人所得税与社保费。该方式不可行原因是对于虚开虚抵发票、费用变动异常的情况早已经纳入了税务局的电子眼。

（3）不可取方式三，A公司将小刘的工资、薪金拆分为工资和劳务费，也就是会计人员通过公司账面给小刘发放4000元工资，另外6000元通过小刘去税务局虚开劳务费发票顶抵工资，从而少缴个人所得税与社保费。该方式不可行原因是对于同一个公司的同一员工，劳动关系和劳务关系不能并存。

（4）不可取方式四，A公司的会计人员为小刘发放4000元工资，另外6000元工资以不交社保的职工生活困难补助发放给小刘。该方式不可行原因是免征个人所得税与社保费的职工生活困难补助是任职单位向职工支付的临时性生活困难补助。即由于某些特定事件或原因而给纳税人本人或其家庭的正常生活造成一定困难,任职单位给该员工的临时性生活困难补助。只有符合规定的临时性生活困难补助才可以在计算社会保险费缴费基数时应予剔除。

(5) 不可取方式五,A 公司将小刘判定为不是公司的正式员工,而是属于临时工,不需要为其缴纳社保,直接通过临时人员工资发放表支付给小刘工资就可以。该方式不可行的原因是只要临时工与企业存在实际雇佣关系签订了劳动合同,同时参加单位的考勤、服从单位的规章制度管理,那么临时工与正式员工一样,应享受同等待遇,都需要申报个人所得税与社保费。

知识链接

存在以下九种情形的将被列入社保严重失信、失范行为惩戒名单:

1. 用人单位未按相关规定参加社会保险且拒不整改的;
2. 用人单位未如实申报社会保险缴费基数且拒不整改的;
3. 应缴纳社会保险费却拒不缴纳的;
4. 隐匿、转移、侵占、挪用社会保险费款、基金或者违规投资运营的;
5. 以欺诈、伪造证明材料或者其他手段参加、申报社会保险和骗取社会保险基金支出或社会保险待遇的;
6. 非法获取、出售或变相交易社会保险个人权益数据的;
7. 社会保险服务机构违反服务协议或相关规定的;
8. 拒绝协助社会保险行政部门、经办机构对事故和问题进行调查核实的;拒绝接受或协助税务部门对社会保险实施监督检查,不如实提供与社会保险相关各项资料的;
9. 其他违反法律法规规定的。

【例5-2】陈某是某公司的员工,该公司对员工的工资分配实行结构工资形式,即将工资分解成基础工资、奖金、津贴、补贴等几部分,根据具体考核计算每月工资。由于企业生产经营随着市场情况不断调整变化,陈某的每月工资收入变化也较大。为了确定社会保险费的缴费基数,公司与陈某约定:以基础工资的标准作为缴纳社会保险费的基数。陈某虽然对公司的说法有异议,但为了能够在公司长期工作下去,因此也就同意了公司的做法。于是,公司就按双方约定的数额为陈某缴纳社会保险费。

三年后,公司在合同终止时通知陈某不再续签劳动合同,陈某对公司不再续用自己感到失望。在办理离职手续时,陈某向公司提出了社会保险费缴费基数与自己工资收入不符的问题,希望公司予以解决。公司表示双方对社会保险费缴费基数已有约定，公司按约定为陈某缴费不存在问题，对陈某的要求予以拒绝。双方于是发生争议。

双方理由：陈某认为，自己在公司工作多年，公司没有按自己的实得收入为其缴纳社会保险费，违反了国家的有关规定，要求公司补缴未足额缴纳社会保险费的差额部分。

公司认为，因生产经营状况有变化而与员工约定缴费基数，公司严格按约定的缴费基数缴纳社会保险费，因此不同意陈某的要求。

【解析】

本案的争议焦点是当事人是否可以约定社会保险费的缴费基数。

《劳动法》第七十二条规定："用人单位和劳动者必须依法参加社会保险，缴纳社会保险费"。根据该规定，劳动关系双方当事人必须参加社会保险，缴纳社会保险费，这是《劳动法》对劳动关系当事人确定的法定义务。

国家统计局《关于工资总额组成的规定》对工资总额的规定是："工资总额是指各单位在一定时期内直接支付给本单位全部职工的劳动报酬总额。工资总额由下列六个部分组成：（一）计时工资；（二）计件工资；（三）奖金；（四）津贴和补贴；（五）加班加点工资；（六）特殊情况下支付的工资"。

在该规定中，确定的可以不列入工资总额的范围是："下列各项不列入工资总额的范围：（一）根据国务院发布的有关规定颁发的发明创造奖、自然科学奖、科学技术进步奖和支付的合理化建议和技术改进奖以及支付给运动员、教练员的奖金；（二）有关劳动保险和职工福利方面的各项费用；（三）有关离休、退休、退职人员待遇的各项支出；（四）劳动保护的各项支出；（五）稿费、讲课费及其他专门工作报酬；（六）出差伙食补助费、误餐补助、调动工作的旅费和安家费；（七）对自带工具、牲畜来企业工作职工所支付的工具、牲畜等的补偿费用；（八）实行租赁经营单位的承租人的风险性补偿收入；（九）对购买本企业股票和债券的职工所支付的股息（包括股金分红）和利息；（十）劳动合同制职工解除劳动合同时由企业支付的医疗补助费、生活补助费等；（十一）因录用临时工而在工资以外向提供劳动力单位支付的手续费或管理费；（十二）支付给家庭工人的加工费和按加工订货办法支付给承包单位的发包费用；（十三）支付给参加企业劳动的在校学生的补贴；（十四）计划生育独生子女补贴"。

以上规定对有关工资总额的组成部分和不列入工资总额部分作了详细明确的规定，是具体计算工资总额的法定依据。

《江苏省社会保险费征缴条例》第十条 缴费单位应当根据本单位职工工

第五章 社保费及非税收入

资总额、职工工资收入和费率按月向社会保险经办机构申报应当缴纳的社会保险费数额,经社会保险经办机构核定后,在规定的期限内按月缴纳社会保险费,并依法履行代扣代缴社会保险费的义务。前款规定的职工工资总额是指缴费单位直接支付给本单位全部职工的劳动报酬总额;职工工资收入是指缴费单位直接支付给职工本人的劳动报酬(包括工资、奖金、津贴、补贴和其他工资性收入等)。

因此,当事人以约定缴费基数的方式缴纳社会保险费,违反了按工资总额及职工工资收入核定缴费基数的规定,因此该约定因不符规定而无效;公司缴费基数统计中未列入奖金、津贴、补贴等几部分劳动报酬,而这几部分均不属于可以不列入工资总额统计的范围,因此,这几部分均属于应当计入缴费基数的统计范围,由此产生的社会保险费少缴部分,应当按规定补缴。据此,陈某可以要求公司补缴未足额缴纳社会保险费的差额部分。

> **小贴士**
>
> 在社保划归税务局后,社保费被合法、强制征收是必然的,而企业合法依规应对则是关键。未来企业除了税收筹划外,还需要对社保费及非税收入进行合理筹划。下面是几种可供企业参考的筹划思路:1. 用工灵活化,合同中明确劳动关系。全日制劳动合同需要缴纳社保,但在校实习生和退休返聘成员不用缴纳社保,小时工或者顾问这种非全日制人员,也不需为其缴纳社保。企业可以在对岗位规划时兼顾上述因素,进行合理安排,在签订劳动合同时明确劳动关系。但要注意对建筑行业等特殊领域的临时工缴纳社保的处理。2. 合理科学地调整员工工资结构,社保费的基数是员工薪酬总额,包括工资、津(补)贴、各类奖金。调整社保基数可以从工资结构入手,比如,以往为员工解决租房问题而发放的住房补贴,可以改为由企业出面,向租赁方承租的方式为员工解决租房问题,这样不仅减轻个人或企业关于个税、社保、公积金的负担,如果是套房有居住区域、有办公区域且无法做出明确区分的,还可以使用出租方开具的增值税专用发票抵扣税金,达到税收筹划的目的。

变化三:从业人员风险与权益的变化

在从业人员风险方面,社保入税后,其征收管理从人力资源和社会保障局划归到税务局,这就要求企业社保的管理也要从人力资源部门转为人力资源部门与财务部门共同参与完成。社保若纳入企业信用体系,相关责任人也将纳入个人信息体系,会计与人力资源等从业人员的风险发生巨大变化。社保划归后,人力资源部门与财务部门共同承担风险,且风险比划归前大大提高。

在从业人员权益上:一方面社保入税之前,部分企业按照最低缴费基数缴纳社保或直接不为员工缴纳社保。社保入税之后,员工社保的合法权益得到保障,至少社会保险费要和个人所得税基数保持一致,有利于员工关于社会保障、积分落户、购车购房等方面的权益得到保护。另一方面,由于划归后企业按照实际工资为员工缴纳社保,员工个人承担的部分也会发生变化,或许到手的工资会减少,员工要做好相应的心理准备。

【例5-3】李先生是北京市B企业的正式员工,每月税前月收入为10000元,在社保入税前,B企业一直以最低社保缴费基数为李先生缴纳社保,请计算社保入税后,李先生和B企业需要缴纳的社保费增加了多少。

【解析】见表5-3。

表5-3　　　　李先生个人应缴纳的社保成本(元)

社保费	个人缴费比例	按下限缴纳	上年社会平均工资 (8467元)	实际工资 (10000元)
养老保险(下限3387)	8%	271	677	800
医疗保险(下限5080)	2%+3元	105	172	203
失业保险(下限3387)	0.2%	7	17	20
员工应缴纳的社会保险成本		383	866	1023

B企业之前是按照社保最低缴费基数下限缴纳社保,李先生个人应承担的社保费为383元;而社保入税实施后,B企业将会按照李先生实际工资水平缴纳社保,则李先生需要承担的社保费增加额:1023-383=640(元/月)。见表5-4。

表5-4　　　　B企业应缴纳的社保成本(元)

社保费	企业缴费比例	按下限缴纳	上年社会平均工资 (8467元)	实际工资 (10000元)
养老保险(下限3387)	19%	644	1609	1900
医疗保险(下限5080)	10%	508	847	1000
失业保险(下限3387)	0.8%	27	68	80
生育保险(下限5080)	0.8%	41	68	80
工伤保险(下限5080)	0.4%	20	34	40
员工应缴纳的社会保险成本		1240	2626	3100

B企业之前是按照社保最低缴费基数下限缴纳社保,企业应该缴纳部分为1240元;社保入税实施后,企业将会按照李先生实际工资水平缴纳社保,企业需要承担的社保费增加额:3100-1240=1860(元/人·月)

【例5-4】倪某曾是扬州A公司员工。2016年10月,扬州A公司向倪某送达《辞退通知》解除双方的劳动关系。随后,倪某以该公司违法解除劳动合同为由,与A公司发生劳动争议纠纷,A公司在劳动争议纠纷期间一直为倪某缴纳社会保险费用。最后A公司以离职后单位为劳动者缴纳的社保费是不当得利为由,起诉了倪某。

原告扬州A公司诉称,双方劳动关系自2016年10月解除后,原告不具有为被告缴纳社会保险费用的法定责任,所以从2016年10月到2019年3月原告缴纳的社会保险费用应当由被告自行承担,故请求法院判令被告返还不当得利共计20682元。

被告倪某辩称,双方劳动关系自2016年10月原告将辞退通知送达被告时解除,10月的保险属于正常缴费。自11月起,原告自愿为其缴纳社会保险费,法律并不禁止此类行为,且履行道德义务给付和明知无给付义务给付是民法上不当得利的两种排除事由,故原告明知没有为被告缴纳社会保险的义务而自愿缴纳,不成立不当得利。

请思考劳动者离职后,单位为其缴纳的社保费是否属于不当得利。

【解析】员工与单位解除劳动关系后,单位丧失了为其缴纳社会保险的义务,已经缴纳的部分,视为员工的不当得利,员工应予返还。

法院经审理查明,原、被告于2016年10月解除劳动关系,原告有义务为被告缴纳2016年10月的社会保险,但代垫的个人缴费部分应予返还。从2016年10月原告向被告发出《辞退通知》开始,原、被告之间开始发生劳动争议纠纷,双方就解除劳动关系一直未达成一致意见,原、被告之间的劳动关系是否解除一直处于不确定中,原告为被告继续缴纳社会保险在情理之中。

此外,原告于2016年12月在广陵区劳动人事仲裁委员会庭审中要求被告返还已缴纳的2016年10月至12月的社保费,说明原告并非出于履行道德义务和明知不应缴纳社会保险的情况下而缴纳。因此,原告就支付的社会保险费所受的经济损失,享有不当得利返还请求权。

另法院查明,从2016年11月至2019年3月期间,原告扬州A公司为被告倪某缴纳社会保险的项目包含基本养老保险、失业保险、基本医疗保险、大病医疗救助、工伤保险、生育保险。由于被告未在原告为其缴纳的失业保险和工伤保险内获得相应的利益,故对失业保险和工伤保险项目下的缴纳金额不予返还。因此,被告倪某应向原告扬州A公司返还2016年11月至2019年3月单位缴纳部分的基本养老保险、基本医疗保险、大病医疗救助、生育保险项下的金额。同时被告应向原告返还2016年10月至2019年3月个人缴费部分的基本养老保险、基本医疗保险、大病医疗救助项下的金额。

最终,法院判决被告倪某向原告扬州A公司返还社会保险缴纳费用18906.75元。

第三节 社保缴费比例和缴费基数

社保缴费比例由个人缴费和单位缴费组成,社保缴纳额度每个地区的规定都不同,基数是以工资总额为基数。由于养老、工伤、医疗、生育、失业等社保五大险种的缴费基数与待遇补偿基数均与上年度在岗职工平均工资相挂钩,因此,平均工资水平的提高,会带来各社保险种的调整。

养老保险的缴费比例是:个人缴费根据职工本人上一年度月平均工资(最低数为上年全市职工工资的60%;最高数为上年全市职工工资的300%)的8%缴纳;单位缴费根据职工本人上一年度月平均工资的22%缴纳。2006年1月1日起,人社部将个人养老账户的规模统一由本人缴费工资的11%调整为8%。此前的政策是个人缴费全部和单位缴费的3%计入个人养老账户,单位缴纳的19%划转为社会统筹,而新政策将单位缴费的3%也划入社会统筹用来解决养老空账问题。医疗保险的缴费比例各地有所不同,以北京市为例,医疗保险缴费比例(最低数为上年全市职工工资的60%):单位10%,个人2%+3元;失业保险的缴费比例是:单位1%,个人0.2%;工伤保险的社保缴费比例是:根据单位被划分的行业范围来确定它的工伤费率,在0.5%至2%之间;生育保险的缴费比例是:单位0.8%,个人不交钱。

社保缴费基数是社会平均工资的60%~300%为缴纳基数,一般以上一年度本人工资收入为缴费基数。(1)职工工资收入高于当地上年度职工平均工资300%的,以当地上年度职工平均工资的300%为缴费基数;(2)职工工资收入低于当地上一年职工平均工资60%的,以当地上一年职工平均工资的60%为缴费基数;(3)职工工资在60%~300%之间的,按实申报。职工工资收入无法确定时,其缴费基数按当地劳动行政部门公布的当地上一年职工平均工资为缴费工资确定。

第五章 社保费及非税收入

每年社保都会在固定的时间（3月或者7月，各地不同）核定基数，根据职工上年度的月平均工资申报新的基数，需要准备工资表这些证明。

根据各地政策不同，缴费比例也略有差异。以北京市为例，缴费基数与缴费比例如表5-5和表5-6：

表5-5 北京各类参保人员2018年度社会保险缴费基数上下限及各险种缴费比例一览（2018年7月~2019年6月）

缴费人员类别	参加险种	缴费工资基数	缴费比例		按最低基数缴纳（元）		
			单位缴费比例	个人缴费比例	单位	个人	合计
城镇户口及外国籍人员（不含港、澳、台）	养老保险	3387~25401元	19%	8%	1229.43	382.33	1611.76
	失业保险		0.80%	0.20%			
	工伤保险	5080~25401元	0.20%	不缴费			
	生育保险		0.80%	不缴费			
	医疗保险		9%+1%	2%+3元			
农业户口	养老保险	3387~25401元	19%	8%	1229.43	375.56	农村劳动力：1604.99
	失业保险	农村劳动力	0.80%	不缴费			
		农村劳动力（24号文）3387~25401元	0.80%	0.20%			
	工伤保险	5080~25401元	0.20%	不缴费		382.33	农村劳动力（24号文）：1611.76
	生育保险		0.80%	不缴费			
	医疗保险		9%+1%	2%+3元			

表5-6 北京市职工上年月均工资收入申报表

填报单位（公章）：

组织机构代码：□□□□□□□□

社会保险登记证编号：□□□□□□□□□□

序号	*姓名	性别	*公民身份号码	*缴费人员类别	*参加险种					*申报月均工资收入/档次（元）
					养老	失业	工伤	生育	医疗	
甲	乙	丙	丁	戊	1	2	3	4	5	6

续表

序号	*姓名	性别	*公民身份号码	*缴费人员类别	*参加险种					*申报月均工资收入/档次（元）
					养老	失业	工伤	生育	医疗	
甲	乙	丙	丁	戊	1	2	3	4	5	6
合计										

补充资料：（仅限集中核定时填报） 上年职工年工资与生活费总额____（万元）

上年在岗职工工资总额____（万元）

在岗职工年平均工资____（元）

上年不在岗职工生活费总额____（万元）

不在岗职工年平均生活费____（元）

单位负责人： 社保经（代）办机构经办人员（签章）：

单位经办人： 社保经（代）办机构（盖章）：

填报日期： 年 月 日 核定日期： 年 月 日

备注：表格中带＊号的项目为必录项。

知识链接

表5-7 社会保险费缴费工资申报办事指南

服务对象	用人单位
业务分类	社会保险申报
事项名称（必填）	社会保险费缴费工资申报
事项内容	
事项类型	
办事主体	各社会保险经（代）办机构
设定依据（必填）	1. 中华人民共和国社会保险法（2010年10月28日 中华人民共和国主席令第35号） 3. 社会保险费申报缴纳管理规定（2013年9月26日 人社部令第20条）
申请条件（必填）	用人单位应当自按照社会保险经办机构公布的缴纳社会保险费的时间要求，如实以职工上一自然年度实发的工资总额的月平均工资，作为当年社会保险缴费工资申报的依据
办理材料（必填）	不需要提供申请材料

续表

申请方式	网上申报
办事流程（必填）	申请即受理→审查→决定
	方式一：北京市社会保险网上服务平台（网上申报）
	1. 用人单位通过单位用户登录北京市社会保险网上服务平台，进入"申报业务管理"一栏，点击"职工上年月均工资收入申报"模块，按要求录入本用人单位职工本人上年月平均工资，已办理过"四险"和"医疗"缴费中断的职工可勾选"减员标识"不再申报缴费工资，用人单位须录入本用人单位所有职工的职工工人上年月均工资后才可提交
	2. 用人单位提交后可查询缴费工资申报结果，对于申报不成功的职工可查询不成功原因并重新申报
	方法二："北京市社会保险信息系统企业管理子系统"申报（企业版）
	1. 用人单位通过社会保险经办机构下卸用人单位及职工信息导入本地的"北京市社会保险信息系统企业管理子系统"中
	2. 用人单位通过"北京市社会保险信息系统企业管理子系统"录入本用人单位职工的缴费工资
	3. 用人单位通过"北京市社会保险信息系统企业管理子系统"导出职工上年度社会保险缴费工资电子报盘信息报送各社会保险经（代）办机构
前继业务	
后继业务	
办理地点（必填）	营业执照注册地社会保险经（代）机构
办理时间（必填）	1. 网上申报缴费工资时间为每年 6 月 5 日到 7 月 25 日，具体要求请及时查询登记注册地社保经办机构网站的公布内容
	2. 周六、日休息，法定节假日不顺延
联系电话（必填）	详见"北京市社会保险经办机构联系表"
收费标准	
温馨提示	
证件名称及有效期	
表格/软件下载	
标准规范	3. 公章盖印请端正盖在单位名称处，不能歪斜、模糊
	4. 签名字体工整，不能歪斜、模糊

变化一：下调基本养老保险单位缴费比例

按照《政府工作报告》要求，2019 年 5 月 1 日起，我国将下调城镇职工基本养老保险单位缴费比例，各地可从 20% 降到 16%，并设置一系列具体配套措施。一是核定调低社保缴费基数。二是将阶段性降低失业和工伤保险费率政策再延长一年,至2020年4月底。其中,工伤保险基金累计结余可支付月数在18至23个月的统筹地区可将现行费率再下调20%,可支付月数在24个月以上的可下调50%。各地不得采取任何增加小微企业实际缴费负担的做法,不得自行对历史欠费进行集中清缴,确保职工社保待遇不受影响、养老金按时足额发放。

将城镇职工基本养老保险单位缴费比例从20%降到16%,既有利于实现基本养老保险在全国范围内的统筹,又有利于我国养老金制度走向成熟、走向定型、走向多层次化。我国各地的养老保险单位缴费比例是有所不同的,比如广东省的养老保险单位缴费比例为13%~14%,浙江杭州为14%,厦门为12%。此次将全国养老保险单位缴费比例降低到16%,体现了政府助力实体经济发展、减轻企业负担的决心。

变化二:核定调低社保缴费基数

核定调低社保缴费基数指的是各地由过去依据城镇非私营单位在岗职工平均工资,改为以本省城镇非私营单位和私营单位加权计算的全口径就业人员平均工资,核定缴费基数上下限,使缴费基数降低。调整就业人员平均工资计算口径后,各省要制定基本养老金计发办法的过渡措施,确保退休人员待遇水平平稳衔接。完善个体工商户和灵活就业人员缴费基数政策。个体工商户和灵活就业人员参加企业职工基本养老保险,可以在本省全口径城镇单位就业人员平均工资的60%~300%之间选择适当的缴费基数。

由于各地过去依据城镇非私营单位在岗职工平均工资核定缴费基数上下限,造成基数存在一定的不合理,部分企业、个体工商户和灵活就业人员因为觉得缴费负担重而选择不参保,从而形成了对低收入群体的制度性挤出现象。

在2016年,国务院印发的《关于激发重点群体活力带动城乡居民增收的实施意见》就提出,将城镇私营单位在岗职工平均工资纳入缴费基数统计口径范围,形成合理的社会保险和住房公积金缴费基数,避免对低收入群体的制度性挤出。

【例5-5】某企业有职工300名。其中从事生产的人员为200名,从事制造的20名,总部管理人员为50名,销售人员为30名。该公司与劳动者原订立了全员劳动合同,未发生人员变动。假定该公司按当地人均薪金基数2946元计算缴纳职工养老保险费,按现行相关政策规定,假定应缴比例为26%,其中:单位缴费18%,个人缴费8%,其计算及相关账务处理如下:

【解析】

1. 缴费的计算

(1) 月度缴费基数：2946×300＝883800.00（元）

(2) 月度应缴金额：883800×26%＝229788.00（元）

其中：单位缴费共计：883800×18%＝159084.00（元）

个人缴费共计：883800×8%＝70704.00（元）

2. 个人账户清单

(1) 月度缴费基数：2946.00 元

(2) 月度应缴金额：2946×26%＝765.96（元）

其中：单位缴费：2946×18%＝530.28（元）

个人缴费：2946×8%＝235.68（元）

3. 账务处理

(1) 按规定应负担的职工基本养老保险费：

借：生产成本——基本生产成本　　　　　　106056

　　制造费用——社会保险费　　　　　　　10605.6

　　管理费用——社会保险费　　　　　　　26514

　　销售费用——社会保险费　　　　　　　15908.4

　　　贷：应付职工薪酬——社会保险费（养老保险）　159084

(2) 代扣职工个人养老保险费：

借：应付职工薪酬——工资　　　　　　　　70704

　　　贷：应付职工薪酬——社会保险费（养老保险）　70704

小贴士

　　由上述例题，我们可以对企业和个人依据当地缴费比例来缴纳社保的会计处理进行总结：

①企业在计提社保时：

借：管理费用、生产成本等

　　贷：应付职工薪酬——工资

　　　　应付职工薪酬——养老、医疗、公积金等（企业承担部分）

②实际发放工资时：

借：应付职工薪酬——工资

　　贷：其他应付款——养老、医疗、公积金等（企业承担部分）

> 　　应交税费——应交个人所得税
> 　　　银行存款
> ③缴纳社保和公积金时：
> 借：其他应付款——养老、医疗、公积金等（个人承担部分）
> 　　应付职工薪酬——养老、医疗、公积金等（企业承担部分）
> 　　贷：银行存款
> ④代扣代缴个人所得税时：
> 借：应交税费——应交个人所得税
> 　　贷：银行存款

【例5-6】北京市某企业A女，招聘主管，月薪10000元。北京某企业B女，库管员，月薪3000元。北京某企业C女，销售经理，月薪30000元。请问三人的缴费基数分别为多少？

【解析】

北京2019年的社会平均工资是8467元，目前养老和失业保险的缴费基数的下限是3387元（8467×40%），医疗保险、生育保险和工伤保险的缴费基数的下限是5080元（8467×60%），五险缴费基数的上限都是25401元（8467×300%）。

北京某企业A女，她的收入介于五险缴费基数的上下限之间，所以她五险的缴费基数是10000元。

北京某企业B女，她的收入低于五险缴费基数的下限，所以她的养老和失业保险的缴费基数是3387元，医疗保险、生育保险和工伤保险的缴费基数是5080元。

北京某企业C女，她的收入高于缴费基数的上限，所以她五险的缴费基数是25401元。

【例5-7】若小王所在某省城镇非私营单位在岗职工平均工资为6000元，社保缴费下限为平均工资的60%，也就是3600元。小王工资为2000元，低于缴费下限，则他应该按照3600元的下限为基数缴纳社保，养老保险个人缴费比例为8%，他每月养老保险缴费288元。如果将私营单位在岗职工平均工资纳入统计口径，重新核定后在岗职工平均工资降为5000元，请计算小王承担的社保费减少了多少。

【解析】

在岗职工平均工资降为 5000 元后，社保缴费下限就会降为 3000 元，小王此时每月养老保险缴费为 3000×8% = 240（元），则小王每月承担的社保费减少了 288 - 240 = 48（元）。

【例 5-8】现有一家位于成都市的物业企业 A 公司，其财务总监认为在社保费由税务局全责征收的背景下，企业如果继续沿用传统的用工模式，将会面临高额的社保费支出，请为其提出科学有效的税收筹划方案。

【解析】

（1）方案思路：将劳动关系转化为劳务关系。目标企业将工作外包给第三方劳务公司，由第三方劳务公司再外包给员工，这样目标企业、第三方劳务公司、员工三者间的关系都是平等的合同关系即劳务关系，不再是劳动关系，理应不缴纳社保。

（2）方案示意图如图 5-1 所示。

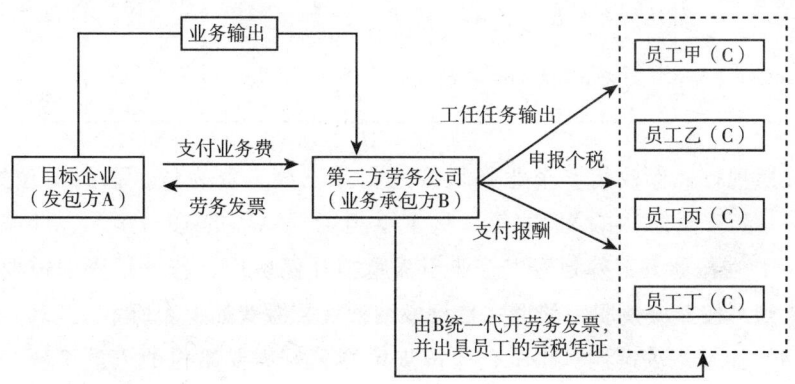

图 5-1　方案示意图

（3）方案关键点：①第三方劳务公司并不是传统的劳务派遣，与目标企业之间属于劳务外包。本方案中的第三方劳务公司是与某省政府及税务局达成协定的：员工属于个体户，取得的所得属于生产经营所得，但越过了工商办理的相关流程；②所有接受劳务外包的员工或个人在取得相应报酬后，不需要员工到税务局代开应给劳务公司的劳务发票，而是应该通过另外的简易程序开票；③筹划效果对比（以月工资 10000 元举例）（见表 5-8）。

表 5-8　2018 年成都市单位参保缴纳社会保险费基数（元）

筹划前社保成本			筹划后社保成本		
险种	单位	个人	险种	单位	个人（非城镇职工）
基本养老保险	19%	8%	基本养老保险	—	477
基本医疗保险	6.5%	2%	统账结合（含大病互助医疗）		412
成都大病医疗互助补充保险缴费	1%	—	住院统筹（含重特大疾病）		220
失业保险	0.6%	0.4%	生育保险（限女性）		43
工伤保险	0.14%	—			
女工生育保险	0.8%				
分别承担社保金额	10000×28.04%=2804	10000×10.4%=1040			1153（男性1110）
合计承担社保金额	10000×38.44%=3844				1153（男性1110）

按照现行社保政策，企业必须按照实际发放工资为员工购买单位社保，企业将承担工资总额的 28.04%，员工承担工资总额的 10.4%，合计需缴纳 3844 元，在按此方案筹划后，企业不需承担社保费用。若员工依旧需要购买社保，则可按非城镇职工的形式自行缴纳社保，缴费如上表所示。

（4）企业端关键点：①A 企业按规定测算好需要给付的人员工资，按月付到 B 为 A 开设的一般账户中；②B 开具全额的增值税专用发票给 A（6% 税率的服务费发票，A 可作成本及进项进行抵扣）。

（5）个人端关键点：①B 将收到的劳务外包款，扣除员工（或个人）个人所得税后，将剩余金额打入个人账户；②个人可通过目标公司额外支付的补偿费，自行购买非城镇职工社会保险；③个人需与第三方劳务公司即 B 签订业务外包合同，目标公司在新型用工关系下，短期实得、远期利益都得到了保证。

（6）业务承包方关键点：①按月收取服务费用；②在政策和风险控制的范围内，保证稳定的政策渠道。

（7）资金安全。本方案为了保证链条资金安全，第三方劳务公司会给目标企业在当地开设一个一般账户，密码及 U 盾等由目标企业自己控制，并且，工资发放可达到 T+1 到账。

注意，本方案最适用于劳动密集型企业，如快递、物业、清洁、餐饮等。

第四节　生育保险与基本医疗保险合并

2019 年 3 月 25 日，国务院办公厅印发《关于全面推进生育保险和职工基本医疗保险合并实施的意见》（以下简称《意见》），明确提出按照"保留险种、保障待遇、统一管理、降低成本"的总体思路，全面推进两项保险合并实施。具体内容如下：

1. 统一参保登记

参加职工基本医疗保险的在职职工同步参加生育保险。实施过程中要完善参保范围，结合全民参保登记计划摸清底数，促进实现应保尽保。

2. 统一基金征缴和管理

生育保险基金并入职工基本医疗保险基金，统一征缴，统筹层次一致。按照用人单位参加生育保险和职工基本医疗保险的缴费比例之和确定新的用人单位职工基本医疗保险费率，个人不缴纳生育保险费。同时，根据职工基本医疗保险基金支出情况和生育待遇的需求，按照收支平衡的原则，建立费率确定和调整机制。

职工基本医疗保险基金严格执行社会保险基金财务制度，不再单列生育保险基金收入，在职工基本医疗保险统筹基金待遇支出中设置生育待遇支出项目。探索建立健全基金风险预警机制，坚持基金运行情况公开，加强内部控制，强化基金行政监督和社会监督，确保基金安全运行。

3. 统一医疗服务管理

两项保险合并实施后实行统一定点医疗服务管理。医疗保险经办机构与定点医疗机构签订相关医疗服务协议时，要将生育医疗服务有关要求和指标增加到协议内容中，并充分利用协议管理，强化对生育医疗服务的监控。执行基本医疗保险、工伤保险、生育保险药品目录以及基本医疗保险诊疗项目和医疗服务设施范围。

促进生育医疗服务行为规范。将生育医疗费用纳入医保支付方式改革范围，推动住院分娩等医疗费用按病种、产前检查按人头等方式付费。生育医疗费用原则上实行医疗保险经办机构与定点医疗机构直接结算。充分利用医保智能监控系统，强化监控和审核，控制生育医疗费用不合理增长。

4. 统一经办和信息服务

两项保险合并实施后，要统一经办管理，规范经办流程。经办管理统一由基本医疗保险经办机构负责，经费列入同级财政预算。充分利用医疗保险信息系统平台，实行信息系统一体化运行。原有生育保险医疗费用结算平台可暂时保留，待条件成熟后并入医疗保险结算平台。完善统计信息系统，确保及时全面准确反映生育保险基金运行、待遇享受人员、待遇支付等方面情况。

5. 确保职工生育期间的生育保险待遇不变

生育保险待遇包括《中华人民共和国社会保险法》规定的生育医疗费用和生育津贴，所需资金从职工基本医疗保险基金中支付。生育津贴支付期限按照《女职工劳动保护特别规定》等法律法规规定的产假期限执行。

6. 确保制度可持续

各地要通过整合两项保险基金增强基金统筹共济能力；研判当前和今后人口形势对生育保险支出的影响，增强风险防范意识和制度保障能力；按照"尽力而为、量力而行"的原则，坚持从实际出发，从保障基本权益做起，合理引导预期；跟踪分析合并实施后基金运行情况和支出结构，完善生育保险监测指标；根据生育保险支出需求，建立费率动态调整机制，防范风险转嫁，实现制度可持续发展。

生育保险与职工基本医疗保险合并实施，丝毫不会影响参保职工的生育保险待遇，改变的只是经办渠道，原有生育保险参保范围、保障项目和支付水平均未改变。两险合并实施并非取消生育保险，不涉及生育保险待遇政策的调整，也不增加单位和个人缴费负担，只是管理运行上的一体化，即所有参加职工基本医疗保险的在职职工同步参加生育保险，有利于实现生育保险应保尽保。生育保险待遇包括生育医疗费用和生育津贴两部分。不同于医疗保险待遇按比例支付的方式，生育保险采取的是在规定范围内实报实销的办法。同时，生育保险由单位缴费，个人不缴费。合并实施后，不仅上述政策不变，还将通过实现两项保险参保同步登记、基金合并运行、征缴管理一致、监督管理统一、经办服务一体化，在节省管理成本、提升效率的同时，使得参保者报销更加便利。

第六章 税收征管变化

第一节 国地税合并带来的征管变化

2018年3月13日,国务院机构改革方案提请十三届全国人大一次会议审议。根据该方案,将改革国税地税征管体制,将省级和省级以下国税地税机构合并,具体承担所辖区域内各项税收、非税收入征管等职责。从征管的角度来看,国地税合并主要带来了以下三个方面的具体变化。

变化一:税务行政执法主体发生改变

国家税务总局2018年68号文明确挂牌后要以新税务机构名称开展工作,具体体现在两个方面:一是新税务机构要启用新的行政、业务印章,原国税、地税机关的行政、业务印章停止使用;二是新税务机构涉及的相关证书、文书、表单等要启用新的名称、局轨、字轨和编号。

新税务机构挂牌后,将承继原国税、地税机关税费征管的职责和相关工作。具体体现在三个方面:

(一)原国税、地税机关已作出的行政决定、出具的执法文书以及签订的各类协议继续有效。以委托代征工作为例,县国税、地税机关与代征单位签订的委托代征协议,在县新税务机构挂牌后该协议仍处于有效期的,则该委托代征协议可以依法继续有效。

(二)原国税、地税机关已受理但尚未办结的事项,由新税务机构继续办理。以延期缴纳税款业务为例,省国税或地税机关在挂牌前受理了纳税人延期缴纳税款申请的,挂牌后,由新的省税务机构为纳税人继续办理。

(三)纳税人、扣缴义务人以及其他行政相对人已取得的相关税务证件、资格、证明继续有效。

- 新税务机构如何为纳税人办理税收业务?

挂牌后,原国税、地税的金税三期核心征管子系统仍需要并行一段时间,为确保相关涉税事项能够有序运转，公告明确，新税务机构对税费征收、行政许可、减免退税、税务检查、行政处罚、投诉举报、争议处理、信息公开等涉税事项，在新的规定发布施行前，暂按原规定办理，但统一以新机构名称对外开展工作。

- 对新税务机构的行政行为不服，如何申请行政复议？

行政相对人等对新税务机构的具体行政行为不服申请行政复议的，依法向其上一级税务机关提出行政复议申请。

变化二：办税统一

各级税务机关要按照税务总局的统一部署，对办税服务资源和网上办税系统进行有效整合。新税务机构挂牌后，实现"一厅通办""一网通办""主税附加税一次办"；12366纳税服务热线不再区分国税、地税业务，实现涉税业务"一键咨询"。

新税务机构要统筹做好税务登记的确认、变更、注销和停复业等工作，实现税务登记事项"一窗办理"，内部信息共享共用。对当期有任一税种申报记录的纳税人，新税务机构不得将其认定为非正常户。对纳税人在原国税、地税机关户籍管理状态不一致的，新税务机构应当根据纳税人实际情况按规定处理，保持同一纳税人状态的一致性。

- 实名办税还将继续推广

各省新税务机构要结合本地实际，制定实名办税信息合并规则，统一本省实名办税范围、流程及验证手段等，避免重复采集和重复验证。

- 如何理解"相同资料只需提供一套""同事项只需申请一次"？

新税务机构对税费征收等事项暂按原规定办理，纳税人办理原国税、地税同一税收业务事项，如财务会计制度及核算软件备案、合并分立情况报告等，可能出现重复报送、多头办理的问题。为解决该问题，公告明确，纳税人在新税务机构办理涉税事宜时，相同资料只需提供一套，同一涉税事项只需申请一次。

- 纳税人领用的发票和在用税控设备在挂牌后能否继续使用？

新税务机构挂牌后会启用新的发票监制章。挂牌前各省国税机关已监制的发票，如通用机打发票、通用手工发票、通用定额发票、增值税电子普通发票等，在2018年12月31日前可以继续使用。纳税人在用税控设备可以延续使用，不需要重新购买。

变化三：金税三期将更加"强大"

根据国家税务总局 2018 年 68 号文，在系统配置方面，新税务机构要按照税务总局下发的配置标准和时间节点要求，做好金税三期工程核心征管子系统配置升级工作，预期金税三期将更加"强大"。在运行维护方面，过渡期内，新税务机构要按照原有的运维管理体系和统一的网络安全管理要求，明确职责分工，做好信息系统的运行维护、数据中心基础设施管理和网络安全管理，保障系统的稳定运行。

- 如何通过大数据判断企业税款有无异常？

（1）关注企业收入，通过企业成本和费用来比对企业利润有无异常。

（2）企业成本费用，通过核对企业每一笔支出、产品及对应发票，来判定有无异常。

（3）企业库存，作为一个有相对稳定的周期性波动数据。可以通过比对供应链上下游企业的数据，来检查有无异常。

（4）企业银行账户，通过对比应收账款的金额来判定有无异常。

（5）企业应纳税额，若企业增值税额与企业毛利不匹配、企业期末存货与留底税金不匹配；企业缴纳的地税附加税费，与增值税比对不一致等等，都能通过大数据被识别出异常。

……

- 发现你的申报异常后会怎样？

每月初，各地区都会通过金税三期系统和网上纳税申报系统对各企业的申报数据进行比对，比对不符的，该企业的税控设备就会被锁，导致无法对外开发票，这会严重影响企业的经营。

对此各省市税局还将专门设置一个"申报异常处理岗位"，专岗专人专门负责增值税纳税申报比对异常的处理，只有等他确认了你企业申报的数据异常是"正常"异常后，才会对你的税控机解锁。

> 对企业的影响

（1）国地税征管系统合并，对企业监管力度加大。不可否认的是，以往国税检查出企业房产税、个税、土地增值税等方面的问题也有不深入追究的情况；地税检查出增值税或企业所得税的问题，也有类似的情形。但机构合并后，这些盲区肯定不复存在了。

现有国地税日常监管评估或大数据的风险指标对比，提取指标的税局往往不考虑其负责税种之外的纳税情况。可预期的是，今后全税种纳税信息都可实现对比分析，企业合规性要求更强。

（2）方便纳税人办税，减少企业税收合规成本。国地税合并后，可以解决办税人员"多头跑"、政策"多口径"、执法"多头查"的问题源头。改革国税地税征管体制，将省级和省级以下国税地税机构合并。纳税人通过一个窗口纳税，不需要两头跑，可以更加方便，一次性办完业务。国地税合并方便了纳税人申报及应对税务机关检查，大大减少了企业的税收合规成本。征管口径统一后，也有利于减少税企争议矛盾。

（3）纳税人的税收违法行为将无处躲藏。国地税分设时，对纳税人管理各自为政，宽严程度不一，很多纳税人不同程度地享受了"国地税分设红利"；由于人手限制，税务机关对纳税人进行税务稽查的比例一直不高。以往国税检查出企业房产税、个税、土地增值税等方面的问题也有不深入追究的情况；地税检查出增值税或企业所得税的问题，也有类似的情形。但机构合并后，这些盲区肯定不复存在了。

但是，国地税合并后，管理标准会趋于一致，预计更多税务人员将被充实到税收第一线，对企业进行税务稽查工作必将得到加强，税务稽查比例将显著提高；纳税人在持续经营过程中的偷漏税等税收违法行为将难以隐藏，得到有效清算的概率大大增加。

（4）纳税人今后的税收违法成本将显著增加。随着金税三期等税收电子信息系统的税收征管功能进一步增强，在有效服务纳税人的同时，对纳税人税收管理行为的监控功能也会相应提升，应对纳税人偷漏税等税收违法问题的技术手段将进一步提高，税收违法成本将显著增加。

（5）纳税人的税收筹划空间将被进一步挤压。现在，很多企业利用部分省市级地方政府的税收优惠政策，进行税收筹划；国地税合并后，实行国税为主、地方政府双管的税收管理体制，税收优惠政策下地方政府的招商引资竞争将受到限制，纳税人以此为基础的税收筹划空间将逐渐丧失。

（6）进行科学的税收风险管理成为唯一正确选择。目前，"一处失信、处处受限"的信用惩戒的大网已经在全国铺开，"让失信者寸步难行"正成为现实。企业进行科学的税收风险管理，不是可有可无，而是必须做好。纳税人组建强有力的税收管理队伍，或依托成熟的中介服务，都是有效选项。

➢ 税收建议

广大纳税人应该积极利用这一契机，重新梳理和调整企业内部的税务业务管理，包括相关涉税人员、机构和业务流程的调整等，使由原来适应两个税务部门的涉税管理，调整为适应一个税务部门的涉税管理，并在国税地税业务"一厅通办""一网通办",12366"一键咨询""实名信息一次采集"、统一税务检查、统一税收执法标准等改革红利下,最大限度地降低纳税成本,减轻纳税负担。具体而言有以下几方面:

(1) 加强税收风险管控,提高税法遵从度,先行建立自己企业的税务风险控制指标体系。

(2) 做好事前筹划,合法合理地进行税收筹划,充分享受税收优惠。有企业说,我们风险管理得好,税局从来没找过我。但是你有没有想过,也可能是平时多缴税了,所以税局才不找企业。而随着国地税合并,服务力度加强,税收优惠政策落地障碍将无限趋近于0,办事容易了,就更要充分享受优惠,做好税收创效。

(3) 积极维护企业合法权益,做好争议沟通解释。将来执法口径统一后,争议少了不说,即使有一些需要沟通解释的工作,企业做起来也相对更容易一些,积极维护企业合法权益,依法纳税。

第二节 海关税收征管方式的最新变化

《海关总署公告2017年第25号——关于推进全国海关通关一体化改革的公告》已于2017年7月1日起正式实施。三个税收征管中心正式亮相,税收征管方式改革扩大到全国口岸所有运输方式进口的《中华人民共和国进出口税则》全部章节商品。税收征管中心的建立以及征管方式的改革,将极大地改变进出口企业已经习惯的税收规则。企业必须顺应征管改革的趋势,积极地调整合规思路,才能够更好地做好合规工作。

变化一:海关税收征管中心的职责分工

全国共设立三个税收征管中心。海关总署税管中心(上海)负责机电大类(机电、仪器仪表、交通工具类)等商品,包括税则共8章(第84~87章、89~92章)、2286个税号;海关总署税管中心(广州)负责化工大类(化工原料、高分子、能源、矿产、金属类等)商品,包括税则共30章(第25~29、31~40、68~83)、2800个税号、海关总署税管中心(京津)负责农林、食品、药品、轻工、杂项、纺织类及航空器等商品,包括税则共58章(第1~24章、30章、41~67章、88章、93~97章)、3461个税号。

与原先的区域审单模式相比,税收征管中心的设立带来如下两个方面的变化:

一是更高的层级。从级别上来看，三个税收征管中心作为海关总署的直属单位，比以往直属海关的审单中心层级要高。这意味着税收征管中心在调动整合执法力量方面将更加具有优势，以往需要在不同关区协调解决的归类技术等问题将直接由税收征管中心代表海关总署作出决定。

二是更加统一的执法标准。三个税收征管中心在各自所负责的税号上，实现了全国范围的统一执法。这有助于解决不同关区的执法冲突问题，最突出的表现是相同商品归入不同税则号列的问题。

变化二：税收征管方式的变化

税收征管中心成立后，将继续沿用《海关总署公告 2016 年第 62 号——关于开展税收征管方式改革试点工作的公告》的税收征管模式。主要包括两项内容：

（1）自主申报、自行缴税（自报自缴）。进出口企业、单位在办理海关预录入时，应当如实、规范填报报关单各项目，利用预录入系统的海关计税（费）服务工具计算应缴纳的相关税费，并对系统显示的税费计算结果进行确认，连同报关单预录入内容一并提交海关。

进出口企业、单位在收到海关通关系统发送的回执后，自行办理相关税费缴纳手续；需要纸质税款缴款书的，可到申报地海关现场打印，该纸质税款缴款书上注明"自报自缴"字样，属于缴税凭证，不具有海关行政决定属性。

（2）税收要素审核后置。货物放行后，海关对进出口企业、单位申报的价格、归类、原产地等税收要素进行抽查审核；特殊情况下，海关实施放行前的税收要素审核。相关进出口企业、单位应当根据海关要求，配合海关做好税收征管工作。

此外，依据《海关总署公告 2017 年第 28 号——关于开展后续核查工作的公告》，后续核查将成为海关执法的常规方式，与海关稽查一道发挥保证国家税款安全的作用。

> 对企业的影响

税收征管中心的设立与税收征管方式改革对于企业的实际影响不可一概而论。对于能够做好合规工作、满足海关监管要求的企业来说，新的征管模式无疑是一项重大利好；但对于合规把控力度不足的企业来说，则意味着更大的风险，具体表现在以下两个方面：

（1）认定走私故意的可能性增大。在以往的税收征管模式中，由于海关对估价、归类、原产地等税收要素进行了形式上的审查，企业往往以征税经过了海关批准，因而应当获得信赖利益保护为由，否认企业存在走私故意。对于企业有过申报记录且海关曾接受申报的，海关也基本不作为走私案件处理。关企的争议主要集中在企业是否存在过失、是应当追征税款还是补征税款、是否应当一并追征滞纳金等问题上。但在新的税收征管模式下，企业前期的自报自缴海关不再介入，一旦申报错误，则作为走私案件处理的可能性将大幅增加。

（2）海关稽查变得更加具有突发性。在以往的税收征管模式中，企业在报关过程中遇到海关提出的质疑，在报关当时就知道存在问题，可以在海关的指导下通过变更税号、补充申报等方式及时解决。在新的税收征管模式中，企业将一直到海关稽查之日，可能才会了解到若干年前某票货物在报关时存在违规之处。

➢ 税收建议

（1）注意进口相关文件的保存。在新的税收征管模式下，由于监管后置，因此货物顺利报关，并不意味着万事大吉。为了应对可能到来的"后顾之忧"，进口相关文件的保存，将成为合规的重要工作内容之一。企业的困惑之处在于相关文件的保管期限。海关总署对于进口相关文件的保存期限并未作出明确的规定，而仅仅规定企业在海关要求提交时应当提交。考虑到海关的稽查期限为三年，我们认为，企业自货物申报进口之日起，至少应当保存三年。对于可能同时涉及特别纳税调整等税务风险的重要财务文件，则应当按照国家税务总局的要求，至少保存十年。

（2）充分借助第三方的专业力量。企业在估价、归类、原产地等技术问题上感到吃不准时，应当充分听取第三方归类服务机构或者律师事务所的专业意见，而不能武断地作出判断和申报。权威的第三方评估报告或分析意见，有助于证明企业在向海关申报时是客观严谨的，不存在主观故意，从而降低走私行为或者走私犯罪的风险。

第三节 增值税的最新征管动态

变化一：小规模纳税人免征增值税政策的征管问题

根据国家税务总局2019年4号公告，小规模纳税人月销售额10万元以下（含本数）免征增值税政策的若干征管问题按照如下规定：

1. 小规模纳税人发生增值税应税销售行为，合计月销售额未超过10万元（以1个季度为1个纳税期的，季度销售额未超过30万元，下同）的，免征增值税。

小规模纳税人发生增值税应税销售行为，合计月销售额超过10万元，但扣除本期发生的销售不动产的销售额后未超过10万元的，其销售货物、劳务、服务、无形资产取得的销售额免征增值税。

2. 适用增值税差额征税政策的小规模纳税人，以差额后的销售额确定是否可以享受本公告规定的免征增值税政策。

《增值税纳税申报表（小规模纳税人适用）》中的"免税销售额"相关栏次，填写差额后的销售额。

3. 按固定期限纳税的小规模纳税人可以选择以1个月或1个季度为纳税期限，一经选择，1个会计年度内不得变更。

4. 《中华人民共和国增值税暂行条例实施细则》第九条所称的其他个人，采取一次性收取租金形式出租不动产取得的租金收入，可在对应的租赁期内平均分摊，分摊后的月租金收入未超过10万元的，免征增值税。

5. 转登记日前连续12个月（以1个月为1个纳税期）或者连续4个季度（以1个季度为1个纳税期）累计销售额未超过500万元的一般纳税人，在2019年12月31日前，可选择转登记为小规模纳税人。

一般纳税人转登记为小规模纳税人的其他事宜，按照《国家税务总局关于统一小规模纳税人标准等若干增值税问题的公告》（国家税务总局公告2018年第18号）、《国家税务总局关于统一小规模纳税人标准有关出口退（免）税问题的公告》（国家税务总局公告2018年第20号）的相关规定执行。

6. 按照现行规定应当预缴增值税税款的小规模纳税人，凡在预缴地实现的月销售额未超过10万元的，当期无须预缴税款。本公告下发前已预缴税款的，可以向预缴地主管税务机关申请退还。

7. 小规模纳税人中的单位和个体工商户销售不动产，应按其纳税期、本公告第六条以及其他现行政策规定确定是否预缴增值税；其他个人销售不动产，继续按照现行规定征免增值税。

8. 小规模纳税人月销售额未超过10万元的，当期因开具增值税专用发票已经缴纳的税款，在增值税专用发票全部联次追回或者按规定开具红字专用发票后，可以向主管税务机关申请退还。

9. 小规模纳税人2019年1月份销售额未超过10万元（以1个季度为1个纳税期的，2019年第一季度销售额未超过30万元），但当期因代开

第六章 税收征管变化

普通发票已经缴纳的税款，可以在办理纳税申报时向主管税务机关申请退还。

10. 小规模纳税人月销售额超过10万元的，使用增值税发票管理系统开具增值税普通发票、机动车销售统一发票、增值税电子普通发票。

已经使用增值税发票管理系统的小规模纳税人，月销售额未超过10万元的，可以继续使用现有税控设备开具发票；已经自行开具增值税专用发票的，可以继续自行开具增值税专用发票，并就开具增值税专用发票的销售额计算缴纳增值税。

11. 本公告自2019年1月1日起施行。《国家税务总局关于全面推开营业税改征增值税试点有关税收征收管理事项的公告》（国家税务总局公告2016年第23号）第三条第二项和第六条第四项、《国家税务总局关于明确营改增试点若干征管问题的公告》（国家税务总局公告2016年第26号）第三条、《国家税务总局关于营改增试点若干征管问题的公告》（国家税务总局公告2016年第53号）第二条和《国家税务总局关于小微企业免征增值税有关问题的公告》（国家税务总局公告2017年第52号）同时废止。

变化二：关于中外合作办学等有关增值税的征管问题

根据国家税务总局2018年42号公告，有关中外合作办学等最新增值税征管问题规定如下：

1. 境外教育机构与境内从事学历教育的学校开展中外合作办学，提供学历教育服务取得的收入免征增值税。中外合作办学，是指中外教育机构按照《中华人民共和国中外合作办学条例》（国务院令第372号）的有关规定，合作举办的以中国公民为主要招生对象的教育教学活动。上述"学历教育""从事学历教育的学校""提供学历教育服务取得的收入"的范围，按照《营业税改征增值税试点过渡政策的规定》（财税〔2016〕36号文件附件3）第一条第（八）项的有关规定执行。

2. 航空运输销售代理企业提供境内机票代理服务，以取得的全部价款和价外费用，扣除向客户收取并支付给航空运输企业或其他航空运输销售代理企业的境内机票净结算款和相关费用后的余额为销售额。其中，支付给航空运输企业的款项，以国际航空运输协会（IATA）开账与结算计划（BSP）对账单或航空运输企业的签收单据为合法有效凭证；支付给其他航空运输销售代理企业的款项，以代理企业间的签收单据为合法有效凭证。航空运输销售代理企业就取得的全部价款和价外费用，向购买方开具行程单，或开具增值税普通发票。

3. 纳税人通过省级土地行政主管部门设立的交易平台转让补充耕地指标,按照销售无形资产缴纳增值税,税率为6%。本公告所称补充耕地指标,是指根据《中华人民共和国土地管理法》及国务院土地行政主管部门《耕地占补平衡考核办法》的有关要求,经省级土地行政主管部门确认,用于耕地占补平衡的指标。

4. 上市公司因实施重大资产重组形成的限售股,以及股票复牌首日至解禁日期间由上述股份滋生的送、转股,因重大资产重组停牌的,按照《国家税务总局关于营改增试点若干征管问题的公告》(国家税务总局公告2016年第53号)第五条第(三)项的规定确定买入价;在重大资产重组前已经暂停上市的,以上市公司完成资产重组后股票恢复上市首日的开盘价为买入价。

5. 拍卖行受托拍卖取得的手续费或佣金收入,按照"经纪代理服务"缴纳增值税。《国家税务总局关于拍卖行取得的拍卖收入征收增值税、营业税有关问题的通知》(国税发〔1999〕40号)停止执行。

6. 一般纳税人销售自产机器设备的同时提供安装服务,应分别核算机器设备和安装服务的销售额,安装服务可以按照甲供工程选择适用简易计税方法计税。

一般纳税人销售外购机器设备的同时提供安装服务,如果已经按照兼营的有关规定,分别核算机器设备和安装服务的销售额,安装服务可以按照甲供工程选择适用简易计税方法计税。

纳税人对安装运行后的机器设备提供的维护保养服务,按照"其他现代服务"缴纳增值税。

7. 纳税人2016年5月1日前发生的营业税涉税业务,包括已经申报缴纳营业税或补缴营业税的业务,需要补开发票的,可以开具增值税普通发票。纳税人应完整保留相关资料备查。

本公告自发布之日起施行,《国家税务总局关于简并增值税征收率有关问题的公告》(国家税务总局公告2014年第36号)第二条和《国家税务总局关于进一步明确营改增有关征管问题的公告》(国家税务总局公告2017年第11号)第四条同时废止。此前已发生未处理的事项,按照本公告的规定执行。2016年5月1日前,纳税人发生本公告第四条规定的应税行为,已缴纳营业税的,不再调整,未缴纳营业税的,比照本公告规定缴纳营业税。

第六章 税收征管变化

第四节 所得税的最新征管动态

变化一：小微企业所得税优惠政策范围的征管问题

根据国家税务总局 2018 年 40 号公告，小型微利企业所得税优惠政策有关征管问题规定如下：

1. 自 2018 年 1 月 1 日至 2020 年 12 月 31 日，符合条件的小型微利企业，无论采取查账征收方式还是核定征收方式，其年应纳税所得额低于 100 万元（含 100 万元，下同）的，均可以享受财税〔2018〕77 号文件规定的所得减按 50% 计入应纳税所得额，按 20% 的税率计算缴纳企业所得税的政策（以下简称"减半征税政策"）。

前款所述符合条件的小型微利企业是指符合《企业所得税法实施条例》第九十二条或者财税〔2018〕77 号文件规定条件的企业。

企业本年度第一季度预缴企业所得税时，如未完成上一纳税年度汇算清缴，无法判断上一纳税年度是否符合小型微利企业条件的，可暂按企业上一纳税年度第四季度的预缴申报情况判别。

2. 符合条件的小型微利企业，在预缴和年度汇算清缴企业所得税时，通过填写纳税申报表的相关内容，即可享受减半征税政策。

3. 符合条件的小型微利企业，统一实行按季度预缴企业所得税。

4. 本年度企业预缴企业所得税时，按照以下规定享受减半征税政策：

（1）查账征收企业。上一纳税年度为符合条件的小型微利企业，分别按照以下规定处理：

①按照实际利润额预缴的，预缴时本年度累计实际利润额不超过 100 万元的，可以享受减半征税政策；

②按照上一纳税年度应纳税所得额平均额预缴的，预缴时可以享受减半征税政策。

（2）核定应税所得率征收企业。上一纳税年度为符合条件的小型微利企业，预缴时本年度累计应纳税所得额不超过 100 万元的，可以享受减半征税政策。

（3）核定应纳所得税额征收企业。根据减半征税政策规定需要调减定额的，由主管税务机关按照程序调整，依照原办法征收。

（4）上一纳税年度为不符合小型微利企业条件的企业，预计本年度符合条件的，预缴时本年度累计实际利润额或者累计应纳税所得额不超过100万元的，可以享受减半征税政策。

（5）本年度新成立的企业，预计本年度符合小型微利企业条件的，预缴时本年度累计实际利润额或者累计应纳税所得额不超过100万元的，可以享受减半征税政策。

5. 企业预缴时享受了减半征税政策，年度汇算清缴时不符合小型微利企业条件的，应当按照规定补缴税款。

6. 按照本公告规定小型微利企业2018年度第一季度预缴时应享受未享受减半征税政策而多预缴的企业所得税，在以后季度应预缴的企业所得税税款中抵减。

7. 《国家税务总局关于贯彻落实扩大小型微利企业所得税优惠政策范围有关征管问题的公告》（国家税务总局公告2017年第23号）在2017年度企业所得税汇算清缴结束后废止。

变化二：职务科技成果转化现金奖励的个税征管问题

根据国家税务总局2018年10号公告，关于科技人员取得职务科技成果转化现金奖励有关个人所得税的征管问题规定如下：

1. 财税发2018年58号文中"三年（36个月）内"，是指自非营利性科研机构和高校实际取得科技成果转化收入之日起36个月内。非营利性科研机构和高校分次取得科技成果转化收入的，以每次实际取得日期为准。

2. 非营利性科研机构和高校向科技人员发放职务科技成果转化现金奖励（以下简称"现金奖励"），应于发放之日的次月15日内，向主管税务机关报送《科技人员取得职务科技成果转化现金奖励个人所得税备案表》（见附件）。单位资质材料（《事业单位法人证书》《民办学校办学许可证》《民办非企业单位登记证书》等）、科技成果转化技术合同、科技人员现金奖励公示材料、现金奖励公示结果文件等相关资料自行留存备查。

3. 非营利性科研机构和高校向科技人员发放现金奖励，在填报《扣缴个人所得税报告表》时，应将当期现金奖励收入金额与当月工资、薪金合并，全额计入"收入额"列，同时将现金奖励的50%填至《扣缴个人所得税报告表》"免税所得"列，并在备注栏注明"科技人员现金奖励免税部分"字样，据此以"收入额"减除"免税所得"以及相关扣除后的余额计算缴纳个人所得税。

第六章 税收征管变化

变化三：关于推广商业健康保险的个税征管问题

根据国家税务总局 2017 年 17 号公告，商业健康保险个人所得税的有关征管问题规定如下：

1. 取得工资薪金所得、连续性劳务报酬所得的个人，以及取得个体工商户的生产经营所得、对企事业单位的承包承租经营所得的个体工商户业主、个人独资企业投资者、合伙企业个人合伙人和承包承租经营者，对其购买符合规定的商业健康保险产品支出，可按照通知规定标准在个人所得税前扣除。

2. 通知所称取得连续性劳务报酬所得，是指个人连续 3 个月以上（含 3 个月）为同一单位提供劳务而取得的所得。

3. 有扣缴义务人的个人自行购买、单位统一组织为员工购买或者单位和个人共同负担购买符合规定的商业健康保险产品，扣缴义务人在填报《扣缴个人所得税报告表》或《特定行业个人所得税年度申报表》时，应将当期扣除的个人购买商业健康保险支出金额填至申报表"税前扣除项目"的"其他"列中（需注明商业健康保险扣除金额），并同时填报《商业健康保险税前扣除情况明细表》（见附件）。

其中，个人自行购买符合规定的商业健康保险产品的，应及时向扣缴义务人提供保单凭证，扣缴义务人应当依法为其税前扣除，不得拒绝。个人从中国境内两处或者两处以上取得工资薪金所得，且自行购买商业健康保险的，只能选择在其中一处扣除。

个人未续保或退保的，应于未续保或退保当月告知扣缴义务人终止商业健康保险税前扣除。

4. 个体工商户业主、个人独资企业投资者、合伙企业个人合伙人和企事业单位承包承租经营者购买符合规定的商业健康保险产品支出，在年度申报填报《个人所得税生产经营所得纳税申报表（B 表）》、享受商业健康保险税前扣除政策时，应将商业健康保险税前扣除金额填至"允许扣除的其他费用"行（需注明商业健康保险扣除金额），并同时填报《商业健康保险税前扣除情况明细表》。

实行核定征收的纳税人，应向主管税务机关报送《商业健康保险税前扣除情况明细表》，主管税务机关按程序相应调减其应纳税所得额或应纳税额。纳税人未续保或退保的，应当及时告知主管税务机关，终止商业健康保险税前扣除。

5. 保险公司销售符合规定的商业健康保险产品，及时为购买保险的个人开具发票和保单凭证，并在保单凭证上注明税优识别码。

个人购买商业健康保险未获得税优识别码的，其支出金额不得税前扣除。

6. 本公告所称税优识别码，是指为确保税收优惠商业健康保险保单的唯一性、真实性和有效性，由商业健康保险信息平台按照"一人一单一码"的原则对投保人进行校验后，下发给保险公司，并在保单凭证上打印的数字识别码。

7. 本公告自 2017 年 7 月 1 日起施行。《国家税务总局关于实施商业健康保险个人所得税政策试点有关征管问题的公告》（国家税务总局公告 2015 年第 93 号）同时废止。

第五节　小税种及非税收入的最新征管动态

变化一：土地增值税的最新征管规定

根据国家税务总局 2016 年 70 号公告，土地增值税的若干征管问题规定如下：

1. 关于营改增后土地增值税应税收入确认问题

营改增后，纳税人转让房地产的土地增值税应税收入不含增值税。适用增值税一般计税方法的纳税人，其转让房地产的土地增值税应税收入不含增值税销项税额；适用简易计税方法的纳税人，其转让房地产的土地增值税应税收入不含增值税应纳税额。

为方便纳税人，简化土地增值税预征税款计算，房地产开发企业采取预收款方式销售自行开发的房地产项目的，可按照以下方法计算土地增值税预征计征依据：

土地增值税预征的计征依据 = 预收款 − 应预缴增值税税款

2. 关于营改增后视同销售房地产的土地增值税应税收入确认问题

纳税人将开发产品用于职工福利、奖励、对外投资、分配给股东或投资人、抵偿债务、换取其他单位和个人的非货币性资产等，发生所有权转移时应视同销售房地产，其收入应按照《国家税务总局关于房地产开发企业土地增值税清算管理有关问题的通知》（国税发〔2006〕187 号）第三条规定执行。纳税人安置回迁户，其拆迁安置用房应税收入和扣除项目的确认，应按照《国家税务总局关于土地增值税清算有关问题的通知》（国税函〔2010〕220 号）第六条规定执行。

3. 关于与转让房地产有关的税金扣除问题

（1）营改增后，计算土地增值税增值额的扣除项目中"与转让房地产有关的税金"不包括增值税。

（2）营改增后，房地产开发企业实际缴纳的城市维护建设税（以下简称"城建税"）、教育费附加，凡能够按清算项目准确计算的，允许据实扣除。凡不能按清算项目准确计算的，则按该清算项目预缴增值税时实际缴纳的城建税、教育费附加扣除。

其他转让房地产行为的城建税、教育费附加扣除比照上述规定执行。

4. 关于营改增前后土地增值税清算的计算问题

房地产开发企业在营改增后进行房地产开发项目土地增值税清算时，按以下方法确定相关金额：

（1）土地增值税应税收入＝营改增前转让房地产取得的收入＋营改增后转让房地产取得的不含增值税收入

（2）与转让房地产有关的税金＝营改增前实际缴纳的营业税、城建税、教育费附加＋营改增后允许扣除的城建税、教育费附加

5. 关于营改增后建筑安装工程费支出的发票确认问题

营改增后，土地增值税纳税人接受建筑安装服务取得的增值税发票，应按照《国家税务总局关于全面推开营业税改征增值税试点有关税收征收管理事项的公告》（国家税务总局公告2016年第23号）规定，在发票的备注栏注明建筑服务发生地县（市、区）名称及项目名称，否则不得计入土地增值税扣除项目金额。

6. 关于旧房转让时的扣除计算问题

营改增后，纳税人转让旧房及建筑物，凡不能取得评估价格，但能提供购房发票的，《中华人民共和国土地增值税暂行条例》第六条第一、三项规定的扣除项目的金额按照下列方法计算：

（1）提供的购房凭据为营改增前取得的营业税发票的，按照发票所载金额（不扣减营业税）并从购买年度起至转让年度止每年加计5%计算。

（2）提供的购房凭据为营改增后取得的增值税普通发票的，按照发票所载价税合计金额从购买年度起至转让年度止每年加计5%计算。

（3）提供的购房发票为营改增后取得的增值税专用发票的，按照发票所载不含增值税金额加上不允许抵扣的增值税进项税额之和，并从购买年度起至转让年度止，每年加计5%计算。

变化二：小规模纳税人地方税种和相关附加减征政策的征管问题

根据财税发 2019 年 13 号文，增值税小规模纳税人的地方税种和相关附加减征政策有关征管问题最新规定如下：

1. 关于申报表的修订

修订《资源税纳税申报表》《城市维护建设税　教育费附加　地方教育附加申报表》《房产税纳税申报表》《城镇土地使用税纳税申报表》《印花税纳税申报（报告）表》《耕地占用税纳税申报表》，增加增值税小规模纳税人减征优惠申报有关数据项目，相应修改有关填表说明。

2. 关于纳税人类别变化时减征政策适用时间的确定

缴纳资源税、城市维护建设税、房产税、城镇土地使用税、印花税、耕地占用税、教育费附加和地方教育附加的增值税一般纳税人按规定转登记为小规模纳税人的，自成为小规模纳税人的当月起适用减征优惠。增值税小规模纳税人按规定登记为一般纳税人的，自一般纳税人生效之日起不再适用减征优惠；增值税年应税销售额超过小规模纳税人标准应当登记为一般纳税人而未登记，经税务机关通知，逾期仍不办理登记的，自逾期次月起不再适用减征优惠。

3. 关于减征优惠的办理方式

纳税人自行申报享受减征优惠，不需额外提交资料。

4. 关于纳税人未及时享受减征优惠的处理方式

纳税人符合条件但未及时申报享受减征优惠的，可依法申请退税或者抵减以后纳税期的应纳税款。

5. 施行时间

本公告自 2019 年 1 月 1 日起施行。本公告修订的表单自各省（自治区、直辖市）人民政府确定减征比例的规定公布当日正式启用。各地启用本公告修订的表单后，不再使用《国家税务总局关于发布修订后的〈资源税纳税申报表〉的公告》（国家税务总局公告 2016 年第 38 号）中的《资源税纳税申报表》主表、《国家税务总局关于发布〈耕地占用税管理规程（试行）〉的公告》（国家税务总局公告 2016 年第 2 号，国家税务总局公告 2018 年第 31 号修改）中的《耕地占用税纳税申报表》。

变化三：政府非税收入项目的征管职责划转

根据党中央、国务院关于政府非税收入（以下简称"非税收入"）征管

第六章 税收征管变化

职责划转的有关要求，国家重大水利工程建设基金等非税收入项目划转至税务部门征收。为确保非税收入征管职责划转及各项征管工作平稳有序运行，国家税务总局2018年63号公告的具体规定如下：

1. 自2019年1月1日起，原由财政部驻地方财政监察专员办事处（以下简称"专员办"）负责征收的国家重大水利工程建设基金、农网还贷资金、可再生能源发展基金、中央水库移民扶持基金（含大中型水库移民后期扶持基金、三峡水库库区基金、跨省际大中型水库库区基金）、三峡电站水资源费、核电站乏燃料处理处置基金、免税商品特许经营费、油价调控风险准备金、核事故应急准备专项收入，以及国家留成油收入、石油特别收益金，划转至税务部门征收。征收范围、对象、标准及收入分成等仍按现行规定执行。

2. 税务部门按照属地原则征收划转的非税收入，具体征收机关由国家税务总局各省、自治区、直辖市和计划单列市税务局按照"便民、高效"原则确定。三峡电站水资源费的中央分成和湖北省分成部分，由缴费人向湖北省税务部门申报缴纳；重庆市分成部分，由缴费人向重庆市税务部门申报缴纳。

3. 国家重大水利工程建设基金、农网还贷资金、可再生能源发展基金、中央水库移民扶持基金（含大中型水库移民后期扶持基金、三峡水库库区基金、跨省际大中型水库库区基金）、三峡电站水资源费、核电站乏燃料处理处置基金、免税商品特许经营费、核事故应急准备专项收入和国家留成油收入等非税收入的申报，统一使用《非税收入通用申报表》（附件1），石油特别收益金使用《石油特别收益金申报表》（附件2），油价调控风险准备金使用《油价调控风险准备金申报表》（附件3）。

4. 缴费人采用自行申报方式办理非税收入申报缴纳等有关事项。相关电网企业按照现行规定进行代征，并向税务部门申报缴纳。符合非税收入减免政策的，缴费人自行申报享受，相关资料由缴费人留存备查，并对资料的真实性和合法性承担责任。

5. 各项非税收入缴纳期限按现行规定执行，期限最后一日是法定休假日的，以休假日期满的次日为最后一日，期限内有连续3日以上法定休假日的，按休假日天数顺延。

6. 对于国家重大水利工程建设基金、可再生能源发展基金、跨省际大中型水库库区基金、大中型水库移民后期扶持基金、三峡电站水资源费2018年度的汇算清缴，缴费人向专员办申报办理。以后年度的汇算清缴，缴费人向税务部门申报办理。

7. 涉及误收误缴、汇算清缴需要退库的，缴费人向主管税务机关申请办理。涉及收入减免等政策性原因需要退库的，按照财政部有关退库管理规定办理。

变化四：社会保险费的最新征管规定

根据税总办 2018 年 142 号发文，各项社会保险费应最晚于 2019 年 1 月 1 日起由税务机关统一征收。关于社会保险费的具体征管问题规定如下：

1. 各省税务局在征管职责划转工作中，要主动加强部门间沟通协商与协调配合，做到衔接有序。要做好数据分析评估和清洗迁移，按时完成信息系统升级对接和联调测试。要遵循弄清接好历史欠费账目，不得自行组织开展清欠工作的原则，稳妥处理好历史欠费问题。要建立部门间常态化信息共享和对账机制，为改革提供制度、机制、信息等系列保障。

2. 各级税务机关在社保征收机构改革到位前，各地要一律保持现有征收政策不变，确保征管有序，工作平稳。同时，要规范执法检查，不得自行组织开展以前年度的欠费清查。

3. 优化缴费服务，确保营商环境不断改善。无论是已征收社会保险费还是正开展征管职责划转工作的各级税务机关，要按照"放管服"改革要求，从缴费人需求出发，根据本地实际评估办税服务、12366 热线以及信息系统的承载能力，完善缴费窗口设置和网上税务局功能，为缴费人提供"实体、网上、掌上、自助"等多样化缴费渠道。要统一服务标准，整合税费缴纳流程，简并缴费报送资料，降低缴费成本，最大程度便利缴费人，不断优化营商环境。要建立疑难问题及时解答机制，完善 12366 知识库，确保答复咨询及时精准，切实维护缴费人权益。

第六节　征管法未来修订趋势

一如民法总则之于私法秩序，税收征管法是建构和规制公法秩序的重要法律。如何制定并修改好一部税收征管法，对于现代国家治理和法治建设至关重要。观察税收征管法修法的一个重要视角和标准，就是征纳关系平衡，也就是公权力和私权利之间的关系处于平衡状态，公权力不至于过分强势，而行政相对人也能够在法律允许的范围内，享受法治、自由、安全和秩序等制度红利。只有权力运行和权利保护两者互相平衡，相得益彰，税收法治才能名至实归。

在肯定 2015 年税收征管法修订草案（征求意见稿）框架不变的基础上，

第六章 税收征管变化

未来税收征管法至少有以下三个方面的改进:

一是修改总则条款,使税收征管法具有现代税法的精神气质,符合税收管理现代化理念。

例如,建议增加税法适用、解释机构条款,删除"无偿提供纳税咨询服务"条款。税收法定不排除税务机关的税法解释权。当前国家税务总局没有专门负责税法解释的机构,基层税务机关和纳税人就税法适用问题,经常无所适从,政出多门,也增加了执法风险。为此,建议修订草案第十条增加第一款:"国家税务主管部门设立专门承担税法适用和解释职能的机构,负责事先裁定、个案批复、重大行政复议案件、重大行政诉讼案件应诉等疑难、复杂税法适用和解释工作。"第十条第二款修改为:"税务机关应当广泛宣传税收法律、行政法规、规章和规范性文件,普及纳税知识,无偿地为纳税人提供税收法律、法规、规章、规范性文件等信息。为纳税人纳税申报提供帮助,但本法第五十二条规定的事先裁定除外。"

二是修改权利保护条款,使税收征管法成为具有现代精神气质的纳税人权利保护之法。

例如,建议在修订草案总则中完善纳税人权利保护条款,使税收征管法具有完善的纳税人权利保护体系。全面完善第十一条,赋予纳税人(征纳关系参加人)税收法律、法规、规范性文件的参与制定权、被听取意见权;纳税人享有被告知、被帮助和被聆听的权利;税务机关应当帮助纳税人理解和履行其纳税义务,对纳税人做出的任何决定,税务机关应向其解释决定的事实、理由和依据,并听取纳税人陈述与申辩;在任何调查中,允许纳税人的税务顾问或法律顾问到场。纳税人享有仅缴付正确税款的权利;税务机关应秉持诚实、公正的态度,保证纳税人仅支付依法应纳的税款,同时保证所有的抵扣、补贴以及其他可以享受的待遇都能得到正确的适用。纳税人享有纳税权利,税务机关不得拒绝。

同时建议增加纳税人修正申报条款,且依据诚信推定原则,无论修正申报时纳税数额是增加还是减少,都由纳税人自己承担申报真实合法完整的责任,归权于纳税人,亦还责于纳税人。增加纳税人参与权也即听证权的条款,是法律文本具有民主行政气质的体现。具体在税额确认(评定)、特别纳税调整(反避税)、税款核定、大额行政处罚、采取税收保全措施或强制措施(解除时宜通知纳税人)、涉税案件移送时、通知出口退税、停止供应发票等,赋予纳税人听证权,或者参与权,税务机关应该听取纳税人的申辩、陈述和举证,并记录在案,以体现民主行政和参与行政的现代价值理念。

三是修改现行税收征管法第八十八条的"两个前置"条款,还纳税人以救济权。

从情理上讲,纳税人与税务机关既然是信赖合作关系,税法遵从和诚信推定又改变了现法律文本的精神气质,加之纳税人与税务机关系反复、多次博弈与合作的关系,因此,纳税人在提起复议和诉讼之前,会反复权衡,慎之又慎。这就减少了诉讼激增的危险。

为了保障国库收入,可以对原告设置特定行为限制。比如,设置原告、原告公司实际控制人或高管的出入境限制、大额消费限制、转让不动产、处置无形资产或特定动产的限制、清算解算公司的限制、减少注册资本限制、处置债权限制、投资融资限制,等等。在健全的涉税信息情报制度、税收信用评级制度配套之下,这些限制措施,能够对恶意起诉者起到巨大的威慑作用。另外,若原告胜诉,诉讼期间税收利息终止计算;若原告败诉,税收利息计算至判决生效之日止,而且,判决生效之日至判决履行执行之日的利息,应连续计算。为鼓励优先选择复议途径维权,发挥行政复议自我纠错和解决纠纷的积极功能,可以规定,若申请人复议请求成立,复议期间的利息终止计算;复议维持的,税收利息应连续计算。